西部地区"一带一路"建设与创新发展系列丛书

张永丽 主编

劳动力流动、产业转移与区域发展差距

关爱萍 ○ 著

中国社会科学出版社

图书在版编目（CIP）数据

劳动力流动、产业转移与区域发展差距 / 关爱萍著 . —北京：中国社会科学出版社，
2020. 6

（西部地区"一带一路"建设与创新发展系列丛书）

ISBN 978 - 7 - 5203 - 5903 - 0

Ⅰ. ①劳…　Ⅱ. ①关…　Ⅲ. ①劳动力流动—研究—中国②产业转移—研究—中国
③区域经济发展—研究—中国　Ⅳ. ①F249. 21②F269. 24③F127

中国版本图书馆 CIP 数据核字（2020）第 021426 号

出 版 人	赵剑英	
责任编辑	马　明	
责任校对	任晓晓	
责任印制	王　超	

出　　版	中国社会科学出版社	
社　　址	北京鼓楼西大街甲 158 号	
邮　　编	100720	
网　　址	http://www. csspw. cn	
发 行 部	010 - 84083685	
门 市 部	010 - 84029450	
经　　销	新华书店及其他书店	

印　　刷	北京明恒达印务有限公司	
装　　订	廊坊市广阳区广增装订厂	
版　　次	2020 年 6 月第 1 版	
印　　次	2020 年 6 月第 1 次印刷	

开　　本	710 × 1000　1/16	
印　　张	18. 5	
插　　页	2	
字　　数	286 千字	
定　　价	99. 00 元	

总　序

改革开放以来，我国用40年的时间不仅解决了人民温饱问题，而且人民生活总体上达到小康水平的目标也将在2020年全面实现，中国即将进入为全面建设社会主义现代化国家的第三个目标而努力奋斗的崭新历史阶段。与分三步走战略并行、旨在解决我国区域发展不平衡问题的西部大开发战略2000年正式开始实施，从组织机构的成立，到西部大开发"十一五"规划、"十二五"规划的出台，再到2019年《西部陆海新通道总体规划》的颁布，国家出台了一系列鼓励西部地区发展的政策措施。这些政策措施大大激发了西部地区发展潜力，使区域内经济、社会、文化等各方面发生了巨大变化，经济发展水平与全国的差距有所缩小，但受自然、历史、社会等因素的制约，西部地区经济发展相对落后的局面并未彻底改变，占全国国土面积超过70%、人口接近30%的西部地区，国内生产总值仅占全国的不到20%，人均国内生产总值只占全国平均水平的三分之二左右，区域发展不平衡问题仍然较为突出。西部地区自然资源丰富，市场潜力巨大，战略位置重要，如何更好地实现西部地区经济发展和社会进步，缩小与东中部地区的差距，化解区域发展不平衡的矛盾，既是我国实现第三阶段战略目标必须解决的重大课题，也是全面建设社会主义现代化国家的内在要求。

开放和创新将成为未来中国经济发展的两大重点路径。

"一带一路"倡议为中国对外开放格局的调整描绘了一幅新的蓝图。西部地区陆地边境线占全国的80%左右，古丝绸之路途经的国内省份主要在陕西、甘肃、新疆等西部地区，建设"一带一路"为西部地区带来了新的发展机遇。近年来，作为我国重点建设省区的西北五省区，通过与中西亚、中东欧、南亚、东南亚等"一带一路"沿线国家开展深入合作，积极融入"一带一路"建设，对外开放步伐进一步加快；西部地区企业的国际化经营合作也迎来了良好的机遇，呈现出良好的发展势头，基础设施、贸易、金融、能源等领域的一系列重大项目陆续实施，企业"走出去"的热情日益高涨，对外投资规模保持增长态势。

创新驱动战略的实施为我国经济发展增添了新的动力。党的十九大提出，要"加快建设创新型国家"，"大力实施创新驱动发展战略"。习近平总书记强调，"要深入实施创新驱动战略，推动科技创新、产业创新、企业创新、市场创新、产品创新、业态创新、管理创新等"。在国家战略的指引下，我国出台了一系列鼓励企业创新的政策措施，产生了积极的效果。不少企业通过组织结构与管理机制创新，加快向扁平化、平台化的创新型组织转型，极大地释放了企业内部的创新活力，催生了大量新技术、新产品、新业态和新模式。西部地区在国家创新型战略引领下，也正在积极参与技术、产品、制度等领域的创新，参与创新型社会建设，谋求以创新为核心实现经济发展方式的转型。

开放和创新的西部地区，既需要充分利用"一带一路"提供的与沿线国际开展经济合作的历史机遇，大力发展对外贸易，提高对外开放水平，通过强化对外经济合作推动经济增长；也需要在供给侧结构性改革的大背景下，通过人口和劳动力流动，积极承接产业转移，调整区域产业结构，从而缩小区域差距；既需要通过精准扶贫、精准脱贫，正确处理消除贫困与区域发展的关系，在实现贫困人口脱贫摘帽、与全国同步进入小康社会的同时，促进区域经济发展水平的提升；也需要大力发展外向型企业和创新型企业，提升企业管理水平和创新能力，助推西部地区经济向外向型、创新型经济过渡，实现区域的高质量发展。

这套丛书由七部著作构成，分别研究了"一带一路"建设背景下中国西北地区与中亚五国产业互补及合作，劳动力流动、产业转移与区域发展差距，西部地区精准扶贫政策与实践，西北地区外向型中小企业管理，中国 IT 行业员工的组织相关态度对离职倾向的影响等热点问题，通过对"一带一路"建设背景下西部地区产业、贸易、扶贫、中小企业管理等问题的实证分析，提出了一系列切实有效地政策建议和措施，以期为提高西部地区经济发展水平、缩小区域差距提供政策参考。

当前，中国经济发展已由高速增长阶段转向高质量发展阶段，党的十九大已经从"深化供给侧结构性改革、加快建设创新型国家、实施区域协调发展战略、加快完善社会主义市场经济体制、推动形成全面开放新格局"等方面进行了全面部署。西部各省区应该紧紧围绕这些战略部署，积极探索，主动作为，全方位推进开放和创新，为全面建设社会主义现代化国家贡献力量。

张永丽

2020 年 5 月

目　录

第一章

绪　　论

第一节　研究背景与研究意义

改革开放以来，中国经济实现了持续的快速增长，但区域经济非均衡发展的基本格局尚没有发生根本改变。我国"十三五"规划明确指出要创新区域发展政策，完善区域发展机制，促进区域协调、协同、共同发展，努力缩小区域发展差距。而现阶段，在我国日益融入世界分工体系的大背景下，我国新的区域空间分工格局日趋形成，导致了东部地区劳动密集型和低附加值产业向中西部地区转移。与此相对应的是劳动力转移的趋势也发生了变化，即由原来内地劳动力大规模向东部地区流动的势头有所减少，而就地流动或向中西部流动趋势逐渐加强，劳动力出现了回流的趋势。

对于我国这样一个正处于转型期的发展中大国，通过劳动力流动以及产业转移，能否有效改善区域发展差距、实现区域经济的协调发展？劳动力流动、产业转移的经济增长效应是否在不同地区或者省份间有显著的差异？劳动力流动、产业转移与区域发展差距的作用机理是怎样的？这些正是我们所关注的核心问题。本书在借鉴已有研究的基础上，结合我国实际国情和区域经济发展现状，开展产业转移、劳动力流动对我国区域发展差距影响的系统分析和研究，力求从新的角度来解释我国经济发展不平衡问题。

区域经济发展差距问题是区域经济学的主要研究课题之一，也是我国政府、学界广泛关注的问题。新形势下探讨劳动力流动、产业转移与区域发展的作用机理对研究区域经济差距形成的原因、提高区域资源整合效率以及促进区域整体发展水平具有重要意义。

从理论意义上讲，目前国内外学者在研究如何协调区域经济发展的问题上，或者侧重研究劳动力流动与区域经济增长差距的关系，或者侧重分析产业转移与区域经济差距的关系，而对同时考虑劳动力流动与产业转移两个影响因素，通过探讨两者之间的内在联系并据此分析两者对区域经济差距的联合作用效果的研究较为欠缺，相关文献并不丰富，现有的文献对此现象也没有从理论的高度做出解释。因此，深入挖掘劳动力流动、产业转移对区域发展差距的影响，尤其考量空间要素，将其放置在一个具有微观基础、涵盖空间维度的新经济地理学的分析框架内研究，并从理论上对其予以解释，能够从理论上进一步拓宽对区域协调发展的研究视野。

从现实意义上讲，随着国际经济形势的变化以及国内劳动力流动和产业转移出现的新情况新问题，需要对劳动力要素流动、产业地区间转移的区域效应进行重新审视和研究，正确认识和评价劳动力流动、产业转移与区域经济差距之间的内在联系，判断及预测区域经济发展的格局，对于中央及地方政府制定区域经济政策、合理引导劳动力流动和产业转移，促进区域协调发展有一定的参考价值。

第二节　相关概念界定

一　劳动力流动

我国学者在研究劳动力流动问题时，很多情况下已不再特意区分"流动"（mobility）和"迁移"（migration）两个概念。但是，流动与迁移的概念是有一定差别的，迁移更强调长期的变换居住地行为，而流动更强调短期的变换居住地行为。蔡昉等（2003）将劳动力迁移定义为以改变就业类型、改善收入状况为目的的一种跨地域流动行为。陆铭（2011）认为在中国这样特殊的国情和背景下，劳动力的迁移行为是长期的迁移还是短期的流动难以根据当下状态进行判断，并且对劳动力来说，流动与迁移之间并没有明确的界限，劳动力短期的流动也可能变成长期的迁移。在已有的相关研究中，国家层面也并无直接和系统的劳动力流动数据，现有研究基本上是通过人口流动的数据替代或估算劳动力流动的数据，而人口流动最权威的数据应该是人口普查和人口抽样调查资料。乔晓春、黄衍华（2013）通过对"五普"和"六普"人口统计口径进行详细的分析，认为"五普"和"六普"在流动人口的界定上基本相同，具有数据的可比性。因此，考虑到数据的可获得性与研究的需要，本书将劳动力流动的时间届定为一年期间内外出流动超过 6 个月以上的跨区域流动行为。

二　产业转移

产业转移虽然较早被理论界所关注，但迄今为止其概念界定仍未形成统一。早期学者普遍接受的定义是将产业转移视作产业由某一国家或地区转移到其他国家或地区，是一种产业在空间层面的移动现象，但这种解释只从表象上对产业转移做了界定，并没有从概念本身进行阐述。随着相关研究的不断深入，产业转移被认为是由于区域间比较优势发生变化所造成的产业在区域间流动的一种经济演化过程。从新经济地理学的角度来看，产业转移是产业空间结构的自组织动态演化的一个关键环节，是中心区域产业扩散过程的表现。

产业转移按其发生的地域范围可以分为国际产业转移、区际产业转移和城乡产业转移三种类型，而这三种类型随着产业转移的逐步深化具有时间上的连续性，即首先进行的是国家间的国际产业转移，而后随着承接国技术水平的提高，国外的先进技术已不具备比较优势，这时一国内部不同贫富地区间的区域产业转移便会占据主导位置，最后发生的是城乡间的产业转移，进而全面完成一国在产业和技术上的升级换代，经济水平得到极大提高。

本书界定产业转移为区际产业转移，指由于资源供给或产品需求条件发生变化后，以企业为主导，某些产业的生产活动从某一地区转移到另一地区的经济行为和过程，这个过程包含地区间投资与贸易活动，也包含生产要素与商品流动，是一个具有综合性的过程的、具有时间和空间两种维度的动态过程，是影响地区间产业分工形成的重要因素，也是转移地区与承接地区产业结构调整和产业升级的重要途径。

三　区域发展差距

区域发展差距主要是指不同地区在发展过程中由于各方面原因造成

的区域之间发展程度的不平衡，它既可以指不同的国家或地区之间的发展差距，也可以指同一国家内部的不同地区之间的发展差距。广义的区域发展差距既包括经济发展程度上的差距，也包括政治制度、文化等方面的差异，本书要研究的是区域之间在经济发展程度上的差距，主要从区域经济增长、区域劳动生产率、区域收入的角度研究区域发展差距。

第三节　研究思路与方法

一　研究思路

本书从区域协调发展的视角出发，通过对劳动力流动、产业转移与区域发展差距之间作用机理的研究，基于经验总结、理论构建、实证分析、政策设计这四个层面探讨劳动力流动、产业转移与区域发展差距之间的内生性关系，分析劳动力流动和产业区际转移对我国区域发展差距的影响，揭示区域协调发展的相关政策实施与制度变革的条件与环境，进而提出基于劳动力流动、产业转移背景下促进区域协调发展的相关政策措施。

二　研究方法

本书基于宏观统计数据和人口普查数据，以劳动经济学、发展经济学、产业经济学、区域经济学、宏观经济学、制度经济学等学科的理论观点为基础，通过文献研究、规范分析、宏观统计分析、比较研究、动态分析以及计量分析等方法展开研究。主要研究方法如下：

（1）文献研究。广泛查阅国内外的文献资料，充分了解我国区域协调发展和人口流动及产业转移政策的历史演变轨迹、劳动力流动的现状和基本特征、产业区际转移的规律和趋势，掌握国内外关于劳动力流动、产业转移和区域发展的理论及实证研究的最新前沿动态。

（2）规范分析。在文献研究的基础上，将通过规范分析，以新经济地理学理论为基础，构建劳动力流动、产业转移与区域收入差距分析的理论框架和基础模型。

（3）数值模拟法。本书对产业转移、劳动力流动以及区域发展差距内生关系的分析构建了以新经济地理学理论为框架的分析模型，该非线性模型包含有很多的变量和参数，许多变量之间的关系无法用显性函数表示。本书将借助于对不同参数赋予一定的数值，利用计算机软件进行数值模拟的办法来考察模型的特征，具体运用 Matlab 数学软件来进行数值模拟以帮助求解模型的均衡解。

（4）计量分析方法。实证分析中，构建动态面板数据模型，采用两阶段差分 GMM 模型和两阶段系统 GMM 方法考察劳动力流动、产业转移及其他控制变量对地区产业集聚水平的影响。运用联立方程模型的方法，分析劳动力流动、产业转移和地区收入差距的计量关系，测算劳动力流动以及产业转移对区域差距变动的影响效应。计量分析采用 Stata 软件。

第二章

相关理论基础

第一节　劳动力流动理论

一　刘易斯"二元经济结构理论"

英国经济学家刘易斯（Lewis，1954）第一次提出了二元经济结构理论，也是在发展经济学中具有里程碑意义的一个模型，在其《劳动力无限供给条件下的经济发展》一文中分析了非熟练劳动力从传统农业部门向现代工业部门的流动与收入差距的关系。他认为，发展中国家存在着一个二元经济结构，一个是以城市现代工业为代表的工业部门，另一个是以农村传统农业为代表的农业部门。只要现代工业部门的工资水平高于传统农业部门，非熟练劳动力就会由传统农业部门向现代工业部门流动。刘易斯同时也将经济发展分为两个阶段，第一阶段，资本相对于劳动比较稀缺，土地相对有限，存在大量剩余劳动力，劳动力处于劣势，从而收入差距扩大；而在第二阶段，劳动力供给不再具有无限弹性，劳动力相对变得稀缺，逐渐处于优势地位，从而缩小了收入差距。

二　费景汉—拉尼斯模型

费景汉和拉尼斯（1961）认为刘易斯模型没有重视农业对工业增长的作用，也没有注意到农业由于生产率的提高而出现的剩余产品是农业中剩余劳动力向工业部门转移的前提条件，因此对刘易斯模型进行了改进，提出了他们的劳动力流动模型。他们把二元经济结构分为三个阶段：第一阶段，农业劳动力的边际生产率为零，存在着大量的剩余劳动力，城市工业部门吸纳这些劳动力不仅降低农业的产出水平，而且会促进城市经济的发展；第二阶段，农业劳动力的边际生产率大于零但小于制度工资，只要城市工业部门的工资水平高于制度工资，劳动力就会继续流入到城市工业部门，这时虽然城市工业部门得到增长，但农业产出水平下降；第三阶段，农业劳动力边际生产率大于制度工资，农业部门已不存在剩余劳动力。

三 托达罗"城乡人口迁移模型"

美国发展经济学家托达罗（Todaro, 1969）提出了著名的"城乡人口迁移模型"。"城乡人口迁移模型"解释了为什么农村劳动力向城市迁移，主要原因是存在预期的城乡收入差距。这种城乡收入差距吸引着农村劳动力向城市迁移。但该预期的城乡收入差距，则是由两个因素决定：一是实际的城乡收入差距；二是就业概率的大小。托达罗的"城乡人口迁移模型"与刘易斯的二元经济模型的区别在于：托达罗指出，并不是每一位想进城的农村劳动力都能找到工作，都能拿到预期的收入，因为发展中国家的城市也存在着失业的状态。而且，托达罗认为，农村劳动力进城，将直接影响农业发展。所以，托达罗指出，应该严格控制农村劳动力向城市迁移。

四 新劳动力迁移经济学

根据新古典经济学模型，发展中国家的劳动力从农村迁往城市地区通常只能在非正规部门从事低收入、低保障的工作，不能进入高收入的城市正规部门。尽管如此，仍然有大量的劳动力不断地迁往城市地区。以斯塔克为代表的新劳动力迁移经济学认为劳动力迁移的动机不仅来自城乡两地的收入差距，同时会受到劳动者个人及家庭的因素影响。斯塔克的理论是建立在发展中国家农业生产的分析基础上，他认为一个人进行迁移的原因主要有两方面：一方面是为了增加家庭的收入，另一方面则是为了降低市场不完善所造成的风险。该理论引入了"相对贫困"的概念，斯塔克认为迁移可以视为人们对"相对贫困"的一种回应。而这种相对贫困的程度是由个人或家庭的收入在其社区单元中所处的相对位置决定的。

第二节 产业转移理论

一 劳动密集型产业转移理论

美国经济学家刘易斯（Lewis，1978）在《国际经济秩序的演变》一书中对 20 世纪 60 年代的劳动密集型产业的跨国转移进行了初步分析。当时，影响产业转移的主要因素就是发达国家和发展中国家在非熟练劳动力富裕程度上的差别，这使得劳动密集型产业的国际产业转移频繁发生在发达国家和发展中国家之间。因而，刘易斯的研究是建立在国际经济学中赫克歇尔—俄林的要素禀赋理论的基础之上的，它揭示了发达地区转移出部分产业、欠发达地区承接产业的必然性。

在二元经济的现实中，刘易斯指出在经济发展的起初阶段，由于面临着几乎无限供给的劳动力，供给远大于需求，使得现代产业部门的工人工资在长期内保持着低水平；资本节约型的劳动密集型产业就得到迅速扩张。随着劳动密集型产业的扩张，逐渐吸纳了传统部门的充裕的劳动力，供给与需求趋于平衡，结束了劳动力的无限供给，使得现代产业部门工人的工资快速上升。由于工人工资的上涨，生产成本随之上升，投资者就转向到开发资本密集型产业上，工业化就进入了新的阶段。现代部门工资从长期徘徊不前到快速提升的转折点被称为"刘易斯拐点"。刘易斯认为，由于人口自然增长率的下降，导致发达国家的熟练劳动力不足，从而引起劳动力成本上升，使得其逐渐丧失了劳动密集型产品生产的比较优势，于是其将这些劳动密集型产业开始向发展中国家转移，从而可以加速调整自己本国内的产业结构。因此，劳动密集型产业转移理论的最大贡献就是指出了"刘易斯拐点"是产业转移的最佳时机。

劳动密集型产业转移理论表明，由于欠发达地区拥有大量成本较低的劳动力生产要素，因而吸引了劳动力成本较高的发达地区，其开始向欠发达地区转移产业，且主要转移的是劳动密集型产业。因此，这对承接地如何结合当地要素禀赋优势，因地制宜，发挥本地经济特色，在产业转移和吸收的过程中确定明确的方向，避免盲目引进外部产业，造成区域产业结构同构等，大有裨益。刘易斯虽然没有建立起国际产业转移的整个体系构架，但他的理论为以后的学者研究产业转移问题奠定了基础。

二　雁行发展模式论

20 世纪 30 年代，日本经济学家赤松要（Akamatsu，1932）最早提出了"产业的雁行形态发展论"，该理论主要是用来描述后起国某一特定产业（如 19 世纪日本棉纺工业）产生、发展模式的。后来，日本一桥大学教授、著名国际经济学家小岛清在深入分析战后日本企业对外直接投资和美国跨国公司对外直接投资的不同特点后，吸收借鉴美国等发达国家的对外直接投资理论，提出了适合日本国情的对外直接投资理论——"比较优势论"，将雁行模式提升到新的理论高度。雁行发展模式论认为，当时，处在技术与经济核心地位的日本是雁首，它利用资金、技术和市场以及传统产业转移来带动本地的经济增长，而亚洲"四小龙"是雁翼，是产业的承接者，它利用日本转移的资金和技术来发展自己的资本密集型产业，又将失去竞争力的劳动密集型产业转移到处在雁尾的东盟，这样就形象地形成了产业转移的"雁行模式"。

产业跨国梯度转移的雁行发展模式理论表明，产业具有从发达国家转移到后进国家、从发展水平较高的地区迁往较低发展水平的地区的特征。发展相对落后的国家或地区吸收了产业转移国或地区转移的资金、技术，利用转移的相对先进的技术，有效地减少和降低了自主研发的时间与成本，充分利用引进的先进技术促进经济发展。尤其是有着相对丰裕的资源优势和低廉劳动力优势的国家或地区，更能大力吸引外资，承接产业转移后发展自身的经济。因此，这种理论对承接产业转移具有重要参考价值。

三　产品生命周期理论

弗农（R. Vernon，1966）从先行国家（地区）的角度，提出了产品生命周期理论，该理论主要从产品创新期、产品成熟期以及产品标准化期来解释产业转移的现象。在产品创新期，创新国或地区利用自身的技术优势研发新产品，产品的市场需求虽小，但附加值较高。在产品成熟期，由于创新垄断与市场寡头地位被打破，模仿产品逐步增多，原产品附加值降低，创新国或地区市场日趋饱和。在产品标准化时期，由于产品的技术及规模已完全成熟，创新国（地区）失去原有的垄断技术优势，价格与成本成为决定因素，而此时后起国（地区）已经具备明显的成本优势，促使创新国（地区）在后起国（地区）进行大量直接投资。因此，该理论系统反映了国际产业从先行国（地区）到后起国（地区）直接转移的发展过程。该理论虽以各国要素禀赋为基础，但以产品属性变化为视角来解释产业转移现象，间接说明企业为了经济效益而顺应产品生命周期，最终导致产业发生转移。换言之，产业转移是产品演化的结果。

四　产业梯度转移理论

梯度转移理论最初来源于美国经济学家弗农的产品生命周期理论。区域经济学家将这一理论引入到区域经济学中，便产生了区域经济发展梯度转移理论。产业梯度转移理论是分析产业转移条件的重要理论之一，该理论主要研究了发达地区通过跨区域直接投资向落后地区进行产业转移的现象。根据梯度转移理论，各区域的经济发展是不均质的，都处在不同的梯度上。一般而言，处在高梯度上的地区，经济发展水平较高，创新能力较强；处在低梯度的区域则较弱，为了加速低梯度区域经济发展与产业结构的调整，就必须发展具有比较优势的产业，积极引进高梯度区域转移出来的产业来发展经济。该理论从侧面解释了产业转移不仅是发达区域优化产业结构的手段，也是欠发达地区经济发展的重要途径，能够从根本上解决欠发达地区创新能力不足、产业竞争力弱等问题。

亚历山大·格申克龙（Alexander Gerschenkron，1962）基于梯度转移理论提出反梯度转移理论，指出后进国或地区可以借鉴先行国或地区的成功经验，通过吸引资本和技术移入，采取与先行国或地区不同的方式和途径，以更少的时间和资源达到先进水平是完全有可能的。梯度推移与反梯度推移理论的核心问题是优先发展高梯度地区还是低梯度地区的战略抉择。梯度转移理论的局限性主要是难以科学划分梯度，忽视了高梯度地区有落后地区，落后地区也有相对发达地区的事实。人为限定的梯度推进容易扩大不同梯度地区发展的差距，使得发达地区更发达，欠发达地区更落后。

五　边际产业转移理论

20 世纪 70 年代，小岛清将新古典经济学原理引入到产业转移分析中，将雁行模式理论和产品生命周期理论相结合，对日本的对外直接投资经济活动进行了研究，在比较优势理论的基础上提出了"边际产业扩张理论"。他认为，对外直接投资应从本国（投资国）已经处于或即将处于比较劣势的产业，即从边际产业开始，并依次进行。通过这种产业扩张，一方面可以避免对外投资对本国优势产品出口可能产生的替代效应，还可以反过来拉动本国相关产品的出口，使国内的产业结构更加合理，另一方面，东道国（被投资国）在这些边际产业方面与投资国的技术差距相对较小，比较容易实现技术嫁接和产业承接，有利于产业的进一步发展。由此可见，产业转移实际上是比较优势创造到比较优势丧失后向外转移的过程，同时该理论也反映了经济发达国家对发展中国家进行直接投资的动机和形式。然而小岛清的"边际产业扩张理论"主要以宏观角度来考察对外直接投资行为，而很少从企业自身角度来分析，并且该学说的动态分析仅限于日本及少数欧洲国家。

六　国际生产折中理论

20 世纪 80 年代，邓宁在结合一系列前人的理论基础上建立了"国际生产折中理论"。该理论突破了传统经济学理论的假设条件，基于不完全竞争市场，从微观层面研究了企业进行对外直接投资的动机和行为。在邓宁看来，一家企业只有具备了所有权优势、区域优势、市场内部化优势才完全具备了对外直接投资的条件。也就是说，企业必须拥有不同于他国企业的竞争优势，并且利用这种所有权优势在国外进行生产活动更有利于企业发展，该企业必须具备的国际生产内部化优势使得其能获得更大的收益，同时这些生产经营必须重视他国具体的市场情况如劳动力、市场潜力及政府政策等区位因素。但是该理论的分析主要是基于静态的观点，没有解释企业具备这三种优势的过程，并且把企业当作外部环境的被动反映者，忽略了企业管理自身的积极作用。

第三节 产业集聚理论

一 外部经济理论

在《经济学原理》（1890）一书中，马歇尔对工业集中于特定地方的现象做了详细说明。马歇尔划分了规模经济的类型，说明了外部经济和产业集聚的内在联系。在马歇尔看来：可把一种货物生产规模的扩大而发生的经济划分为两种类型：一种是依靠工业相对发达的经济；另一种是依靠这种工业而发展起来的小规模企业的经济。于是可以称前一种是外部经济，称后一种为内部经济。而且，马歇尔还认为，外部经济常常可以因为一些性质相似的小规模企业汇集在某地——这就是常说的工业区域集中。

马歇尔还说明了集聚的起因。马歇尔从产生集聚的三方面利益分析了集聚的原因，以后的研究者称之为劳动力共享、中间品投入和知识溢出。从劳动力共享来说，马歇尔着重说明了技能人才的共享：雇主们需要有技能的工人，而工人也想去需要的地方从事工作，而这种有技能的工人往往收入较高。从中间品投入来说，马歇尔着重说明了辅助工业的作用：辅助工业往往为临近的工业提供诸多便利，例如原材料等，工业的发展离不开这些临近的工业提供的便利。而对于知识溢出，马歇尔曾表示：有效的制作方法，好的发明创造，好的改良成果，将被很快地学习；一个新思想，如果能够被别人采纳，同别人的看法融合起来，或许将是一种活跃思想的方式。

二 工业区位论

近代工业区位理论的奠基人是阿尔弗雷德·韦伯（Alfred Weber），他是德国的经济学家，他在其著作《工业区位论》（1909）中，关于产业集聚的切入点，从一个全新的角度，那就是工业区位选择，并展开了研究，还第一次说明了集聚经济的含义。

韦伯认为，"集聚因素"和"分散因素"对工业的分布产生作用，两者的相互作用直接决定了工业的布局。韦伯认为，产生集聚有两个阶段，一是企业发展壮大而使工业集中，二是大企业内部完善而集中化。对于第二种方式，有三个主要的影响因素：技术革新、劳动力能力提升、企业发展良好。而且，韦伯还表示，集聚会由于地租上涨等增加支出的因素而出现分散的态势。

韦伯的分析主要有三个假设：既定的原料产地、既定的消费地、既定的劳动力分布。在此假定下，先考虑不变的劳动力成本和没有其他的集聚原因的情况下，分析运输成本对区位的影响，得到了企业选址不仅要考虑原料所在地，而且要考虑成品的所在地，企业应该在二者的总共需要花费最小运输成本的地方建立。接着，韦伯放松假设，引入了劳动力成本，想说明劳动力能够对区位选择产生的作用，结果显示，劳动力成本也是企业选址看中的因素，甚至在劳动力成本和运输成本这两个因素比较起来谁更重要的时候，有的企业会倾向于选择劳动力成本较低的地方。接下来，韦伯将影响集聚的原因添加进来，分析了劳动力对集聚的影响，并进而说明其在企业选址中的作用。结果表明：如果劳动力集聚在某地，那将是企业重要的选址倾向；而这种倾向，将大于运输成本。这些分析，韦伯是以"成本最小化"为前提的。韦伯是第一次将集聚和分散放入了一个分析框架中的人，而且着重说明了一些要素如劳动力可以引起产业的集聚或分散。

三 市场区位论

德国的经济学家廖什在《经济空间秩序：经济财货与地理间的关系》(1940) 的著作中，在区位理论方面，有了进一步的发展。他将静态的农业和工业区位论，发展为动态的有体系的空间经济理论。廖什在区位分析中，主要以市场需求展开分析，因此，后人将其理论常常称为"市场区位论"。

廖什和韦伯有很大的不同，廖什研究区位问题的原则是"最大化利润"，而且紧紧地和消费者需求联系起来。在廖什看来，区位的最佳点既不是最少成本的那一点，也不是最大收入的那一点，而是收入和成本之差的最大点，这也就是利润最大点。廖什利用这一"最大化利润"原则，研究了农业的区位问题、工业的区位问题还有城市的区位问题。在廖什看来，农业区位需要遵循"最大化利润"原则，农业需要大量的生产者提供产品，紧紧围绕在消费者的周围，提供大量的供给。而对于工业区位，廖什认为关键在于有大量的消费者需求，企业将能赚取更多的利润，这与农业的生产者围绕消费者形成区位不同，工业区位将要建立在有许多消费者的地方。如果工业不建立在有许多消费者的地方，这样的选址将是不合理的区位选择。城市区位则是企业区位的集中。廖什还研究了经济区形成的原因和最优区位问题。廖什认为，经济区是在两种力的作用下形成的，这两种力就是集聚力和分散力。廖什还指出，六边形的区域，是一种较好的市场区位。

在廖什的市场区位理论中，他还分析了集聚的两种区域问题：一是产业点状集聚；二是区域集聚。显然，这两种存在不同。另外，廖什还将后者的区域产业集聚，又分为两种，一是产业区；二是产业地带。在廖什看来，产业区是一种市场范围，产业间是独立的可以分离的；而产业地带，通常是同类的相互有关系的产业在此集聚。廖什对于区域问题的研究，为后来的学者提供了理论依据。

四 产业集聚最佳规模论

美国区域经济学家胡佛在其著作《经济活动的区位》（1948）中，第一次将集聚经济划分为三种类型：一是内部规模经济；二是地方化经济；三是城市化经济。在其书中，胡佛还按照产业集聚带来的规模经济的大小，将其分为三个等级：一是小规模的集聚经济，也就是某个比较小的单位的规模影响的经济；二是中等规模的集聚经济，通常是某个公司的规模影响的经济；三是比较大规模的集聚经济，通常是某产业在该区位的集聚体的规模影响的经济。而这三种经济各自能够达到的最大的规模，就能够当作是这三种经济的最适度规模。

另外，胡佛还进一步研究了产业集聚的两种作用：一是自动强化作用，二是自动限制作用。在胡佛看来，自动强化作用发生在区域内的产业或企业的纵向联系，也包括产业或企业的互补关系，正是由于这种互补性，区域将吸引更多的产业和企业，形成集聚经济，这种集聚经济将会进一步发挥其外部性，形成良好的扩大态势，形成一种比较大的集聚经济，从而起到了一种强化作用。而对于自我限制作用，胡佛认为，产业或企业的横向联系则具有排斥作用，这些产业或企业对该区域的稀缺资源存在较强的竞争性，如果一家具备了这种稀缺资源，势必不希望别的产业或企业同样拥有这种资源，势必会排斥或限制其他的产业或企业进入该区域，因为一旦别的产业或企业也拥有了这种资源，先前的这家企业将失去优势，将增加成本。胡佛的这种自动限制作用，能够与其"最佳规模论"遥相呼应，因为这种自动限制作用，也说明了为什么产业集聚不会无限大，也不会无限小，它会保持在一个相对适度的规模。胡佛的这些研究，具有开创性的意义，于是，后来的研究者往往将其理论称为"产业集聚最佳规模论"。

五　增长极和循环累积因果论

佩鲁在《略论发展极的概念》（1955）一文中，提出了"增长极"的含义。佩鲁认为，增长极往往是由发展好的企业，由于其规模经济的作用，在某地集聚而形成的重要的经济中心，形成后的这个经济中心，将不断地以不同的渠道，产生外部经济，从而对整体发展发挥着不同的作用。

缪尔达尔（Myrdal）在1957年提出了著名的循环积累因果理论，这也是一种区域发展理论。缪尔达尔认为，工业集聚将产生连锁反应。当一个新的行业在某地发展起来之后，将会产生如人民生活水平提高、投资增加、消费者需求增加、基础设施进一步完善、企业的生产能力增强、政府支持力度加大等反应，这将进一步引起更多企业的加入，然后再进一步地反应，产生一种累积的循环因果过程。

第四节　新经济地理理论

新经济地理学，又名空间经济学。由于世界经济全球化与区域一体化的发展，主流经济学理论在解释现有经济现象时遇到越来越多的问题。因此克鲁格曼等西方经济学家从经济地理学的视角出发，将边际收益递增和不完全竞争中的路径发展作为经济发展的基础，对经济活动的空间聚集现象进行分析并提出了"新经济地理学"。不同于以往传统的产业转移理论，新经济地理学理论从垄断竞争和规模报酬的角度，解释了空间产业的分布，认为产业的区域分布不全是自然条件的差异，还在于完全均质空间下生活成本效应、市场接近效应和市场拥挤效应三方面效应所构成的集聚力和扩散力的相互作用。该理论认为产业集聚重要形成机制来自于要素劳动力的自由流动，劳动力流动会使地区间的市场出现需求差异，打破地区间原有的均衡状态，推动产业集聚。另外本地市场需求还体现了劳动力的重要作用，企业由于考虑到较高的运输成本会更倾向于在市场需求较大的地区选址办厂，而由于企业数量的不断增加，会吸引更多的普通劳动力在此集聚，从而增加消费需求，形成生产与需求的循环累积效应，推动产业的集聚。所以在新经济地理理论中劳动力自由流动是产业集聚与转移形成的重要前提，劳动力是市场需求的构成部分，而在产业转移与扩散的过程中地区收入也会发生相应的变化。

第五节　区域收入差距理论

一　库兹涅茨倒"U"型理论

美国经济学家西蒙·库兹涅茨通过对现行工业化国家和后进工业化国家的发展情况进行考察，在1955年发表的论文《经济发展与收入不平等》中提出了收入差距和经济发展水平之间存在倒"U"型曲线关系的论点，即库兹涅茨倒"U"型曲线。该理论认为在工业化发展初期，收入差距呈现持续扩大趋势；在工业化发展中期，收入差距保持短暂的稳定；在工业化发展后期，收入差距呈不断缩小的趋势。这背后的原因是由于一些先行的产业部门迅速发展，促进了经济发展，同时也使这些部门的就业者收入快速提高，从而扩大了收入差距。这种收入差距的扩大随着劳动力从传统产业向现代产业部门的转移而逐渐缩小。此后，刘易斯借助"二元经济结构理论"进一步证实了库兹涅茨的倒"U"型理论。刘易斯指出，在经济发展初期，现代工业部门的资本所有者和传统农业部门劳动力之间的收入差距不断扩大；随着经济的进一步发展，两者之间的收入差距相对稳定，逐步出现缩小趋势；在经济进入高级发展阶段，传统农业部门的剩余劳动力逐渐消失，劳动力成为稀缺性资源，导致劳动者收入上升，同时资本相对过剩，资本所有者收入下降，从而收入差距趋于下降。

二 "中心—外围"理论

"中心—外围"理论最早是由阿根廷经济学家普雷维什提出用以描述国际贸易体系中西方资本主义国家和发展中国家对峙的现象。他认为由于原材料和初级产品的需求弹性低而工业制成品的需求弹性高，导致发展中国家贸易的巨额贸易逆差，迫使发展中国家实施国内工业化替代大量进口工业品的替代战略，因此进口替代战略成为产业转移发生的根源。但是普雷维什没有认识到产业转移是区域间经济关系发展变化的必然产物，对于产业转移能够加快欠发达地区经济发展的积极影响认识不足。1966 年弗里德曼将这一理论模型运用到了区域经济学中，弗里德曼将经济系统空间结构划分为社会经济活动较为集聚的中心区域和围绕中心区域分布的外围区域两部分，二者共同构成一个完整的二元空间结构。中心区域的发展条件优越，经济效益较高，而外围区域发展条件较差，经济效益较低。因此，经济发展必然伴随着各类生产要素从外围区域向中心区域转移。在经济发展初期，二元结构十分明显，表现为以中心区域为核心的单核结构，随着经济的不断发展，单核结构逐渐为多核结构替代，当经济进入持续增长阶段，中心和外围界限会逐渐消失，实现区域经济的平衡发展。

三 循环累积因果理论

缪尔达尔（1957）在批判新古典主义经济发展理论所采用的传统静态均衡分析方法的基础上提出了循环累积因果理论。该理论认为在一个社会的动态发展过程中，各经济要素之间存在着循环累积的因果关系。某一种经济要素的变化，会引起另一经济要素的变化，而这种变化又会反过来影响前一个经济要素，从而形成循环累积发展。这种循环累积效应对地区经济发展将会产生两种效应：一种是回波效应，即落后地区的劳动力、资本、技术等生产要素向发达地区的流动，使得落后地区的经济发展更慢，扩大了地区差距。一种是扩散效应，即当发达地区经济发展到一定程度，由于生产要素成本提高、环境污染等问题使得经济发展变缓，劳动力、资本、技术等生产要素逐步迁回落后地区，带动落后地区的发展，进而缩小地区差距。区域经济能否协调发展，关键取决于这两种效应孰强孰弱。

第三章

劳动力流动、产业转移与区域
收入差距的理论分析

为更进一步探究产业转移、劳动力流动与区域收入差距之间的关系，本书将在新经济地理学的框架内，通过理论分析、模型构建以及数值模拟，从理论上对劳动力流动、产业转移对区域发展差距的影响进行分析。本章主要从新经济地理学的核心—边缘垂直联系模型（CPVL）出发，结合我国的实际情况，将 CPVL 模型的假定条件进行相应的拓展，借此来对产业转移、劳动力流动和区域收入差距之间的关系进行理论探讨。

第一节　新经济地理学的理论基础和核心思想

一　新经济地理学的理论基础

新经济地理学把主流经济学长期忽视的空间要素重新纳入到一般均衡分析框架中，研究各种生产要素的运动规律和机制，并通过这种规律与机制的分析探讨经济增长规律与途径。与新古典的规模收益递减（不变）和完全竞争不同，新经济地理学以规模收益递增和垄断竞争为主要的理论基础。1977 年，迪克西特（Dixit A. K.）和斯蒂格利茨（Stiglitz J. E）将张伯伦（Chamberlin E. H.）提出的垄断竞争思想与主流经济学所推崇的一般均衡建模技术结合在一起。1991 年，克鲁格曼（Krugman P.）以迪克西特和斯蒂格利茨的垄断竞争一般均衡分析框架为基础，借鉴国际贸易理论，利用萨缪尔森（Samuelson P. A.）的"冰山"交易技术，把空间概念引入一般均衡分析框架中，完成了新经济地理学的开山之作，即核心—边缘模型，简称 CP 模型。

二　新经济地理学的核心思想与结论

（一）"块状经济"之间的两种作用力与三种效应

在新经济地理学模型中，最终决定空间长期均衡稳定性的力量通常有两种：一种是集聚力，另一种是分散力。集聚力是导致现代部门向某一区域聚集的力量，分散力是促使现代部门扩散的力量，这种力量来源于市场竞争。正是集聚力与分散力的相对强弱决定了长期稳定的经济活动空间分布模式。

集聚力与分散力这两种力量又对应着三种效应。第一种是"本地市场效应"，是指垄断型企业选择市场规模较大的区位进行生产并向规模较小的市场出售其产品的倾向。如果某种外生冲击改变原有需求的空间分布，扩大了某一区域的需求，则大量的企业将改变原来的区位，向该区域集中。第二种是"价格指数效应"，是指企业的区位选择对当地消费者生活成本的影响。在企业比较集中的地区，由于本地生产的产品种类和数量比较多，从外地输入的产品种类和数量较少，因而支付较少的运输成本，这使得该地区商品价格较低，消费者支付较低的生活成本，因此在名义收入相同的情况下，实际收入水平较高，实际收入水平的提高使得该区域更具有吸引力。第三种是"市场拥挤效应"或叫"本地竞争效应"，是指不完全竞争性企业为避免由于竞争者较多而通过对要素和消费者的争夺使得企业的成本提高，而趋向于选择竞争者较少的区位。分散和集聚效应会在一定程度上促进企业的空间聚集，两种效应都具有循环累积因果特征，即自我强化的特征。

（二）循环累积因果关系

正如前所述，循环累积因果关系指的是对于某种外生冲击，"本地市场效应"和"价格指数效应"会不断自我强化并形成一种循环累积因果关系。这种因果链会进一步放大初始震动对经济系统的影响。

（三）内生的非对称性

内生的非对称性指的是，初始对称的两个区域，随着贸易成本的逐渐降低，最终导致区域间的非对称性。这与新古典理论得出的经济自由化使得区域间初始的非对称逐渐走向区域间对称的结论是相反的。新经济地理学包含集聚力的模型却显示，要素流动性和贸易自由度的提高，进一步加剧初始的差异，最终导致所有产业都集中在一个区域。由于形成了循环因果链，外生力量消失以后，这种过程仍在进行，所以说这种非对称过程是内生过程。

（四）突发性集聚

在新经济地理学包含非均衡力的模型中，内生的非对称现象的发生是突发性的。这是空间经济模型最突出的特性之一。当处于对称均衡且贸易自由度很小时（也就是贸易成本很大），贸易自由度的提高不会影响产业的区位。但贸易自由度达到某一临界值（也就是前面提到的突破点）后，自由度稍微增加，就发生突发性集聚，因为这时的稳定状态就是所有产业集中在某一区域。

（五）区位的黏性

区位的黏性也就是常说的"路径依赖"。由于某些原因历史上已经形成某种产业分布模式或发展路径，那么在较长的历史过程中，各种经济活动已经适应这种模式或路径，要改变这种模式或路径就需要支付很大的成本，或需要较强的外生冲击。

（六）集聚租金

集聚租金被新经济地理学理论用来精确表述集聚的经济性。当形成新经济地理学理论中最基本的核心—边缘结构时，可流动要素对区位是有选择性的，而这种选择性主要以"集聚租金"为主要目标。"集聚租金"可以由工人所遭受到的损失来度量，也就是当完全集聚是稳定均衡时，工人从核心区转移到边缘区时遭受的损失。

（七）人们预期的变化

由于贸易自由度处在一定区间时，产业的分布会存在对称结构或两种核心—边缘结构的相互叠加的不同情况。这种对应着多重稳定均衡的不同结构的叠加区的存在，说明当人们的预期发生变化时，人们将根据变化后的预期，任意选择对称结构或核心—边缘结构作为其工作和居住区位。因此与传统理论不同，新经济地理学理论中的这种存在不同结构的叠加区，很好地描述了人们预期的变化对经济活动的影响。

（八）"黑洞"条件

前面的 7 个核心结论都是在满足所谓的"非黑洞"条件下成立的。如果某一区域的消费者对工业品的支出份额很高，该区域规模收益递增的程度很强，在这种情况下，不管空间贸易成本如何变化，现代部门都集中在该区域，这是一种长期稳定的均衡。在这种情况下，所有的现代部门都不会被吸引到区外，在其他区域不会存在现代部门，因此现代部门集聚的区域就像一个黑洞一样，不断地从外围区吸引现代部门，从而使外围区无法跳出低水平"陷阱"。

第二节　核心—边缘垂直联系模型

垂直联系模型和新经济地理学当中的其余模型是有着一定的差异的，前者具体是对产业的区域分布展开探讨。这之中的主要假定包含：

——经济体系内有着两个对称部门，其中有工业 M 与农业 A 两个部门，一种生产要素。

——农业部门的特点即为规模收益不变与完全竞争，生产同质商品。

——在农业部门密集运用的要素在各个部门间存在一定的流动性，然而在区域间不存在这一特点。

——工业部门遵循迪克希特—斯蒂格利茨的垄断竞争框架和规模收益递增特征，生产的是差异化的产品；工业部门内各个企业都购置其余企业的商品作为中间投入品。

——对于农产品而言，区际贸易的成本为零，对于工业部门而言，商品区际贸易遵守"冰山"准则，在其他区域内出售一单位商品，务必由当地发出 τ 单位的商品（$\tau \geq 1$），可以这样来理解，（$\tau-1$）单位的商品在输送过程中发生了"融化"，此即为"冰山成本"。

垂直联系模型和新经济地理学当中的经典模型相比，存在着两种效应：价格指数效应和本地市场效应。价格指数效应其中包含了生产、生活这两类成本效应，在公司与消费者展开生产区位的选择过程中会受到其他公司生产成本的影响。在有着贸易成本的情况下，在商品原产地出售时，其售价更低，所以公司数量较多的区域，顾客与公司需要向其他地区进口的商品类别更少，能够有效地降低贸易成本。本地市场效应是在区域贸易成本内，公司更愿意选择市场规模发展较大的区域展开商品生产，而将生产的产品运往市场规模较小的地区进行销售。上述两种效应与要素间的跨部门流动，能够共同组成一个彼此影响的循环体系，这种模式也被称为累积因果。在此现象当中，还可能存在着市场拥挤的现象，此类状况也被叫作本地竞争效应，是指在不完全竞争中，由于公司的过度集中，使得行业竞争不断加剧，最终使公司愿意朝着一些行业竞争压力较小的生产地区搬迁。

就垂直联系模型而言，本地市场效应和价格指数效应形成了集聚力，市场拥挤效应形成发散力。若是集聚力较发散力更加显著，在各个部门间不论哪类形式的就业冲击均会让劳动力在各个部门内展开再一次的分配，从而导致各部门彼此间形成自我强化循环，最终能够导致一片地区变成工业集聚地；反之，假如发散力较集聚力更加显著，各个部门间不论哪类形式的就业冲击都会让在集聚区中的有关公司相对盈利水准下降，同时把起始的扰动消除。

就新经济地理学的结构而言，影响集聚力和发散力两类因素的决定要素是地区间贸易自由度 φ（设 $\varphi = \tau^{1-\sigma}$），而且 φ 与贸易成本之间存在着一定的负相关性，也意味着贸易的成本越小，相对应的贸易自由度水平越大，如果其自由度水平高度达到某种程度时，发散力便会减弱。这种情况的产生主要是由于市场拥挤是发散力的主要来源。如果贸易之间没有任何限制，贸易成本在任何区域都无法产生，所以在此前提下，一个企业和该地区同行业产生的竞争以及与别的区域同行业间的竞争不会产生差别。此外，还能够给出另一种解释，一家企业所产生的竞争不只来源于该地区同行业造成的竞争，由于企业之间不存在贸易成本，造成了其他地区对其产生的竞争力并不小于同地区企业产生的竞争力。因此，一个企业由该地区向其他区域进行拓展，并不会使该企业所获得利润有所降低，这样的情况下，企业的进入退出决策和盈利水平未产生影响，这样也就可以说是企业的经营状况和企业的区位以及竞争是没有关系的。我们还可以做另外一种假设，贸易自由度十分的小或在进行交易时成本较高，严重者会导致地区之间无法展开贸易往来，同时也说明了一个地区的企业数量多少会对该地区同行业之间竞争大小产生较大的影响，进而会对企业所获得的利益多少以及是否进行规模拓展造成较大的影响。

所以，当同一个地区的贸易自由度逐渐地变大时，市场的拥挤效应便会变弱，进而会引起发散力降低。

而区域之间贸易自由度的变化也会影响集聚力的变化，当贸易自由度增加的时候，集聚力便会减弱。就本地市场效应而言，如果贸易成本相当大时，企业一般更喜欢选择一些市场规模大的经营区域，如此就能够很大程度地减少贸易成本的支出，在这个时候本地市场效应是很大的。从价格指数效应来说，贸易自由度水平较高时，其成本相对较低，这表明该地域市场自由化水平较大，那就意味着不论地区间产业是何种结构，也不论该产品在什么地区生产，在产品销售时不同区域的价格并没有太大的差别。反之，假如贸易自由度非常小，贸易成本非常大，当产品的销售价格有所变化时会使其数量、种类有较大的变化，进而造成价格指数效应产生的影响越大，因此如果地区间的贸易自由度由低变为高的时候，贸易成本由高变为低，价格指数效应和本地市场效应都会减弱。

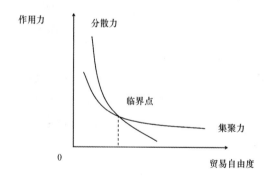

图 3—1　集聚力与分散力

根据图 3—1，当其自由度较低时，分散力是大于集聚力的，而且当贸易自由度持续变大时，集聚力和分散力都在降低。这也说明，在贸易成本降低的同时，会有一个临界值，贸易成本越靠近这个临界值，分散力就要比集聚力弱，对经济结构而言，就算是非常微小的波动，也会造成经济行为展开持续的自我强化，产业由空间发生迁移行为，最终也会导致企业都转移到同一地区。当贸易自由度逐渐变大时，导致原先对称的地区逐渐不对称。

第三节　拓展模型

一　拓展模型与 CPVL 模型的异同分析

本章的拓展模型与新经济地理学 CPVL 模型的不同主要有两点：

第一，CPVL 模型假设两个区域当中的经济系统在技术、偏好和贸易的开放度方面都是对称的。并且假定：（1）工业部门和农业部门均只使用一种生产要素——劳动。（2）要素禀赋在初始的过程是对称的。首先，模型假设只有劳动这一要素过于苛刻，因为将劳动作为唯一的生产要素完全忽视了能源、资源等对生产成本的影响；其次，在两个区域初始的时候将要素禀赋设定为对称的，但是对中国这样一个地域辽阔和资源分布差距较大的国家来说，这一条假设是不相符的。在垂直联系模型中经济活动之所以发生迁移的循环累积因果关系，主要是因为工业部门的企业将其他类型企业的产品作为中间产品进行生产投入。这种情况会导致在具有区域贸易成本的情况下，在不同的区域内资源禀赋的差距如果很大，资源禀赋优势较大的地区所拥有的初级生产要素的优势也会增强，因此这个地区当中的生产价格指数也会降低。

第二，CPVL 模型其实是将生产要素流动进行了限制，假设劳动力在同一个区域当中的不同类型的部门当中进行流动，但是在不同的区域之间却不进行流动，显然这与我国当前农村剩余劳动力进城、城市规模不断扩大的现状是很不相符的。为贴近我国现实国情，本章的拓展模型假设劳动力可以进行跨区域流动。

二　拓展模型的基本假设

——整个经济系统中含有两个区域，即区域 1 和区域 2，这两个区域内的技术、偏好以及贸易开放度是对称的，但是区域内所拥有的资源禀赋却是不同的，我们把两个区域内的资源禀赋优势分别用 e 和 e^* 这两个资源禀赋系数来表示，e 越大则显示的是在区域 1 当中，资源禀赋较高，相反则亦然。系统中存在两个部门（农业部门 A 和制造业部门 M）。

——农业部门可以将规模收益不变和完全竞争作为特征，生产同质化的农产品。生产一单位农产品花费 a_A 单位的劳动。分别用 p_A 和 p_A^* 表示农产品价格，则当两个区域都进行农产品的生产的时候，具有以下数量关系：$p_A = a_A w$、$p_A^* = a_A w^*$。

——工业部门以迪克西特—斯蒂格利茨的垄断竞争和规模收益递增为特征，生产的是差异化的产品，遵循齐次成本函数，包含了劳动力和中间投入品两个生产要素。但是就具体的情况来说，边际投入和固定投入（分别用 a_M 和 F 表示）是工业品组合的投入组合。为了可以更好地进行分析，我们假定生产函数是柯布—道格拉斯型，定义 $a \equiv \dfrac{\mu}{\sigma - 1}$，则区域 1 代表性企业 j 的成本函数为：

$$C(x_j) = (F + a_M x_j) P_P / e,$$
$$P_P = w^{1-\mu} (\Delta n^w)^{-a}, 0 < \mu < 1, e > 1 \qquad (3—1)$$

其中，e 表示区域 1 的资源禀赋系数，e 越大则区域 1 所拥有的资源禀赋越丰裕，工业品的生产能够更多地使用本区域的原材料等资源，需从外地引进的原材料就越少，从而能够节省更多的贸易成本，因此企业的总成本也越低。P_P 表示生产价格指数。每个企业只生产一种工业品。

——劳动力要素对于工业部门与农业部门来说是同样的。这里用 w 和 w^* 来分别表示区域 1 和区域 2 的工资。劳动力在农业部门与工业部门间可以自由流动，因此，在相同区域的农业部门与工业部门的薪资水平必须要相等。除此之外，若劳动力将工资携带回其家乡进行消费，那么劳动力在区域名义工资的差异影响下会产生流动的驱动力。基于此，假设 $w = w^* + \varepsilon$，其中 ε 为足够小，因为如若 $w > w^*$，那么劳动力从区域 2 流向区域 1 是必然结果。这个流动的过程直至两个区域内的名义薪资水平不相上下为止。所以，当 ε 为足够小的时候，工业部门与农业部门整个系统的工资所存在的差距可以忽略。所以，在本章的计算中，始终默认 $w = w^*$，并统一用 w 表示。简而言之，就是两个区域的工资水平持平，且劳动力的流动是在工业化、城市化进程不断加深的过程中产生的。这里将 L^w 设为是整个经济系统的劳动力禀赋的总和。那么其中与区域 1 区域 2 相对应的劳动禀赋则可以分别用 s_L 与 s_L^* 来表示，$s_L + s_L^* = 1$。

——贸易成本在农业产品的贸易往来中是不存在的，而工业产品的区际贸易遵循"冰山"贸易成本，即工业产品在运输过程中遭到的一定比例的损耗。区域 1 的企业在该区域销售的工业产品无须贸易成本，然而在区域 2 销售其工业产品的时候，会有固定的产品损耗，从区域 1 运向区域 2 的产品是 τ（$\tau > 1$）单位，那么其损耗的单位量为（$\tau - 1$），区域 2 的企业进行贸易活动也会如此。

——效用函数形式是两层嵌套的。其中内层的形式是不变替代弹性形式，外层为柯布—道格拉斯形式。区域 1 的消费者其效用函数可以表示为：

$$U = C_M^{\mu}(C_A - \gamma)^{1-\mu}, 0 < \mu < 1 \qquad (3\text{—}2)$$

U 表示区域 1 中消费者的总效应水平，C_M 表示的是对工业产品的消费，C_A 表示的是对农业产品的消费，γ 是维持生存必需的农产品，μ 表示所购买的工业品消费占消费者整体支出的份额，其中（$1 - \mu$）所表示购买农产品的消费在消费者总支出中的份额。

农产品属于同质化程度高的商品，然而工业产品恰恰相反。因此，C_M 可以定义为是工业品的组合性消费，属于不变替代弹性型的效应函数：

$$C_M = (\int_{i=0}^{n+n^*} q_i^{\rho} di)^{1/\rho}, 0 < \rho < 1 \qquad (3\text{—}3)$$

这里将区域 1 与区域 2 的企业所生产的工业品的种类分别用其中的 n 和 n^* 来表示，因此整体工业品种的种类数量就可以用 n^w（$n^w = n + n^*$）来表示。其中，q_i 的含义是区域 1 消费者所消费的第 i 种工业品。ρ 指代的则是消费者对于具有差别化工业品的组合所产生的偏好程度。当 ρ 越接近于 1 的时候，就意味着消费者不喜欢多样化工业品的组合，那么此时的 C_M 就是一个显性函数，说明这种情况下的工业品可以完全替代。当 ρ 趋近于 0 的时候，消费者会更加青睐工业的组合产品。这里设 $\sigma \equiv \dfrac{1}{1-\rho}$ 来表示两种工业品的替代弹性，反映的是各种工业产品之间互相替代的能力指数。其中，效用函数变成线性则说明 σ 无限接近无穷大，那么此时的产品具有完全可替代性，说明消费者的多样化需求几乎趋近于 0；而当 σ 为 0 的时候，则说明消费者对于产品多样性的偏好需求非常强烈，每一个产品都是无可替代的。

将 $\sigma \equiv \dfrac{1}{1-\rho}$ 代入效用函数可以得到：

$$C_M = \left(\int_{i=0}^{n^w} q_i^{\frac{\sigma-1}{\sigma}} di \right)^{\frac{\sigma}{\sigma-1}}, \sigma > 1 \tag{3—4}$$

式（3—2）所表示的间接效用函数形式如下：

$$P = p_A^{1-\mu} P_M^{\mu} = p_A^{1-\mu} (\Delta n^w)^{-a}, \Delta \equiv \frac{P_M^{1-\sigma}}{n^w} \equiv \frac{1}{n^w} \int_{i=0}^{n^w} p_i^{1-\sigma} di, a \equiv \frac{\mu}{\sigma-1}$$

其中，P 为完全消费价格指数，而 P_M 为工业品组合的价格指数。若假定每个企业所生产的产品种类只有一种，那么则用 n 和 n^* 来分别指代区域 1 与区域 2 的工业品品种的数量。换言之，整体上的工业品种种类就是 n^w。

——企业的进入退出的决策制定。首先，假设企业是短视的，那么企业以纯利润来作为企业进入退出的决定。若在该区域进行生产活动能够带来正利润，那么企业将选择进入该区域；若利润为负，则会让企业选择退出该区域。关于企业进入与退出的决策调整可以表示如下：

$$\dot{n} = n \prod, \dot{n}^* = n^* \prod{}^* \tag{3—5}$$

其中，$\prod$ 是企业在区域 1 所获得的利润，而 $\prod{}^*$ 是由企业在区域 2 所获得的纯利润。

经过对以上假设条件进行归纳与整理之后，拓展模型的框架图如图 3—2 所示。

三 拓展模型的短期均衡

短期指的是区域内的劳动力 L 与企业 n 的数量未发生改变的时期。因此，研究短期均衡，是在各个企业的区际分布外生给定下充分观察内生变量之后所做的决定。均衡时的标志包括：企业获得最大限度的利润，消费者实现了最大的效用，市场出清。

（一）农业部门

根据前文的假设，农业部门在通常情况下，产出的农产品所需投入的每一个单位劳动力为 a_A。在市场竞争的情况下，通过瓦尔拉斯均衡来对农产品进行边际成本定价法。即 $p_A = w a_A$，$p_A{}^* = w^* a_A$。农产品的区际贸易没有贸易成本，因此，其价格在两个区域内都是相同的，可以表示为 $p_A = p_A{}^*$。这意味着两个区域的劳动力薪资是相等的，可以表示为 $w =$

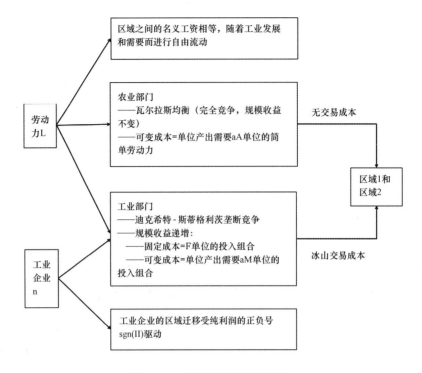

图3—2 拓展模型的框架图解

w^*。短期均衡需要农产品市场出清。依据效用函数可以得知有 $(1-\mu)$ 部分的支出是每个区域内消费者对农产品的消费。因此，根据区域1与区域2可以通过以下函数来表示消费者对于农产品的需求：$C_A = [(1-\mu)Y + \mu\gamma]/p_A$，$C_A^* = [(1-\mu)Y^* + \mu\gamma]/p_A$，其中 Y 和 Y^* 分别表示区域1和区域2包括企业利润（$\prod$ 和 $\prod^*$）在内的消费者的收入，也分别等于两个区域消费者的消费支出。总消费量可以用公式 $[(1-\mu)(Y+Y^*) + 2\mu\gamma]/p_A$ 来表示。整个农业部门的劳动力需求为 $L_A = [(1-\mu)(Y+Y^*) + 2\mu\gamma]a_A/p_A$，其中 a_A 是指每单位农产品所需的 a_A 单位劳动力。而 L^w 是总的劳动力禀赋，包括了农业部门与工业部门。由此可以得出工业部门的劳动力总量为 $L_M = L^w - L_A = L^w - [(1-\mu)(Y+Y^*) - 2\mu\gamma]a_A/p_A$。

（二）工业部门

工业企业的经营行为在迪克希特—斯蒂格利茨垄断竞争框架下，企业之间不会产生共谋的行为，因为一个企业产出的产品只有一种，相当于多少个工业企业就有多少产品种类，因此可以用 n^w 来表示整个经济系统中的工业品种种类。其中区域 1 的工业品种种类为 n，而区域 2 的工业品种种类则为 n^*，设 s_n 表示区域 1 的活动企业份额，而 $1 - s_n$ 表示区域 2 的活动企业份额，其中 $s_n = n/n^w$。

1. 工业品的需求函数

在区域 1 内，消费者的工业品组合消费情况用 C_M 表示，对于第 i 种工业品而言，消费者的消费量用 q_i 表示；第 i 种工业品在销售中的价格用 p_i 表示。根据

$C_M = (\int_{i=0}^{n^w} q_i^{\frac{\sigma-1}{\sigma}} di)^{\frac{\sigma}{\sigma-1}}, \sigma > 1$，求解此条件下的支出最小化问题 $\min_{c_j}$ $\int_{i=0}^{n^w} p_i q_i di$，得：

$$q_i = C_M \frac{p_i^{-\sigma}}{(\int_{i=0}^{n^w} p_i^{1-\sigma} di)^{\frac{\sigma}{\sigma-1}}} \tag{3—6}$$

将上述的方程式代入上述消费工业品最小支出 $\min_{c_j} \int_{i=0}^{n^w} p_i q_i di$，得：

$$\int_{i=0}^{n^w} p_i q_i di = (\int_{i=0}^{n^w} p_i^{1-\sigma} di)^{\frac{1}{1-\sigma}} C_M \tag{3—7}$$

P_M 是工业品组合的消费价格指数：

$$P_M = (\int_{i=0}^{n^w} p_i^{1-\sigma} di)^{\frac{1}{1-\sigma}} \tag{3—8}$$

消费者在消费工业品的支出的函数形式为：

$$\int_{i=0}^{n^w} p_i q_i di = P_M C_M \tag{3—9}$$

$p_A C_A + P_M C_M = Y$，表示消费者的预算约束，进一步就可以算出消费者在工业品组合中其效用达到最大值的问题，也就是 $\max_{C_M C_A} C_M^\mu (C_A - \gamma)^{1-\mu}$，根据效用最大化的一阶条件，则有 $p_A C_A = (1 - \mu) Y + \mu\gamma$，$P_M C_M = \mu (Y - \gamma)$，其中 $(1 - \mu)$ 表示了农产品在总消费中所占的比例，其中 μ 表示了工业品在总消费中所占有的比例。根据需求函数，我们可以很容易得到消费者在两种商品上的收入弹性：

$$E_A = (\partial C_A / \partial Y)(Y/C_A) = \frac{(1 - \mu) Y}{(1 - \mu) Y + \mu\gamma}$$

$$E_M = (\partial\, C_M / \partial\, Y)(Y/C_M) = \frac{Y}{Y - \gamma}$$

由上式可以很明显地看出农产品的收入弹性小于1，工业产品的收入弹性大于1。为了进一步考察消费者支出份额的变化，我们将消费者在工业产品上的支出份额设为 λ，则用在工业产品和农产品上的支出份额分别为：

$$\lambda = P_M C_M / Y = \max\left\{\frac{\mu(Y - \gamma)}{Y}, 0\right\}$$

$$1 - \lambda = C_A / Y = \min\left\{1 - \mu + \frac{\mu\gamma}{Y}, 1\right\}$$

当 $\gamma = 0$ 时，消费者的效用函数就退化为普通的 C－D 函数，在工业产品和农产品的支出份额 γ 和 $1 - \lambda$ 分别变成为固定不变的 μ 和 $1 - \mu$。当收入很低时（即 $Y \leqslant \gamma$ 时），所有的收入均用于购买必需的农产品，而在工业产品上的支出为0。当收入较高时（即 $Y \geqslant \gamma$ 时），则工业产品的支出份额与收入之间的关系可以总结为：

$$\frac{d\lambda}{dY} = \frac{\mu\gamma}{Y^2} > 0$$

$$\lim_{Y \to \gamma^+}\lambda = 0; \lim_{Y \to +\infty}\lambda = \mu$$

由此可见，在工业产品上的支出 λ 是收入的单调递增函数：随着收入的增加，越来越多的收入将用于购买工业产品，用在农产品上的支出份额则会越来越少，这就是著名的恩格尔法则。

接下来进一步地整理需求函数表达式可以得到消费者对第 i 类差异产品的需求函数：假设总的支出是 E，则得到需求曲线用函数表示其方程式为：

$$q_i = \mu E \frac{p_i^{-\sigma}}{P_M^{1-\sigma}} \tag{3—10}$$

运用相同的方法，可以求出区域1内具有代表性企业在区域2中的需求函数：

$$q_i^* = \mu E^* \frac{(p_i^*)^{-\sigma}}{(P_M^*)^{1-\sigma}} = \mu E^* \frac{(\tau p_i)^{-\sigma}}{(P_M^*)^{1-\sigma}} \tag{3—11}$$

在此推导中，我们将区域1中具有代表性的 i 企业在区域2中的区域的销售价格用 p_i^* 来表示，但是在货物运输的过程中因为存在有冰山贸易，所以不可避免地会有经济的损失，为了补偿这种损失，只能通过提高商品在区域2中的销售价格，所以有了 $p_i^* = \tau p_i$。

综合式（3—10）和式（3—11）可以推导出区域1代表性企业 i 在整个经济系统中所需要的函数方程式为：

$$x_i = q_i + \tau q_i^* = \mu p_i^{-\sigma} \left[\frac{E}{P_M^{1-\sigma}} + \tau^{1-\sigma} \frac{E^*}{(P_M^*)^{1-\sigma}} \right] \qquad (3—12)$$

2. 工业产品价格

在迪克希特—斯蒂格利茨的垄断竞争框架下，代表性企业面对不变弹性为 σ 的需求曲线，企业就会通过边际成本不变加成定价法则获得利润最大值。另外，企业在市场中自由进出，在均衡状态中，其纯利润值为零，在均衡状态下，所有企业都实现均衡价格和均衡产量。

对于区域1的一个代表性企业 i，其在当地市场的销售量为 q_i，销售价格为 p_i，在区域2的销售量为 q_i^*，销售价格为 $p_i^* = \tau p_i$，在两个市场上的总销售量为 x_i，则该企业 i 的纯利润函数为：

$$\prod_i = p_i x_i - \left[(F + a_M x_i) P_P / e \right]$$

其约束条件是企业 i 的总销售量。

迪克希特—斯蒂格利茨垄断竞争框架的重要特征之一，就是每个工业企业的规模都比较小，因而每个工业企业的产品价格对式（3—10）需求函数 $q_i = \mu E \dfrac{p_i^{-\sigma}}{P_M^{1-\sigma}}$ 的分母，即工业品组合的价格指数的影响也比较小以至可以忽略不计。同时，产品的多样化特性使得企业之间没有策略性共谋活动。因此，正如需求函数所表明的那样，代表性企业的行为类似于垄断企业的行为，都面对价格弹性为 σ 的需求曲线。所以可以将式（3—12）中的 $\mu \left[\dfrac{E}{P_M^{1-\sigma}} + \tau^{1-\sigma} \dfrac{E^*}{(P_M^*)^{1-\sigma}} \right]$ 视为一个常数，用 k 来表示，则企业 i 的销售量可以写成：$x_i = k p_i^{-\sigma}$。

销售量的价格弹性：

$$-\frac{dx_i}{dp_i} \cdot \frac{p_i}{x_i} = k\sigma p_i^{-\sigma-1} \cdot \frac{p_i}{k p_i^{-\sigma}} = \sigma,$$

对纯利润函数求最大值的一阶条件为：

$$\frac{d\prod_i}{dx_i} = p_i + x_i \frac{dp_i}{dx_i} - a_M P_P / e = 0$$

$$\Rightarrow p_i \left(1 + \frac{dx_i}{dp_i} \cdot \frac{p_i}{x_i}\right) - a_M P_P / e = 0$$

$$\Rightarrow p_i (1 - 1/\sigma) = a_M P_P / e$$

$$\Rightarrow p_i = \frac{a_M P_P}{(1 - 1/\sigma)e}$$

可以发现产品价格与产品种类无关，即区域 1 所有企业的产品在本地的销售价格相同，因此 p_i 的下标 i 可以去掉，区域 1 的企业 i 在区域 2 的销售价格为 $p* = \tau p = \dfrac{\tau a_M P_P}{(1 - 1/\sigma)e}$。

于是在迪克希特—斯蒂格利茨垄断竞争框架下，区域 1 的每种工业品在本地和区域 2 的销售价格分别为：

$$p = \frac{a_M P_P}{(1 - 1/\sigma)e}, p^* = \frac{\tau a_M P_P}{(1 - 1/\sigma)e}$$

$$(3\text{—}13)$$

从式（3—13）中不难发现，企业的均衡价格 p 随着资源禀赋系数 e 的增大而降低，也就是说，如果一个区域中所包含的资源禀赋越多，那么其均衡价格就越低。

3. 工业企业的利润

设 π 为区域 1 代表性企业的经营利润，经营利润等于营业收入减去可变成本：$\pi = px - a_M P_P x / e$，根据式（3—13）可以推出：

$$p - a_M P_P / e = \frac{p}{\sigma}$$

$$\Rightarrow \pi = (p - a_M P_P / e)x = \frac{px}{\sigma}$$

均衡时企业的经营利润（等于企业的固定成本）是销售收入的一个固定份额 $1/\sigma$。设 E^w 为经济系统中的总支出，其中区域 1 在系统份额的占比用 s_E 来表示，通过前文中推导出来的结论，就可以求解企业的净利润：

$$\pi = \frac{p(q + \tau q^*)}{\sigma} = \frac{p}{\sigma}\left[\mu E \frac{p^{-\sigma}}{P_M^{1-\sigma}} + \tau\mu E^* \frac{(p^*)^{-\sigma}}{(P_M^*)^{1-\sigma}}\right]$$

$$= \frac{p}{\sigma}\left[\mu E \frac{p^{-\sigma}}{\Delta n^w} + \tau\mu E^* \frac{(\tau p)^{-\sigma}}{\Delta^* n^w}\right]$$

$$= \frac{\mu}{\sigma n^w}\left(\frac{E p^{1-\sigma}}{\Delta} + \tau^{1-\sigma} \frac{E^* p^{1-\sigma}}{\Delta^*}\right)$$

$$= \frac{\mu E^w}{\sigma n^w} p^{1-\sigma}\left(\frac{s_E}{\Delta} + \varphi \frac{1 - s_E}{\Delta^*}\right)$$

其中 $\varphi = \tau^{1-\sigma}$，通常用来度量贸易自由度。

$$\Delta = \frac{P_M^{1-\sigma}}{n^w} = \frac{1}{n^w}\int_{i=0}^{n^w} p_i^{1-\sigma} di = \frac{1}{n^w}(np^{1-\sigma} + n^* \bar{p}^{1-\sigma})$$

$$= s_n p^{1-\sigma} + (1 - s_n)(\tau \bar{p}^*) 1 - \sigma$$

$$= s_n p^{1-\sigma} + \varphi(1 - s_n)(\bar{p}^*) 1 - \sigma$$

同理，$\Delta^* = \varphi s_n p^{1-\sigma} + (1 - s_n)(\bar{p}^*)^{1-\sigma}$，类似地，可求出 π^*。设 $b = \frac{\mu}{\sigma}$，则 π 和 π^* 可简化为：

$$\pi = bB\frac{E^w}{n^w}, \pi^* = bB^* \frac{E^w}{n^w} \qquad (3\text{—}14)$$

$$B = p^{1-\sigma}\left(\frac{s_E}{\Delta} + \varphi \frac{1 - s_E}{\Delta^*}\right), B^* = (\bar{p}^*)^{1-\sigma}\left(\varphi \frac{s_E}{\Delta} + \frac{1 - s_E}{\Delta^*}\right) \quad (3\text{—}15)$$

根据式（3—14）和式（3—15）可推导出：

（1）对任意的 s_n，都满足 $s_n B + (1 - s_n) B^* = 1$ 或 $nB + n^* B^* = n^w$；

（2）bE^w/n^w 是经济系统的平均利润；

（3）工业企业生产规模。

均衡时企业的纯利润为零，经营利润（正常利润）恰好弥补固定成本。因此 $\Pi = px - (F + a_M x) P_P/e = \pi - FP_P/e = 0$，得到 $\pi = FP_P/e$；为了实现企业的利润最大化，企业的均衡定价为 $p = \frac{a_M P_P}{(1 - 1/\sigma) e}$，且 $\pi = \frac{px}{\sigma}$，所以对于区域 1 其产品的均衡产出为：

$$x = \frac{F(\sigma - 1)}{a_M} \tag{3—16}$$

因为 F、σ、a_M 都是常数，所以企业的产出规模是不变的。

（三）模型的标准化处理

为了提高模型的有关计算与表达式的简化程度，本节将会灵活运用计量标准与单位。农产品价格为 $p_A = w a_A$，$p_A^* = w^* a_A$。将农产品作为计价标准，即 $p_A = 1$。设 $a_A = 1$ 为农业部门的劳动力计量单位。又因为农产品无区际贸易成本，则 $p_A = p_A^* = w = w^* = 1$，从而可知道，生产价格与消费价格指数是一致的。即 $P = P_P$ 与 $P^* = P_P^*$。

工业部门劳动力计量单位可以设为 $a_M = 1 - (1/\sigma)$ 以便于表示企业收益水平，且由 $p = \frac{a_M P_P}{(1 - 1/\sigma) e}$ 和 $p^* = \tau p$，其中工业品的均衡价格可简写为 $p = \frac{P_P}{e} = \frac{P}{e}$，$p* = \tau \frac{P_P}{e} = \tau \frac{P}{e}$。根据工业企业的生产规模表达式 $x = \frac{F(\sigma - 1)}{a_M}$，$F$ 可标准化为 $1/\sigma$，则 $x = 1$ 为均衡状态下企业生产规模。s_n 是区域 1 的企业份额，总的劳动禀赋 L^w 通过选择合适的单位使得 $L^w = 1 - \mu$。

将上述标准化的结果总结如下：

$$p_A = p_A^* = w = w^* = 1, P = P_P, P^* = P_P^*, p = \frac{P_P}{e} = \frac{P}{e},$$

$$p* = \tau \frac{P_P}{e} = \tau \frac{P}{e}, a_M = 1 - (1/\sigma), F = 1/\sigma, x = 1, n^w = n + n^*,$$

$$n = s_n n^w, n^* = (1 - s_n) n^w, L^w = 1 - \mu \tag{3—17}$$

四　拓展模型的长期均衡

（一）劳动力的长期均衡

在拓展模型当中，劳动力可以跨区域流动，由于农产品没有区际贸易成本，因此可知道农业部门与工业部门的薪水水平一致。则可知区域间薪资水平的差异会成为驱动劳动力要素进行流动的关键。

整个经济系统中农产品的支出通过 $(1 - \mu)(Y + Y^*)$ 来表示，p_A 是农产品的价格，农产品总消费量为 $(1 - \mu)(Y + Y^*)/p_A$。a_A 指代的则是农产品的每一个产出单位所需要提供的单位劳动力，农业部门对于劳动力的需求可以表示为 $L_A = (1-\mu)(Y+Y^*)a_A/p_A$。$L^w$ 是经济系统中的劳动力禀赋。则工业部门的劳动力总量表达为 $L_M = L^w - L_A = L^w - (1-\mu)(Y+Y^*)a_A/p_A$。单个企业的劳动力需求可以表示为 $a_M x$，其中 a_M 为工业企业每单位所需的劳动力，而 x 则为区域1的代表企业的产量规模。n 为区域1的工业企业数量，那么区域1工业部门对于劳动力的需求总量为 $na_M x$，当 $na_M x > s_L L^w$ 时，即当 $na_M x = nF(\sigma-1) > s_L L^w$ 亦即 $s_n > \dfrac{s_L L^w}{n^w F(\sigma-1)}$ 时，则区域2的劳动力将会流向区域1，直到 $na_M x = nF(\sigma-1)$ 为止；同理，当区域2的工业部门所需要的劳动力超过其自身拥有的劳动力禀赋 $(1-s_L)L^w$ 之时，即当 $n^* a_M x = n^* F(\sigma-1) > (1-s_L)L^w$ 亦即 $s_n > \dfrac{(1-s_L)L^w}{n^w F(\sigma-1)}$ 时，区域1的劳动力就会流向区域2，直到 $n^* a_M x = n^* F(\sigma-1)$ 为止；当 $1 - \dfrac{(1-s_L)L^w}{n^w F(\sigma-1)} < s_n < \dfrac{s_L L^w}{n^w F(\sigma-1)}$ 时，意味着区域1与区域2所拥有的劳动力禀赋与各自工业部门对于劳动力的需求总量相当，则劳动力不会流动。

（二）工业企业的长期均衡

长期来看，工业企业在市场的进退是自由的，长期均衡不仅要先达到短期均衡的所有条件，还应该意味着区域1与区域2的企业数量规模的动态变化为零，这可以分别通过 $\dot{n}=0$ 和 $\dot{n}^*=0$ 来表达。根据式（3—5），模型中有两种类型的长期均衡：

（1）第一种均衡类型是内部的长期均衡，当 $n>0$ 且 $n^*>0$ 时，如果 $\prod(n, n^*) = \prod^*(n, n^*) = 0$，则两个区域内都有活动的工业企业；

（2）第二种均衡类型为核心—边缘长期均衡，出现该种均衡需要满足两种条件，一是当 $n>0$ 时且 $\prod(n, 0)=0$，二是当 $n^*>0$ 且 $\prod^*(0, n^*)=0$ 时。此时有必要对均衡的稳定性进行讨论。

求解两种均衡表达式需解出工业企业利润。所谓的纯利润是指企业的总收入减总成本之后的收益，也就是经营利润减固定成本。可以表示为 $\prod = \pi - FP/e$。要求解模型的长期均衡，需要首先求出短期均衡状态下位于区域 1 和区域 2 企业的纯利润表达式。根据 $\pi = \dfrac{px}{\sigma}$、$p = \dfrac{a_M P_P}{(1 - 1/\sigma)\,e}$，以及式（3—17）给出的标准化条件，可以推出：

$$\prod = \frac{P(x-1)}{\sigma e},\quad \prod{}^{*} = \frac{P^{*}(x^{*}-1)}{\sigma e} \tag{3—18}$$

区域 1 的总支出 E，不考虑储蓄的情况下，消费支出可以看作是消费者的收入，包含工资收入与企业纯利，用 Y 表示如下：

$$Y = s_L L^w w + s_n n^w \prod = s_L L^w + \frac{s_n n^w P(x-1)}{\sigma e} \tag{3—19}$$

企业的总生产成本为 $s_n n^w\,(F + a_M x)\,P_P/e = \dfrac{nP}{e}\left[\dfrac{1}{\sigma} + \left(1 - \dfrac{1}{\sigma}\right)x\right] = nP$

$\dfrac{(\sigma-1)\,x+1}{\sigma e}$，企业的中间投入品的支出用 μ 表示，那么工业品组合支出为

$\mu n P \dfrac{(\sigma-1)\,x+1}{\sigma e}$。

区域 1 的工业品支出如下：

$$\mu E = \mu\left[Y + s_n n^w (F + a_M x) P_P/c\right],\ E = s_E E^w \tag{3—20}$$

总支出为：

$$E = Y + s_n n^w (F + a_M x) P_P/e = s_L L^w + s_n n^w\big[\prod + \\ (F + a_M x) P_P/e\big] = s_L L^w + s_n n^w px \tag{3—21}$$

根据 $\pi = \dfrac{px}{\sigma} \Rightarrow px = \sigma\pi = \sigma \cdot \dfrac{bBE^w}{n^w} = \dfrac{\mu B E^w}{n^w}$，代入式（3—21），得到区域 1 的总支出为 $E = s_L L^w + \mu s_n B E^w$，同理区域 2 的总支出为 $E^{*} = (1 - s_L) L^w + \mu\,(1 - s_n)\,B^{*} E^w$，

$E^w = E + E^{*} = L^w + \mu E^w\,[s_n B + (1 - s_n)\,B^{*}]$，根据 $s_n B + (1 - s_n) B^{*} = 1$ 可得：

$$E^w = L^w + \mu E^w,\ \text{则}\ E^w = \frac{L^w}{1 - \mu} \tag{3—22}$$

从式（3—22）可得，经济系统的总支出 E^w 是模型中参数 L^w 和 μ 的函数，这些参数不受贸易自由度 φ 影响。根据式（3—17）中的 $L^w = 1 - \mu$，可以得到 $E^w = 1$，并且区域 1 的支出份额为：

$$s_E = \frac{E}{E^w} = \frac{s_L L^w + \mu s_n B E^w}{E^w} = s_L(1 - \mu) + \mu s_n B \tag{3—23}$$

从式（3—23）可以发现，支出份额 s_E 是劳动力份额 s_L 和企业份额 s_n 的函数，是模型的内生变量。

从式（3—15）可得，B 是关于 Δ 和 s_E 的函数，但 Δ 却不是 s_L 和 s_n 的显性函数形式，可以通过把 Δ、Δ^* 写成关于其自身的递归形式来突出缺陷：

$$\Delta = (n^w)^\mu [s_n \Delta^\mu e^{\sigma-1} + \varphi(1-s_n)(\Delta^*)^\mu (e^*)^{\sigma-1}] \quad (3—24)$$

$$\Delta^* = (n^w)^\mu [\varphi s_n \Delta^\mu e^{\sigma-1} + (1-s_n)(\Delta^*)^\mu (e^*)^{\sigma-1}] \quad (3—25)$$

因此无法用解析函数形式来描述 s_E、s_L 和 s_n 之间的关系。除特殊情况外，模型的短期均衡和长期均衡无法通过显性函数表示。

总之，考察模型的短期均衡，可以设定外生变量为 s_n 与 s_L，短期均衡可满足式（3—15）、式（3—23）以及式（3—24）和式（3—25）的五个变量，即 B、B^*、Δ、Δ^* 以及 s_E 来描述。

而当考察模型的长期均衡时，s_n 和 s_L 通过持续的调整使式（3—18）得出零利润，此时的 s_n 与 s_L 不再是外生变量，所以对于内生变量而言就没有闭合解。这一问题的致因有两个。第一是因为式（3—15）中的 B 和 B^* 并不是 Δ 和 Δ^* 的显性函数；第二是因为式（3—24）和式（3—25）中的 Δ 和 Δ^* 既是关于自身的函数也是隐函数。所以通过数值模拟才能得以更好地表述模型中的特征。

第四节　数值模拟分析

一　模拟结果

使用数值模拟的方法来对拓展模型的非显性解进行研究和分析，可以帮助我们加深对模型内在的理解。模型要建立在以下假设条件的前提下：劳动力可以自由流动，不受部门差异和地区差异的限制。也就是说，当某区域的劳动力出现短缺时，另外一个劳动力比较充足的区域会向该区域补充劳动力。所以，劳动力分布的相对均衡是各企业之间长期均衡的结果。

根据 $\Pi = 0$ 和式（3—23），使用 MATLAB 软件进行数值模拟，对模型中的其他变量赋值：$\mu = 0.45$，$\sigma = 5$，图 3—3、图 3—4、图 3—5 以及图 3—6 分别模拟了贸易自由度分别为 $\varphi = 0$、$\varphi = 1$、$\varphi = 0.3$、$\varphi = 0.7$ 时

的变化图，纵轴与横轴的含义分别是区域 1 的劳动力份额 s_L 和产业份额 s_n，竖轴表示支出份额 s_E，表示不同贸易自由度水平下的经济系统实现长期均衡状态时 s_L、s_n 与 s_E 的关系。

图 3—3 中，当 $\varphi = 0$ 时，表示工业品的区际贸易成本无限大。则：$\Delta = s_n p^{1-\sigma} + \varphi (1 - s_n)(\overset{-}{p}^*)^{1-\sigma} = s_n p^{1-\sigma}$，代入式（3—15）可以得到 $B = s_E/s_n$，将 B 代入到式（3—23）可以解得 $s_E = s_L$，与图 3—3 中的平面对应，此时支出份额与劳动力份额相等。图 3—3 描述的是 $\varphi = 0$ 时经济系统的长期均衡状态，根据式（3—5）所确定的企业在进出某区域时需要遵循的原则沿图 3—3 中平面进行调整。

当区域之间进行贸易的成本很高导致商品不能正常流通，纯利润为零以及企业的总数目 n^w 不变时，图 3—3 中曲面下侧的点代表该种情况下由于区域 1 市场规模过于庞大而产生的两区域内企业的利润差异。区域 1 的企业将在本地市场的效应下持续获得高于区域 2 企业的纯利润，即 $\prod > 0 > \prod^*$。这种情况下，区域 2 的企业就会迁移至区域 1，从而使区域 1 的产业份额 s_n 增加，直到区域 1 处于新的均衡状态下。相反，点在曲线左侧意味着区域 1 的企业将会迁移至区域 2，那么区域 1 的产业份额 s_n 将有所减少。

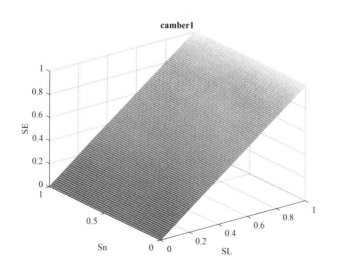

图 3—3　$\varphi = 0$ 时拓展模型的模拟图解

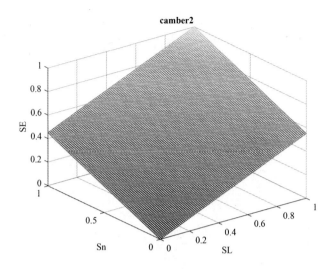

图3—4　$\varphi = 1$ 时拓展模型的模拟图解

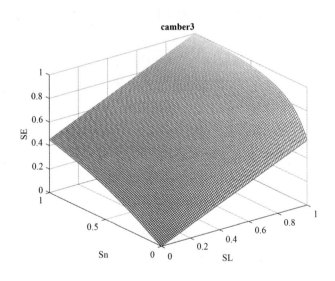

图3—5　$\varphi = 0.3$ 时拓展模型的模拟图解

　　图3—4 表示完全自由贸易情况下，即 $\varphi = 1$ 时，则：$\Delta = \Delta^* = p^{1-\sigma}$，代入式（3—15）可以得到 $B = 1$，代入到式（3—23）可以解得 $s_E = s_L$（$1 - \mu$）$+\mu s_n$，此时支出份额 s_E 与劳动力份额 s_L 和产业份额 s_n 线性相

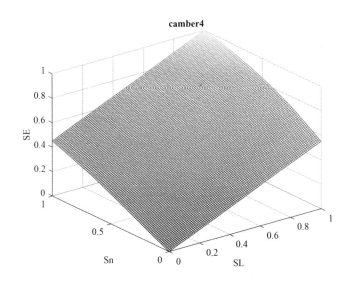

图3—6　$\varphi=0.7$时拓展模型的模拟图解

关。图4—4中的曲面下侧的点表明此种情况下由于市场规模过于庞大使得两区域内企业的纯利存有差异。在本地市场效应的作用下，区域2企业的纯利润会低于区域1的企业，即$\prod>0>\prod^{*}$。这种发展态势下，原本位于区域2的企业会从原区域流向区域1，从而增加区域1的产业份额s_{n}，直到$s_{n}=1$为止。这个时候，经济体进入了核心—边缘均衡状态，这种状态是相对稳定的，核心区域为区域1。

图3—5和图3—6反映的是贸易自由度$\varphi=0.3$和$\varphi=0.7$时的均衡状态。通过比较可知，随着φ的增加，曲面的曲率会变小，反映了本地市场效应。在$s_{n}=0$时所对应的核心—边缘均衡结构下，把$s_{n}=0$代入式（3—23）可解得$s_{E}=\dfrac{1-\mu}{2}$；在$s_{n}=1$时所对应的核心—边缘均衡结构下，由式（3—24）和式（3—25）可解得，$\Delta=e^{\sigma-1}(\Delta n^{w})^{\mu}$，$\Delta^{*}=\varphi e^{\sigma-1}(\Delta n^{w})^{\mu}$，则$\Delta=(n^{w})^{\frac{\mu}{1-\mu}}e^{\frac{\sigma-1}{1-\mu}}$，且$\Delta^{*}=\varphi\Delta$，代入式（3—15），可得$B=p^{1-\sigma}\cdot\dfrac{1}{\Delta}=p^{1-\sigma}\cdot\dfrac{1}{s_{n}p^{1-\sigma}}=1$，再代入式（3—23）得到$s_{E}=\dfrac{1+\mu}{2}$。

二　作用力分析

模型的均衡稳定性是由本地市场效应、价格指数效应、市场拥挤效应所构成的集聚力与分散力的合力来决定的，在这个过程中，本地市场效应与价格指数效应所出现的需求关联与成本关联的循环累积因果关系使得产业集聚在某一空间。这意味着本地市场效应与价格指数效应实际上降低了对称均衡的稳定性。市场拥挤效应则分散了产业活动的空间。换言之，就是市场拥挤效应的分散力实际上稳定了对称均衡。

（一）本地市场效应构成的集聚力

集聚力原因之一是本地市场效应。假设不考虑其他因素在有区际贸易成本的条件下，企业会选择在规模大的市场的区域内进行生产，而将产品在小规模的市场出售，目的是节约贸易成本，需求关联的循环累积因果关系则由此产生。若在对称区域的状态下，那么当企业进入到区域 1 的时候，使区域 1 中的 s_n（产业份额）增加。在数学角度下，B 和 B^* 满足 $s_n B + (1-s_n) B^* = 1$，当 B 增加的时候，B^* 则会减小，区域 1 的纯利润 $\prod$ 则会增大，区域 2 的纯利润 $\prod^*$ 就会减少。因此导致区域 2 的企业会纷纷进入区域 1，这种现象就属于本地市场效应。随着企业生产支出的转移，中间投入的需求量高于区域 1 当中工业部门的供给量，同时区域 1 的就业机会扩大，区域 1 工业部门的劳动力需求大于区域 1 的劳动力供给，促使区域 2 的企业与劳动力向区域 1 流动。伴随着劳动力的流动，消费支出也随之流动，正是消费支出的流向吸引了企业的入驻。上述实际上就是基于需求关联的循环累积因果关系的机制，这种机制往往会有一个正反馈的性质，可以进行自我强化。在这个过程中，企业生产的转移带动了劳动力的转移，同时带动了消费支出的转移，进而可以增强企业在生产过程当中的产业转移。这就是不断循环累积的过程。这中间的需求变动是这一机制的杠杆。

（二）价格指数效应构成的集聚力

集聚力的另一个因素是价格指数效应。假设有区际贸易成本的条件下，当地的生产与消费的价格指数深受企业区位选择的影响。其影响主要体现在，在企业周边区域，其生产、消费的价格指数较低。因为，若某区域集中了数量众多的企业，会导致本地生产的产品种类更加多样化，那么对于引进外地的产品种类的需求就会降低，进而节省本地贸易成本。贸易成本的节省是该区域产品价格低廉的决定性因素。这直接降低了企业的生产价格指数与消费者的生活成本，也促使成本关联的循环累积因果关系的产生。在其他条件不变的情况下，假定两个区域最初是均衡对称的，基于当地产品在市场当中进行商品销售的时候，不需要进行贸易成本的支出，在这种现象下，假如区域 1 企业的数量有所增加，由于价格指数效应的作用使得区域 1 中企业的生产成本会有所下降。随之而来的是该区域企业利润的提高，由此带动了区域 2 的企业流向区域 1。企业的纯利润为营业收入减去生产成本即 $\prod = \pi - P_P F/e$，在 π 不变的情况下，通过 s_n 的增加，可以使得区域 1 当中的 P_P（生产价格指数）比区域 2 当中的 P_P^* 更小。这样的现象就会引起区域 1 的利润比 2 高，这体现出了价格指数效应。可以说是区域 1 增加的企业数量导致了区域 1 的产品种类更多，加上自产自销节省的贸易成本，区域 1 内生产价格指数、消费价格指数的降低会带动生产与消费成本的降低，进而区域 1 又可以吸引区域 2 的劳动力流动。因此可以看出，这种机制可以进行自我强化，不仅可以很好地将成本关联的循环累积因果关系表现出来，也具有正反馈性质。

在循环累积过程中，企业生产活动的流动降低了生产价格与消费价格指数，进而刺激了生产活动和劳动力的转移。其中，所谓的成本关联则是成本变动是循环积累过程中的杠杆。

（三）市场拥挤效应构成的分散力

市场拥挤效应所构成的分散力会打破对称均衡的稳定性，企业在同一个区域内高度集中势必会导致强烈的市场竞争。强烈的市场竞争会导致该区域的销售额降低，进而影响到企业的利润空间，从而抑制了外地企业向该区域迁移的现象。如果工业企业不向其他企业购进投入品，那么则式（3—1）中所表示的成本函数中 $\mu = 0$，μ 与市场拥挤效应毫无关联。可以在对市场拥挤效应进行探讨时设 $\mu = 0$，这样区域 1 的企业利润就可以通过 $\prod = \pi - (F/e) = (bBE^w/n^w) - (F/e)$ 来表达，那么在式子中可以得出 $B = p^{\sigma-1} \left(\dfrac{s_E}{\Delta} + \varphi \dfrac{1-s_E}{\Delta^*} \right)$。不难看出，$B$ 与 Δ 呈现出负相关，随着 Δ 的逐渐增大 B 反而会逐步减小。然而企业高度集中的区域其对应的 Δ 较大，那么产业份额 s_n 则意味着该区域内企业的平均市场份额较小。这就是企业高度集中于一个区域产生的市场拥挤效应。市场拥挤效应导致了模型中的发散力，其具有负反馈机制。而负反馈机制赋予了经济系统在面临初始微小震动时具备自我消除初始扰动的能力。

（四）对三种作用力的进一步分析

本地市场效应和价格指数效应关联的集聚力和市场拥挤效应关联的分散力的合力，最终决定了工业生产活动的区域分布模式。为了从数学上考察这三种效应构成的作用力，可以考虑在对称均衡点处区域1的产业份额受到一个微小的扰动时，区域1企业的纯利润 $\prod$ 如何变化，即考察 $d\prod\big|_{sym}$：

$$\prod = \pi - \frac{FP_P}{e} = \frac{P}{e}\left(\frac{x}{\sigma} - F\right)$$

$$\Rightarrow d\prod\Big|_{sym} = \frac{1}{e}(-dP) + \frac{P}{e}d\left(\frac{x}{\sigma} - F\right) = \frac{P}{\sigma e}dx_{sym} \tag{3—26}$$

在对称均衡点，$s_n = s_E = 1/2$，$p = P/e = p^*$，$B = B^*$，$dP^* = -dP$，

$\Delta\big|_{sym} = \Delta^*\big|_{sym} = \dfrac{(1+\varphi)\,P^{1-\sigma}}{2e^{1-\sigma}}$，再根据式（3—12）、式（3—24）、式

（3—25）的结果，代入式（3—26），计算整理得到：

$$d\prod\Big|_{sym} = \frac{P}{\sigma e}dx\big|_{sym} = \frac{b}{n^w}\Big\{2\frac{(1-\varphi)e^\sigma}{1+\varphi}ds_E -$$

$$\frac{[4\varphi\sigma + (1-\varphi)^2]e^{2\sigma+1}}{(1+\varphi)^2} \cdot$$

$$\frac{dP}{P} - \frac{2(1-\varphi)^2e^{2\sigma-1}}{(1+\varphi)^2}ds_n\Big\} - \frac{\mu}{(n^w)^2}dn^w \tag{3—27}$$

进一步地，对式（3—27）求纯利润关于产业份额的全微分，得到：

$$\frac{d\prod\big|_{sym}}{ds_n} = \frac{P}{\sigma e} \cdot \frac{dx\big|_{sym}}{ds_n} = \frac{b}{n^w}\Big\{2\frac{(1-\varphi)e^\sigma}{1+\varphi} \cdot \frac{ds_E}{ds_n} -$$

$$\frac{[4\varphi\sigma + (1-\varphi)^2]e^{2\sigma+1}}{(1+\varphi)^2 P} \cdot \frac{dP}{ds_n} - \frac{2(1-\varphi)^2e^{2\sigma-1}}{(1+\varphi)^2}\Big\} - \frac{\mu}{(n^w)^2} \cdot \frac{dn^w}{ds_n}$$

$$\tag{3—28}$$

式（3—28）是用数学符号表达的三种效应。括号中的第一项为正

值，表示随着区域 1 的产业份额的扩大，区域 1 的市场规模也会增加，进而引起区域 1 企业的纯利润提高，激励区域 2 的企业向区域 1 转移，即本地市场规模效应；第二项为负值，表示随着区域 1 产业份额的扩大，本地的生产价格指数趋于下降，企业对中间投入品的支出也趋于减少，引起区域 1 企业纯利润的提高，激励区域 2 企业向区域 1 的转移，即价格指数效应；第三项也为负值，表示区域 1 的企业在该区域的过分集中会导致彼此之间争夺消费者的竞争过于激烈，因而降低区域 1 企业的利润率，这会降低该区域对企业吸引力，削弱区域 2 企业向该区域迁移的趋势，即市场拥挤效应。

通过对于（3—28）中所表达的三种效应对应的作用力的绝对值分别对贸易自由度 φ 求一阶导数，可以从中推导出：

$$\frac{d\left[2(1-\varphi)e^{\sigma}\right]/(1+\varphi)}{d\varphi} = -\frac{4e^{\sigma}}{(1+\varphi)^2} < 0,$$

$$\frac{d\left[4\varphi\sigma + (1-\varphi)^2\right]e^{2\sigma+1}/(1+\varphi)^2 P}{d\varphi} = -\frac{4(1-\varphi)(\sigma-1)e^{2\sigma+1}}{(1+\varphi)^3} < 0,$$

$$\frac{d\left[2(1-\varphi)^2 e^{2\sigma+1}\right]/(1+\varphi)^2}{d\varphi} = -\frac{8(1-\varphi)e^{2\sigma+1}}{(1+\varphi)^3} < 0。$$

可见，三种力量的大小对 φ 的一阶导数均为负值，说明这三种效应对应的作用力都随贸易自由度的提高而减小。因为当贸易自由度较高时，区际之间的贸易成本较低，工业企业所面临的同外竞争者的竞争强度与同本地其他企业的竞争强度差距不大，本地企业的相对区位优势并不那么明显。

三 均衡的稳定性分析

（一）对称均衡的稳定性与突破点

基于前文的分析表明，当 $n > 0$ 并且 $n^* > 0$ 时，假设 $\prod(n, n^*) = \prod^*(n, n^*) = 0$，

那么该均衡状态是长期性的。也就意味着在两个区域内都有活动的工业企业。

通过前文分析可知，中心的对称点也是 EE 曲线与 nn 曲线的相交之处，对称均衡上方 EE 曲线在 nn 曲线左边，则区域 1 的市场规模较小出

现了 $\Pi<\Pi^*$。在这种状态下，区域 1 的企业就会以区域 2 为迁移目的地进行迁移活动，直到 s_n 下降到均衡点；如果在对称均衡点的下方 EE 曲线始终在 nn 曲线右边，这则意味着区域 1 的市场规模较大出现了 $\Pi>\Pi^*$ 的情况，那么在这种状态之下会由区域 2 的企业以区域 1 为迁移目的地进行迁移活动，直到 s_n 上升到与均衡点持平，此时的对称均衡点具有稳定性。有基于此，联立式（3—5）、式（3—13）—式（3—18）、式（3—23）—式（3—25），以及式（3—28）求解 $\dfrac{d\Pi}{ds_n}\Big|_{sym}=0$，得到：

$$\varphi^B=\Big[\frac{1-\sigma ae^{\frac{\mu+(1-\mu)(\sigma-1)}{(1-\mu)(\sigma-1)}}}{1+\sigma a\,(e*)^{\frac{1-\sigma(1-\mu)}{(1-\mu)(\sigma-1)}}}\Big]\Big[\frac{1-\mu e^{-\frac{1}{1-\mu}}}{1+\mu\,(e*)^{-\frac{\mu}{1-\mu}}}\Big],a\equiv\frac{\mu}{\sigma-1}$$

$$(3—29)$$

φ^B 标志着对称均衡点稳定性的状态被打破。已知贸易自由度的取值区间是 [0，1]，那么可以肯定突破点的贸易自由度是大于 0 的。然而通过观察（3—29）可以看出，若要 $\varphi^B>0$，则有一个必要条件需要满足，即使 $\sigma ae^{\frac{\mu+(1-\mu)(\sigma-1)}{(1-\mu)(\sigma-1)}}<1$，这一必要性条件被称作是"非黑洞条件"。否则无论贸易自由度处于怎样的水平之下，都难以对区域化的产业产生分散力，那么这种集聚力就会像黑洞一样，吸引其他企业以该区域为迁移目的地进行迁移活动，直到该区域处于稳定的均衡模式——核心—边缘结构。

通过对于 φ^B 的研究，分别求解其对 μ、σ 与 e 的一阶导数的符号，可以得出：$\dfrac{d\varphi^B}{d\mu}<0$、$\dfrac{d\varphi^B}{d\sigma}>0$ 和 $\dfrac{d\varphi^B}{de}<0$，这意味着突破点的增减与 μ 和 e 呈负相关，与 σ 呈正相关，这说明对称均衡点打破稳定状态的时候，其贸易自由度水平会与工业产品的支出份额 μ 呈正相关，其原因在于工业产品的支出份额的增多对该区域的集聚力的增强有重要意义，其支出份额持续不断地增多使得该区域越难以长期维持稳定的对称均衡。式（3—13）显示当 σ 越大，产品的加成定价就会越小，加成定价的缩小抑制了该区域的集聚力。当 $\dfrac{d\varphi^B}{de}<0$ 的时候，意味着资源禀赋系数在本书的拓展模型当中会产生重要效用，其影响体现在，区域 1 所拥有的资源禀赋越多，企业生产成本支出越低，从而提升了该区域内的集聚力。

（二）核心—边缘结构均衡的稳定性与持续点

由前文对于长期均衡条件的深入分析可以得知，当一个经济系统保持长期均衡的时候，那么其必然满足 $n > 0$ 且 $\prod$（n，0）$= 0$ 或者 $n^* > 0$ 且 $\prod^*$（0，n）$= 0$ 的条件。此时该区域会有多重均衡性。假设区域1集聚到了所有经济系统中的企业，那么用 $s_n = 1$ 来表示，这个时候要使区域1成为核心区的核心—边缘结构就要满足 $\prod$（n，0）$= 0$ 且 $\prod^*$（0，n^*）< 0 的条件。在式（3—1）、式（3—15）—式（3—25）中代入 $s_n = 1$，并将三式联立起来解方程组，受 $\prod$（n，0）$= 0$，$\prod^*$（0，n^*）< 0 所限制，须满足：

$$\varphi^{\frac{1-\sigma(1-\mu)}{\sigma-1}} e^{\frac{\mu\sigma+1}{\mu(\sigma-1)}} \left[\frac{1+\mu}{2} e^{\frac{\mu\sigma(2\sigma-1)}{\sigma-1}} \varphi^2 + \frac{1-\mu}{2} (e*)^{\frac{\mu(\mu\sigma+1)}{\sigma-1}} \right] - 1 < 0$$

$$(3—30)$$

满足式（3—30）就可以在该地区结构稳定时对贸易自由度提供保证。令式（3—30）左侧等于零，所求解 φ^S 就是前文所述的最小贸易度。则 φ^S 满足：

$$\varphi^{\frac{1-\sigma(1-\mu)}{\sigma-1}} e^{\frac{\mu\sigma+1}{\mu(\sigma-1)}} \left[\frac{1+\mu}{2} e^{\frac{\mu\sigma(2\sigma-1)}{\sigma-1}} \varphi^2 + \frac{1-\mu}{2} (e*)^{\frac{\mu(\mu\sigma+1)}{\sigma-1}} \right] = 1 \quad (3—31)$$

四　模型的战斧图解

通过前文的探究，贸易自由度实际上对于模型长期均衡的状态的保持及其稳定性具有一定的影响。这个影响由图3—7可以直观地看出来。

图3—7中的纵轴定义为区域1的产业所占份额，而横轴则定义为贸易自由度 φ。局部的长期均衡是以粗实线为形态加以体现的。虚线表示局部不稳定的长期均衡。另三条水平线分别是 $s_n = 1/2$、$s_n = 1$ 和 $s_n = 0$，则表示长期均衡在贸易自由度 φ 水平之时的状态。要使其均衡状态得以稳定，还需要取决于能否使 $\varphi \in [0, \varphi^B)$，如果能够使 $\varphi \in [0, \varphi^B)$，那么该对称结构就会实现局部稳定的长期均衡，该状态下就会有 $s_n = 1/2$ 且 $\prod = \prod^* = 0$，与图中粗实线 $s_n = 1/2$ 对应；当 $\varphi \in (\varphi^S, 1]$ 时，意味着核心—边缘结构是局部稳定的长期均衡。在这种稳定的状态之下。核心区或为区域1或为区域2，它们分别对应于粗实线 $s_n = 1$ 和 $s_n = 0$。所以，

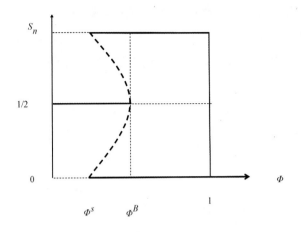

图 3—7 拓展模型的战斧图解

在通常条件下的贸易自由度 φ 对应存在着长期均衡结构模式有三种。若 $\varphi \in \left[\varphi^S, \varphi^B\right]$，则说明 φ 属于中等水平。那么对称结构和两种核心—边缘结构都属于局部稳定的长期均衡，其中 φ 的取值范围对应图 3—7 的 $s_n = 1/2$、$s_n = 1$ 和 $s_n = 0$ 三条水平粗实线。当 $\varphi \in \left[\varphi^S, \varphi^B\right]$ 时，内部的非对称均衡是弧形虚线部分，这种局部均衡是不稳定的，会有五种均衡且与之对应，五种均衡中有三种局部稳定的均衡结构，其余两个均衡结构是内部非对称结构，这两个是局部不稳定的。

第五节 模型总结及相关启示

一 模型总结

本章所构建的分析模型以新经济地理学的核心—边缘垂直联系模型为基础，引入资源禀赋系数这一变量，并放松了原模型中对于劳动力无法跨区域流动的限制，在不同区域资源禀赋差异以及劳动力要素在跨部门、跨区域的自由流动的条件之下，深入探讨了基于产业的转移、集聚形成的产业区域分布模式，分析了其内在蕴含的机制机理，以及对区域收入差距的影响因素。区域的稳定均衡状态往往取决于资源禀赋系数，资源禀赋系数通过影响对称均衡状态被打破时对应的贸易自由度水平（即突破点 φ^B），从而对稳定的均衡状态具有重要的影响作用，具体表现为，一个区域资源禀赋系数越高，那么就意味着企业的生产成本会更低，那么该区域的企业集聚力就会很高。劳动力不仅可以在同一地区的不同部门之间自由流动，也可以在不同的区域之间进行流动，在部门之间和区域之间名义工资水平差异的驱使下，其具体的流动情况可以根据处于均衡状态的区域工业产业的劳动力禀赋之比来进行判断。

在迪克希特—斯蒂格利茨的垄断竞争和规模收益递增的框架下，产业区域化过程中蕴含着本地市场效应、价格指数效应与市场拥挤效应等经济现象。本地市场效应与价格指数效应为区域产业提供了集聚力，市场拥挤效应则为区域产业提供了分散力，使得集聚的产业为了避免高强度的市场竞争进行迁移。产业的布局形态是在集聚力和分散力的驱使下形成的，当区际贸易自由度达到突破点，那么集聚力就会大于分散力，该区域就会吸引众多企业成为产业密集区，形成不均匀的空间产业布局模式，该区域将会发展成为发达地区，周边的产业稀疏区成为欠发达地区，从而导致了不同区域之间的经济发展差距。区域产业发展的差异性会给发达地区形成"集聚租金"的优势，提高发达地区的集聚力，稳固该区域集聚的自我强化机制。区域收入的差距会促使劳动力从欠发达区域流向发达的区域，会抑制产业从发达地区向欠发达地区迁移，从而阻碍对自身差距程度的改善。然而能够对该经济系统集聚自我强化机制产生影响的因素较多，一是区域贸易自由度，二是区域市场规模，三是工业企业份额，四是初始资源禀赋丰裕的程度，当贸易自由度越高，区域市场规模越大，初始资源禀赋越丰裕，则越有利于形成区域产业集聚，从而影响着产业的转移与劳动力的流动。

在本地市场效应、价格指数效应、本地竞争效应的综合作用下，所产生的会是劳动力流动、产业转移、地区收入差距之间的一个正相关的反馈机制：随着产业在发达地区得以集聚，集聚区域的形成使得该区域不断吸引劳动力的流入，欠发达地区失去人才优势，使得与发达区域的经济发展差异更加明显，进一步拉大地区间的收入差距，欠发达地区收入更低，就业更加困难，那么劳动力更会加速流向发达地区，由此形成了一个三角的循环（见图3—8）：

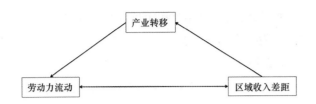

图3—8　劳动力流动、产业转移与区域收入差距的三角循环

如图3—8所示，这种正反馈机制反映了伴随着劳动力和产业的持续流入，地区收入差距差异会不断加大。

二　政策启示

传统的新古典经济理论将现实的区域经济看成是连续的"平滑"经济，认为其内在的各种机制的运行都遵循着规模收益不变或规模收益递减的规律。但这种传统的分析框架并不能很好地解释现实世界中产业与生产要素的转移与集聚模式。例如，如果根据新古典的规模收益不变或规模收益递减理论，由于欠发达地区的资本积累低于发达地区，于是欠发达地区单位资本的收益率高于发达地区，如果提高区域之间的开放程度以增加要素的流动性，那么资本便会"自动"从发达地区流入欠发达地区（传统的回流效应与扩散效应也据此认为生产要素总是先在某一地区集中再向其他地区扩散），于是得出需要大力推行区域经济一体化的政策的结论；但是现实中由于不同的区域之间存在着集聚租金，新技术的发明创造与应用也需要投入较高的成本支出，这些都阻止了传统理论所得出的结论在现实世界中的出现。例如在我国尽管自2000年至2015年，西部大开发累计新开重点工程165项，各种直接或间接的投资累计起来，总投资规模达3.1万亿元，但其中有相当部分资金又由于较高程度的区域一体化政策的实行而得以通过各种方式回流到了东部地区。因此传统的新古典经济学理论的这种推导逻辑与我国的现实情况并不相符。

而与新古典的研究逻辑不同，新经济地理学认为区域经济是以非线性和不连续为主要特征的"块状"经济，在垄断竞争和规模收益递增的框架下分析研究影响产业的集聚与分散、企业的区位决策等经济活动的内在机理，得出的核心结论大多具有多重均衡、突发性集聚、区位黏性（路径依赖）等不同于新古典经济理论的新特征。因此分析区域经济政策的基本思路也与之存在着较大差异。

（一）区位集聚租金

在由非线性和不连续的"块状"经济所组成的现实世界中，本地市场效应和生产、生活成本效应在需求关联和成本关联的作用下形成的循环累积因果链使得经济体自身产生一种内在的集聚力量，这种力量使得企业或劳动力从产业集聚地区转移至产业稀疏地区时会遭受一定的损失，这种损失可以用企业所遭受的利润损失或劳动力所遭受的实际工资水平的损失来度量，新经济地理学称其为"集聚租金"。贸易自由程度可以用广义的凹函数 φ 来表示，当贸易自由度 φ 处于凹函数最小自由度 φ^S 至 1 区间时，集聚租金大于 0，曲线随着 φ 的增长，贸易自由程度也会在此后形成一个类似于驼峰的形状，两个端点都是零值，在 $\varphi = \sqrt{\varphi^B}$ 的时候为最大值，那么 φ^B 就可以被定义为是破坏对称均衡结构的贸易自由度（突破点）。集聚租金对于区域经济政策分析具有举足轻重的地位是有其原因的，一家企业是否会在以后的经济活动中出现迁移状况，或者是企业的可流动性的生产要素是否在区域间进行流动，这与中央以及各地政府推行的一系列经济政策作用力度具有重大的关联性，这些都是需要系统地宏观考量的问题，另外关于集聚租金的探讨，也取决于企业是否在日常的经营和生产活动时把那些可持续的生产元素从原有的地区转移到新的区域，以便于企业发挥更大的主观能动性，这也是企业在面临问题之时所实行的一套处事原则，所以换言之，也可以说地方政府在实行某种政策作用力度达不到某一个关键点的时候，政策无法对于产业的布局模式产生影响力，那么政策就等于宣告流产，这也是新经济地理学理论和原有的古典经济学理论一个重要的不同点。

（二）政策的门槛效应

前文用战斧图来分析模型均衡稳定性以及对稳定性影响的情况，以便于政策的区域性提供一些比较富有建设意义的说明，所以不妨来看看图3—9。与之前的图解类似，这张图片模型中的横轴代表了区域1的贸易自由程度，用函数 φ 来表示，纵轴代表产业份额，图中的粗实线表示稳定的长期均衡，而图中的虚线则表示了不稳定的长期均衡关系，水平线 $s_n = 1/2$ 则代表模型中的对称结构均衡，另外 $s_n = 1$ 与 $s_n = 0$ 分别表示区域 1 和区域 2 各自的核心—边缘均衡结构，另外 φ^S 和 φ^B 也代表支撑点和突破点，下标不同的 E 在整个模型中代表了在这个模型之下的均衡状态不同的稳定性，如果初始均衡状态是 E_1，其对应的贸易自由度水平就是 φ^O，而一旦贸易自由度稍微提高一个较小的幅度至 φ'，则均衡状态变为 E_2，仍然是对称均衡模式，说明尽管贸易变得更加自由会带来一定的好处，但是对称的产业空间分布格局并不会改变。另外 E_2 如果继续提高，提升幅度到了 φ''，那么整个系统将会发生实质性的变化，因为在 φ'' 处对称分布不再是稳定的均衡模式，而核心—边缘模式才是稳定均衡，如果所有产业都转移到了区域 1，则 E_3 为新的均衡状态。所以从以上也可以说明，贸易自由程度 φ^O 提高到 φ' 所带来的情况是一种量的变化，对于原有的产业分布模式也不会造成重大的冲击，当从 φ' 提到 φ'' 这个区间的时候则是质的变化，产业的模式由对称均衡模式变成核心—边缘均衡模式。区域经济政策存在着一种门槛效应，这里的门槛值对应的就是突破点的贸易自由度水平 φ^B。如果采取的区域政策（导致区际贸易自由度水平提高的某种政策）的作用力度小于该门槛值，则原有的产业对称分布格局保持不变，而一旦政策的作用力度超过该门槛值时，原有的产业对称分布格局被打破，经济系统将走向非对称的产业分布格局。区域政策的这种门槛效应体现了一种从量变到质变的哲学思想，当某一些经济变量接近其对应的门槛值时，即使是经济政策的微小变化也可能会带来经济系统的急剧性的非线性变化，但如果经济变量距离门槛值尚远，即使采取了某些经济政策，如果力度不够则不会使经济系统发生明显的变化，从而无法达到预期的效果。

（三）区位的黏性效应

由图 3—9 可知，当经济系统具有区位黏性，也就是存在路径依赖。当原有的均衡状态为 E_3 时，如果使贸易自由度 φ'' 降低至 φ'，换言之也就等于在这一地区之间的贸易自由度下降，如果企业之间想要维持原有的发展，那么则需要付出更高的经济成本，也就是在区域 1 和区域 2 进行贸易往来的时候运输成本额会更高。不过这种变化也不会立即对原有的经

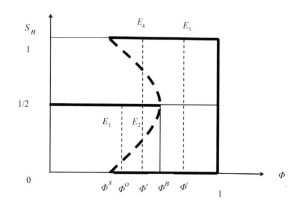

图3—9　战斧图解中区域政策的门槛效应和区域黏性

济模式造成改变。因为由于 φ'' 降低至 φ^S 期间产业仍然处于稳定均衡结构，只是系统的均衡点会随着 φ'' 降至 φ' 的过程中由 E_3 向 E_4 移动，但不会移至 E_2 的位置。这看起来似乎原有的区位具有一种"黏性"，因而把经济系统牢牢粘在了原来的状态上，经济体仍然以原有的路径进行发展。所以只有当贸易自由度降到小于 φ^S 的水平，系统的稳定均衡状态才有可能回到 E_1 位置，此时系统的稳定均衡模式将会发生从核心—边缘结构 $s_n = 1$ 到对称均衡结构 $s_n = 1/2$ 的转变，随后再将贸易自由度提高到 φ^O 的水平。目前我国的经济发展要克服原有的区位黏性，让经济彼此的链接更加紧密，就需要加大对于西部地区的各种优惠制度，以便于可以让东部地区能够被吸引过去进行投资和开发，除此之外西部地区也应该加深和东部地区关于基础设施方面的沟通，以便于西部地区可以得到更多东部地区基础设施的建设经验，避免自身建设过程中所出现的问题，让自身发展可以省去不少弯路。

第四章

我国制造业产业转移及其
影响因素分析

第一节　我国制造业产业转移演进态势及特征分析

中国从 2000 年开始逐渐实施西部大开发、中部地区崛起以及振兴东北地区等有利于推动各个地区协调发展的重大战略，现阶段国内东部沿海地区的经济结构亟须进行有效的改革，中西部的经济发展速度同样有待提高。所以，当前及未来中国东部产业转移的推进将成为中西部区域经济发展的重要契机，本章以此为研究切入点之一，重点分析 2001—2015 年这一时间段内我国制造业产业转移的规模与结构，探索中国制造业产业转移的发展现状、发展趋势与影响因素，针对地区经济发展中产业转移的作用进行进一步研究，希望能以产业转移的视角来解释我国经济发展的不平衡问题。

但是目前对我国产业转移的态势以及产业转移对区域经济发展产生的作用方面还存在不同的认识，部分学者认为我国产业转移态势并没有达到政策预期，产业转移效果不甚明显；还有部分学者认为：国内的部分产业中已经存在从东部地区向中西部地区的大规模转移趋势。因此，在考察产业从东部地区向中西部地区大规模转移的效果，以及分析沿海地区产业是否同预期一致转移到中西部区域时，仍然需要我们深度研究。为避免政策偏差所带来的不利影响，以及正确认识产业转移过程中存在的问题，合理有效地定量测度产业转移的规模非常必要。

一 测度方法及数据说明

(一) 产业转移测度方法的研究评述

怎样有效地对地区间的产业转移规模进行测度，不断吸引了众多国内外学者的关注，不过，因数据的统计和测度方式以及参照标准有所差异，因此得出的结论也不尽相同。部分学者利用区位熵构建了国际产业转移指数，对意大利的产业发展同国际产业转移的联系进行研究，其他相关研究通常利用对外直接投资指标来度量国际产业转移规模。因缺乏各省份间直接投资的准确数据，所以，在我国定量测度不同省份间的产业转移无法使用对外直接投资这一指标。我国学者大部分利用非直接的方式对区际产业转移规模状况进行测度，张公嵬等（2010）将区位熵、赫芬达尔指数与产业的绝对份额相结合，对制造业转移的整体态势进行了研究，却忽视了产业间的投入产出关系。刘红光等（2011）通过地区投入产出模型对产业转移规模进行测度，总结出多数产业并非由东部向中西部转移，而是具有明显的北上特征，但由于这一方法彻底建立在投入产出表的基础上，忽略了该表制定时间的延迟性和不连续性，因此并不能有效地展示产业转移的发展状况。陈建军（2002）和桑瑞聪等人（2014）对企业间的产业转移状况进行研究，该方法的不足在于企业间的数据难以精确得到，而且从微观角度进行的企业生产转移分析对于宏观层面的行业转移分析并不完全适用。范剑勇（2004）把 SP 指数同最大市场份额所属地区联系起来，对制造业产业转移展开研究，该方法难以揭示承接产业转移地区的分布特征，而且对于某些生产高度地理集中的产业，将难以发现小规模的产业转移。冯根福（2010）、龚小菊（2012）通过统计国内各地工业产业增加值，研究工业产业转移的方向以及特点，该方法能够直接体现地区产业转移的趋势以及转移区域的分布特点，但并未直接呈现出转移的相对规模。

通过以上研究我们得知，国内外关于产业转移的研究重点大多集中于工业产业或具有代表性的行业，但少有关于制造业转移规模的定量测度；此外，这些研究的出发点是东中西部大范围内的产业转移情况，而非八大区域等具体地区。基于上述相关研究的不足以及考虑到数据的可获取性，本书在冯根福（2010）产业转移测度方法的基础上对产业转移的测度指标进行总结和优化，形成新的测度区际产业转移规模的指标——产业转移相对规模系数，对东中西部地区间和八大区域间的制造业转移规模态势展开定量测度。该方法对于区际产业转移的规模态势有着较为直观的反映，同时也将产业转移承接地区的地理分布特征进行了揭示，对于现有研究进行了一定程度的补充。

产业转移规模的具体测度方法为：若在第 t 年和第 T 年（t＜T），地区 p 中产业 q 的产业增加值分别为 IAV_{tqp}、IAV_{Tqp}，全国产业 q 的产业增加值分别为 IAV_{tq}、IAV_{Tq}，则在第 t 年和第 T 年，地区 p 中产业 q 的增加值占全国的份额分别为 IAV_{tqp}/IAV_{tq}、IAV_{Tqp}/IAV_{Tq}，那么，第 t 年至第 T 年期间，产业 q 的产业转移相对规模系数为：

$$\lambda = IAV_{Tqp}/IAV_{Tq} - IAV_{tqp}/IAV_{tq} \qquad (4—1)$$

若 λ＞0，则说明第 t 年至第 T 年期间，地区 p 中产业 q 的增加值份额提高，即地区 p 中产业 q 存在产业转入，转入产业的相对规模为 λ；若 λ＜0，则说明第 t 年至第 T 年期间，地区 p 中产业 q 的增加值份额降低，即地区 p 中产业 q 存在产业转出，转出产业的相对规模为 －λ。

（二）数据说明

本书分析制造业产业转移的时间段是 2001—2015 年，然后将该样本时间划分为三个研究时间段：第一个时间段为 2001 年到 2006 年，第二个时间段为 2006 年到 2010 年，最后一个时间段为 2010 年到 2015 年。在数据选取上，本书使用了两种不同的数据进行测量，以全面考察产业转移的趋势和特征。第一种方法，由于产业转移主要是第二产业的转移，因此直接利用各个区域第二产业增加值占全国第二产业增加值的比重的变化来衡量；第二种方法，选取 20 个二位数制造业行业进行研究，并将 2012 年、2013 年、2014 年中的铁路、船舶、航空航天和其他运输设备制造业与汽车制造业合并为交通运输设备制造业，以保持行业一致性，从而计算出各个行业的相对规模系数以及区域产业转移的相对规模系数。

本节研究中所使用的原始数据均来自于历年《中国工业经济统计年鉴》，但是在梳理了历年的工业经济统计年鉴报告之后发现，对样本行业工业增加值的统计仅有 2000—2007 年，因此，我们根据统计体系的数据估算原则构造出全部年限样本行业的工业增加值。

二 我国东、中、西部地区制造业转移的规模与特征

(一) 东、中、西部地区间制造业转移的阶段性特征

根据前文构建的产业转移相对规模系数,对各地区制造业各行业产业转移相对规模系数的具体数值进行计算,各地区制造业分行业产业转移的相对变化状况如表4—1所示。

表4—1　我国东中西部地区制造业各行业分阶段产业转移相对规模系数

行业	东部地区			中部地区			西部地区		
	2001— 2006 年	2006— 2010 年	2010— 2015 年	2001— 2006 年	2006— 2010 年	2010— 2015 年	2001— 2006 年	2006— 2010 年	2010— 2015 年
农副食品加工业 (C13)	0.6	−7.7	−5.3	−2.4	7.0	6.2	1.8	0.6	−0.9
食品制造业 (C14)	−10.0	−5.5	−3.1	4.2	3.7	3.6	5.8	1.9	−0.5
酒、饮料和精制茶制造业 (C15)	−5.7	−8.1	−6.5	0.2	4.0	4.1	5.5	4.1	2.4
烟草制品业 (C16)	11.0	1.4	−0.8	1.6	−0.4	0.5	−12.6	−1.0	0.3
纺织业 (C17)	6.4	−4.8	−6.4	−4.9	3.9	6.4	−1.5	1.0	0.0
造纸和纸制品业 (C23)	5.0	−6.5	−3.7	−2.0	3.7	2.7	−3.1	2.8	1.0
石油加工、炼焦和核燃料加工业 (C25)	−1.1	−1.7	1.5	−1.6	−4.1	−4.8	2.6	5.7	3.3
化学原料和化学制品制造业 (C26)	3.7	−4.0	−1.9	−3.3	3.6	2.1	−0.4	0.4	−0.2
医药制造业 (C27)	−0.1	−1.8	−2.9	0.1	2.9	3.7	0.1	−1.1	−0.8
化学纤维制造业 (C28)	1.3	1.6	2.4	−0.3	−3.1	−2.1	−1.0	1.4	−0.3
非金属矿物制品业 (C30)	1.8	−9.9	−7.2	−0.2	6.0	6.5	−1.6	4.0	0.8
黑色金属冶炼和压延加工业 (C31)	4.4	−5.2	−2.2	−2.1	3.2	0.2	−2.2	1.9	2.1

行业	东部地区			中部地区			西部地区		
	2001—2006 年	2006—2010 年	2010—2015 年	2001—2006 年	2006—2010 年	2010—2015 年	2001—2006 年	2006—2010 年	2010—2015 年
有色金属冶炼和压延加工业（C32）	3.2	-1.5	0.1	0.5	3.7	0.6	-3.7	-2.2	-0.7
金属制品业（C33）	2.1	-8.2	-7.1	-0.9	4.7	5.0	-1.2	3.5	2.2
通用设备制造业（C34）	2.3	-9.1	-6.1	-1.3	7.9	6.7	-1.1	1.2	-0.6
专用设备制造业（C35）	-2.9	-6.1	-2.9	-0.2	6.0	4.4	3.1	0.1	-1.5
交通运输设备制造业（C36）	4.9	-0.3	-3.3	-5.5	1.0	1.5	0.6	-0.6	1.8
电气机械和器材制造业（C38）	1.8	-6.9	-6.9	-2.0	5.3	6.6	0.2	1.6	0.3
计算机、通信和其他电子设备制造业（C39）	5.3	-3.8	-15.5	-1.5	1.9	8.7	-3.8	1.9	6.9
仪器仪表制造业（C40）	2.3	-5.7	-4.2	-0.4	4.9	3.4	-1.9	0.8	0.7

从 2001 年到 2006 年，在东部区域内出现较大范围扩散式转移的产业类型是：（1）食品制造业，产业增加值份额降低了 9.97%。（2）精制茶制造业，产业增加值份额降低了 5.68%。（3）专用设备制造业，产业增加值份额下降了 2.91%。（4）炼焦、核燃料加工以及石油加工行业，产业增加值份额下降了 1.08%。这四个行业在样本总数上的比重为 20%。与此相对的是东部的烟草制造业（10.98%）、农副食品加工业（0.6%）等一共 15 个产业，它们的产业增加值比重都有所增长，这 15 个产业占样本总数的 75%，在这几年中，很多产业都转入到了东部区域，这也导致中西部区内这些产业的增加值份额在下降，且东部地区产业增加值比重增长幅度大小正好等于中西部地区对应产业的增加值比重下降幅度大小。这充分表明，我国制造业产业转移在这六年当中集中表现为从中西部地区向东部地区集聚，而且东部地区也并没有出现大范围的产业向中西部地区扩散的情况。

在研究的第二个时间段内，东部地区出现较大规模扩散式产业转移的产业类型是：酒、饮料和精制茶制造业（-8.06%）、农副食品加工业（-7.65%）等，此次扩散式转移规模较大，一共有 17 个产业类型，占到样本总数的 6/7。而在这 17 个产业当中，产业增加值比重下降幅度超过 5% 的有 11 个产业，下降幅度最为严重的产业是非金属矿物制品业（-9.92%），通用设备制造业（-9.13%）紧随其后，这 11 个降幅较多的产业在转移产业中所占到的比重为 2/3。总的来说，以 2006 年为起点，东部地区的制造业开始大规模地向其他区域扩散式转移，而且转移产业的种类不断增多，转移规模也在与日俱增，制造业较大规模转移的情况已经较为明显。与此同时，中西部地区分别承接了 17 个和 15 个产业，相比较而言，中部地区由于地理位置的优势从而承接了更多的产业，而且从承接产业的规模上来看，中部地区也具有较大的优势。在该时期内，由于中部地区在地理位置上更加接近东部地区，所以中部地区对东部地区转出的产业更具吸引力，从另外一个角度讲，这也是"十一五"期间中部崛起战略的实施成果。

在第三个时期内，发生扩散式转移的产业类型更多，规模更大，具体来说，有农副食品加工业、烟酒茶制造业等 17 个产业类型。而在这其中烟草制品业的增加值下降幅度最小，仅有 0.84%。因此，在该时期内，发生较为明显的扩散式转移的产业数量为 16 个，占样本总数的比重为 80%。在这 17 个产业类型中，增加值下降幅度超过 5% 的，即出现大规模扩散式转移的产业类型为：通信和电子制造业（-15.5%）、金属制品业（-7.10%）等 8 个，占转移产业总数的比重为 50%。从产业转移的整体数量上来看，2010 年至 2014 年这一时期与上一时期相比并未出现较大的变化，在转移产业的数量方面，持续保持着较大范围的转移。在转移产业的规模方面，在该时期内发生大规模转移的产业数量较上一时期有所减少。新时期的产业转移不再具有上一时期发展迅猛的态势，无论在转移产业数量或是转移产业规模上都持续保持在较高的水平，仅是转移规模较高峰时期略有缩小。

从 2001 年到 2015 年期间，制造业的区域转移无论是规模上，还是数量上都呈现出了增长的趋势，而且基本上都是从东部地区向中西部地区的扩散式转移。在 2001 年到 2006 年期间，产业转移的方向是从中西部地区向东部地区集聚。但是在随后的中部崛起、西部大开发等国家级发展战略的影响下，从 2006 年到 2010 年期间，制造业的转移又开始回转，即从东部地区向中西部地区扩散式转移，而且转移产业的数量和规模都达到了高峰，在该时期内，不仅转移产业的规模达到最大，而且转移产业的数量也有了飞跃式的增长。借着这股势头，在 2010 年到 2015 年期间，制造业产业转移仍然维持着较高的水准，只是转移规模略有缩小。

（二）东、中、西部地区间制造业转移的次序特征

首先，从转移产业的次序入手进行考虑。在研究的第一个时期内，很多劳动密集型产业，比如纺织业（6.43%）、农副食品加工业（0.6%）等行业都出现了不同程度的产业增加值份额提高的现象，虽然产业并没有发生转移，但是产业优势得到了提升；技术密集型产业，比如专用设备制造业（-2.91%）则首先开始了区域转移，这种转移次序同产业转移的常规梯度次序有所不同。常规的转移次序是：第一个是转移劳动和资源密集型产业，第二个是资本密集型产业，第三个才是技术密集型产业。由此可以看出，在我国产业转移过程中，部分技术密集型产业走在了劳动密集型产业的前面，率先实现了产业转移。

其次，从转移区位的次序进行考量。从 2001 年到 2006 年期间，承接东部地区大规模制造业转移的地区是西部地区，在这个时期内，无论在承接产业的规模方面或是在承接产业的数量方面，西部地区均高于中部地区，具有较为明显的优势，尤其是部分能源产业和专用设备制造业上，西部地区承接产业转移的规模远高于中部。这与冯根福（2010）的研究结果相一致。在第二个转移期内，在中部崛起等国家级战略的带动下，中部地区彰显了更多的承接产业转移的优势。在这几年中，中部和西部地区产业承接数量分别是 17 个和 15 个。从中部地区承接产业的规模角度来考虑，其中有 16 个产业的承接转移规模高于西部地区，而低于西部地区的仅仅有两个产业。随着各种促进区域协调发展战略的实施，中部地区承接东部地区转移产业的优势越发突出。发展到第三个时期，中部地区无论在承接产业的规模上还是数量上都已经保持了绝对的优势，这也压缩着西部地区的承接产业数量和规模，西部地区后劲不足。从上述分析中能够了解到我国制造业产业转移的次序并未完全按照东部地区→中部地区→西部地区的顺序顺次转移，部分产业已经优先转移到了西部地

区，这与不同转移期间内国家相关战略的实施不无关系。

三 我国八大区域间制造业转移的规模与特征

在东中西三个区域内，制造业的转出和承接都独具自身特色，为了能够更好地了解三个地区内部在发展过程中形成的特征和差异，借鉴国家信息中心（2005）对中国经济区域的划分，本书将中国内地除西藏以外的30个省、市、自治区划分为八大经济区域，分别是东北区域（黑龙江、吉林和辽宁），京津区域（北京和天津），北部沿海区域（河北和山东），东部沿海区域（江苏、上海和浙江），南部沿海区域（福建、广东和海南），中部区域（山西、河南、安徽、湖北、湖南和江西），西北区域（内蒙古、陕西、宁夏、甘肃、青海和新疆）以及西南区域（四川、重庆、广西、云南和贵州）。

（一）我国八大区域制造业各行业产业转移的规模与特征

对我国八大区域内制造业各行业分阶段的产业转移相对规模系数值进行准确测算，表4—2反映的是我国八大区域制造业各行业分阶段产业转移相对变化情况。

从表4—2中可以发现：

第一，在上述八个区域中，制造业的主要转出区域就是三个沿海地区和京津地区。这四个区域在制造业产业的转出规模和数量上都首屈一指。从2006年到2010年期间，四个区域内都存在转出的产业类型是烟酒茶制造业、造纸业等七个相关产业，在样本产业总数中所占的比重为35%。在其中三个区域向外转出的制造业有医药制造业（京津、南部沿海、东部沿海）、食品制造业（京津、北部沿海、东部沿海）、仪器仪表制造业（京津、北部沿海、南部沿海）、化学原料和化学制品制造业（京津、南部沿海、东部沿海）四个产业，占样本产业数量的20%。值得注意的是，在其中三个区域向外转出的产业在另一个沿海区域的增加值份额却是上升的，这表明产业转移也同时发生在沿海区域内部之间，即经济实力与优势更大的沿海区域会吸引相应的产业向本区域进行转移。2010—2015年，四个沿海区域制造业产业转移持续保持较大范围，但大部分产业的转移规模相比上一时期有所缩小。

表4—2　我国八大区域制造业各行业分阶段产业转移相对规模系数

行业	东北区域			京津区域			北部沿海区域			东部沿海区域			南部沿海区域			中部区域			西北区域			西南区域		
	2001—2006年	2006—2010年	2010—2015年	2001—2006年	2006—2010年	2010—2015年	2001—2006年	2006—2010年	2010—2015年	2001—2006年	2006—2010年	2010—2015年	2001—2006年	2006—2010年	2010—2015年	2001—2006年	2006—2010年	2010—2015年	2001—2006年	2006—2010年	2010—2015年	2001—2006年	2006—2010年	2010—2015年
C13	3.0	3.1	-0.1	-0.9	0.0	0.0	5.5	-6.4	-3.1	-3.6	-1.4	-0.5	-2.7	-0.7	-0.6	-3.1	4.8	5.1	1.1	1.1	-0.1	0.7	-0.5	-0.8
C14	-2.5	2.5	-1.6	-4.4	-0.7	2.9	3.3	-3.1	-3.1	-5.3	-3.1	-0.8	-3.7	0.1	-1.2	6.8	2.5	4.4	5.2	-0.4	-2.1	0.6	2.3	1.6
C15	-0.2	1.9	-1.4	-1.4	-1.7	-0.7	-1.0	-2.9	-1.3	-1.8	-3.2	-3.3	-1.2	-1.8	-0.2	0.2	3.7	4.5	0.3	0.4	0.3	5.2	3.7	2.1
C16	1.1	-0.1	0.1	0.1	0.2	0.0	0.2	1.6	-2.0	8.8	0.7	0.8	1.3	-0.9	0.4	1.1	-0.6	0.4	0.8	0.1	0.8	-13.4	-1.1	-0.4
C17	-0.8	-0.1	0.1	-1.3	-0.4	-0.3	5.2	1.8	3.0	2.3	-6.8	-7.8	0.3	0.5	-1.2	-4.3	4.0	6.1	-1.4	0.2	-0.2	-0.1	0.8	0.2
C23	-2.0	1.2	-0.1	-0.9	-0.2	0.1	3.8	-3.6	0.0	1.5	-3.0	-1.9	0.6	-0.6	-1.6	0.0	3.4	2.5	-1.3	0.3	-0.2	-1.8	2.5	1.2
C25	1.0	-9.0	-1.2	-2.9	-0.3	-0.8	0.5	1.9	4.8	-2.9	2.0	-0.8	-0.6	2.2	-1.4	2.2	-2.6	-3.9	0.1	3.9	0.9	2.5	1.9	2.3
C26	-3.3	0.7	-1.1	-2.6	-0.5	-0.5	6.5	0.5	2.3	-0.7	-1.8	-1.7	2.1	-2.8	-1.1	-1.6	3.5	2.3	0.0	0.8	0.6	-0.4	-0.4	-0.8
C27	-1.8	1.0	1.5	-1.4	-0.5	-1.1	3.4	1.8	1.3	1.3	-2.6	-1.4	-3.0	-0.7	-1.7	1.4	2.1	2.2	-0.4	-0.6	-0.2	0.5	-0.4	-0.6
C28	1.6	-3.4	-1.3	-0.7	0.0	0.1	-4.7	-0.9	0.4	6.7	4.9	-1.6	-1.5	-0.2	3.6	-0.3	-2.0	-1.0	0.7	1.3	-0.7	-1.7	0.1	0.5
C30	0.4	2.7	-0.7	-1.4	-0.5	-0.5	4.0	-4.5	-2.4	-2.1	-3.3	-1.8	0.1	-3.2	-1.4	0.5	4.8	6.0	-0.7	1.6	0.1	-0.8	2.4	0.6
C31	-1.0	-1.0	-0.7	1.8	-4.1	-0.2	6.3	1.6	-0.9	-2.8	-2.3	-1.0	-0.3	0.7	0.5	-1.7	3.0	0.2	0.3	0.3	0.3	-2.5	1.7	1.7
C32	-2.0	-0.2	-0.7	-0.5	0.3	0.0	2.5	2.2	4.3	3.0	-4.2	-3.1	-0.3	0.2	-0.4	1.1	3.9	0.7	-2.1	1.7	0.4	-1.6	-4.0	-1.1
C33	-0.5	2.5	-1.2	-2.0	0.1	-0.5	2.2	0.6	6.9	2.3	-7.2	-6.6	-0.8	-3.4	-5.8	-0.1	3.8	5.0	-1.0	1.1	1.2	-0.2	2.4	1.0
C34	1.6	3.1	-2.7	-0.3	0.0	-0.4	4.7	-1.0	-1.3	-3.1	-9.6	-3.6	0.2	-1.3	1.3	-2.0	7.5	7.2	0.0	0.0	0.0	-1.0	1.2	-0.6
C35	2.9	1.1	-1.2	-1.1	-0.8	-0.1	-4.3	-2.1	2.7	-3.7	-1.8	-3.3	4.8	-2.5	-1.2	-1.6	6.0	4.7	0.6	-0.4	-1.1	2.5	0.5	-0.4
C36	-2.4	-1.5	-0.1	1.8	0.2	0.6	2.1	2.4	0.7	-3.2	-0.2	-2.2	4.0	-2.5	-2.2	-2.9	2.2	1.3	0.4	0.3	-0.4	0.3	-0.9	2.2

行业	东北区域			京津区域			北部沿海区域			东部沿海区域			南部沿海区域			中部区域			西北区域			西南区域		
	2001—2006年	2006—2010年	2010—2015年	2001—2006年	2006—2010年	2010—2015年	2001—2006年	2006—2010年	2010—2015年	2001—2006年	2006—2010年	2010—2015年	2001—2006年	2006—2010年	2010—2015年	2001—2006年	2006—2010年	2010—2015年	2001—2006年	2006—2010年	2010—2015年	2001—2006年	2006—2010年	2010—2015年
C38	0.1	0.7	-0.9	-0.7	-0.2	-0.6	0.1	-1.8	-0.8	0.3	-0.1	-0.4	1.4	-5.5	-4.2	-1.5	5.2	6.5	-0.2	1.3	-0.3	0.4	0.3	0.6
C39	-2.1	0.2	-0.7	-6.5	-5.2	-1.0	2.0	1.1	-0.2	8.7	2.7	-8.7	2.5	-2.5	-4.9	-0.8	1.9	8.7	-1.4	-0.3	0.0	-2.4	2.1	6.8
C40	-0.8	1.6	-0.5	0.6	-2.6	-2.2	4.4	-1.2	3.6	0.6	5.2	6.2	-3.2	-8.4	-11.5	0.3	4.5	3.6	-0.3	-0.3	0.9	-1.7	1.1	-0.2

　　第二，东北区域产业转移进展缓慢，并且转出产业的数量在逐渐增加。东北区域在三个时期内转出产业的数量分别是12个、7个和17个，不仅转出产业的数量增多，而且转出产业的规模也在扩大。这种转出态势也表明了东北区域的产业发展已经较为缓慢，而且东北区域已经不具备这些转出产业的发展优势，这也是相关产业转出的根本原因。虽然在第二个时期内，东北振兴计划的实施和逐步推广使得部分产业转入至东北区域，从而减缓了该区域产业转出的态势，但是在第三个时期内，产业转出的态势再一次抬头，这也表明东北区域的产业发展优势在逐渐消减。

　　第三，中部区域是承接东部沿海区域制造业产业转出的主力军，而且在多项政策的滋养下，中部区域的产业承接优势越发明显。在第二个转移时期内，中部区域承接了17个制造业产业，是样本产业总数的85%，而且即使到了新时期，中部区域在承接产业的规模上仍然具有较大优势，这充分表明中部区域随着时间的推移，其有利于产业发展的优势在递增，即使在新时期，中部地区同样保持着产业承接的领先优势。

　　第四，西北和西南区域统称为西部区域。该地区同中部地区相比，在承接产业的规模和数量上都具有相对较低的水平，所以它在产业承接上处于劣势。在第二个产业转移时期内，西部两个区域都承接了纺织业、造纸业、烟酒茶制造业等十个产业类型，占到样本产业总数的一半。在第三个转移时期内，西部的两个区域承接的产业数量下降了一半，仅有5个，占总数的比重也下降到1/4。西部地区的产业增加值份额持续保持在较低水平，部分产业出现负增长，如2006—2010年，医药制造业在西南和西北区域下降幅度分别为0.44%和0.64%，这充分呈现出西部区域在产业承接上的劣势。而且即使在第三个转移期内这种劣势也没有得到缓解，甚至在部分产业中出现了产业增加值比重负增长的情况，这表明在新时期内西部地区承接产业的劣势在逐渐扩大。

　　（二）我国八大区域产业转移的规模与特征

　　对我国八大区域产业转移相对规模系数进行测算，结果如表4—3（1）所示。

表4—3（1）　　　　2001—2015年我国八大区域产业转移相对规模系数

年份	京津区域	北部沿海区域	中部区域	东北区域	东部沿海区域	南部沿海区域	西南区域	西北区域
2001	− 0.2941	0.0053	− 0.5682	− 0.0550	1.0577	− 0.0003	− 0.3318	0.1870
2002	− 0.0656	0.4011	− 0.5359	− 0.2833	0.1680	0.6783	− 0.1985	− 0.1644
2003	− 0.3724	0.6456	− 0.4198	− 0.3282	0.7979	0.4305	− 0.6391	− 0.1151
2004	0.2081	0.8626	− 0.5585	− 0.4224	0.3736	− 0.2739	− 0.5003	− 0.0123
2005	− 0.5220	0.7921	1.9119	0.8548	− 2.1562	− 0.6058	0.0699	− 0.1410
2006	− 0.1007	0.3897	− 0.5720	− 0.2984	0.0437	0.1433	0.2671	0.2630
2007	− 0.4368	0.2131	1.4165	0.2037	− 1.0620	− 1.1656	0.4329	0.3821
2008	− 0.4007	0.4634	0.8953	− 0.0260	− 0.2184	− 0.4831	− 0.2838	0.0532
2009	− 0.1839	0.3641	0.1861	0.5448	− 1.1561	− 0.5569	0.4959	0.3059
2010	− 0.2255	− 1.0152	1.2844	0.1370	− 0.1559	− 0.0347	0.0728	− 0.0629
2011	− 0.1976	− 0.1630	2.0247	− 0.1801	− 1.3418	− 0.8837	0.6139	0.1277
2012	0.0116	0.8323	0.4578	0.4518	− 0.5424	− 1.0079	− 0.1333	− 0.0698
2013	− 0.0347	− 0.2524	0.6681	− 0.2385	− 0.7739	0.1037	0.3504	0.1773
2014	− 0.0759	− 0.0357	0.8362	− 0.7211	− 0.3877	0.2043	0.3337	− 0.1539
2015	− 0.0104	− 0.0452	0.8593	− 0.7321	− 0.5832	0.2321	0.4563	0.1556

　　从表4—3（1）中的数据可以看出，京津区域的产业转移相对规模系数为负，说明京津区域是主要的产业转出地，转移的规模呈现先扩大后缩小的趋势。具体而言，京津区域在2005年的系数为 − 0.522%，说明京津区域2005年相比于2004年向外转出了0.522%的产业，而后京津区域向外转出的产业呈现波动下降趋势。东部沿海区域和北部沿海区域的转移趋势相同，呈现出先集聚式转移后扩散式转移的趋势。不同的是东部沿海区域由集聚式转移转变为扩散式转移的时间发生在2005年前后，而北部沿海区域发生在2010年前后。这表明东部沿海区域的产业先于北部沿海区域转移，而同时段的北部沿海区域、西南区域和西北区域的系数为正，说明这些区域为主要的产业承接地区。最后，中部区域、西南区域和西北区域的产业转移相对规模系数主要为正，说明这三大区域是主要的产业转移承接地。从系数大小来看，中部区域的系数大于西部两个区域的系数，说明中部地区是主要产业承接地。

为了便于数据的对比，本书同时也使用了各区域的第二产业增加值计算得出产业转移相对规模。具体结果如表4—3（2）所示：

表4—3（2）　　　2001—2015年我国八大区域产业转移相对规模系数

年份	京津区域	北部沿海区域	中部区域	东北区域	东部沿海区域	南部沿海区域	西南区域	西北区域
2001	0.0712	−0.1843	0.3549	−0.4282	0.1674	0.0394	−0.0954	0.0749
2002	−0.0392	−0.1091	−0.0685	−0.4567	0.3509	0.0736	−0.0376	0.2866
2003	−0.0203	1.1651	0.1996	−0.4832	0.6736	−1.4502	−0.1509	0.0664
2004	0.0131	0.1971	0.0304	−0.8729	−0.2799	1.3876	−0.4407	−0.0347
2005	−0.1080	−0.0121	0.2848	0.1826	−0.4885	−0.2438	−0.0236	0.4086
2006	−0.1098	−0.0335	0.2485	−0.1371	−0.3844	0.0167	−0.1029	0.5024
2007	−0.1664	−0.4009	0.5453	−0.0159	−0.4397	−0.0246	0.2249	0.2772
2008	−0.0557	−0.1154	0.5305	0.2644	−1.1200	−0.5869	0.6430	0.4401
2009	−0.0372	−0.2142	0.5044	−0.3004	−0.4619	−0.1224	0.4129	0.2188
2010	−0.0616	−0.9584	0.7778	0.2849	−0.5966	−0.2315	0.4761	0.3094
2011	−0.0674	−0.5012	0.6762	0.2395	−0.8166	−0.3939	0.4539	0.4095
2012	0.0844	−0.1675	0.3085	−0.1552	−0.5271	−0.1877	0.3892	0.2554
2013	0.0369	−0.1604	0.1209	−0.1612	−0.1922	0.0198	0.3427	−0.0065
2014	0.0394	−0.0857	−0.1771	−0.3253	0.0430	0.4155	0.1266	−0.0364
2015	−0.0126	0.0107	−0.0140	−0.7460	0.4676	0.5314	0.2028	−0.4399

对比表4—3（1）与表4—3（2）的系数，发现除北部沿海区域的系数存在一定差距外，其余区域以第二产业增加值为基础数据计算出的相对规模系数与以制造业行业为基础数据计算出的相对规模系数具有较好的一致性。具体来看，北部沿海区域以第二产业增加值计算得出的相对规模系数主要为负，说明北部沿海区域是主要产业转出地。而以制造业行业数据计算的相对规模系数在2010年以后才为负，具有一定的滞后性。其余各区域中，京津区域、东部沿海区域和南部沿海区域为主要的产业转出地，而中部区域、西南区域和西北区域为主要的产业承接地。21世纪初期的西南区域和2013—2015年的西北区域的系数为负，说明在这两个阶段西南区域和西北区域存在产业转出现象。

第二节 产业转移的影响因素分析

产业转移的影响因素一般包括生产要素成本、资源丰沛程度、地理因素及政府的政策导向作用等因素。彭连清、詹向阳（2007）研究发现，完善而便利的基础设施和公共交通运输网络能够有效降低企业经营成本，产业会朝着运输成本低的方向进行转移；冯根福、刘志勇、蒋文定（2010）认为，东部沿海地区产业不能成批地规模性发生迁移，主要是因为中部地区和西部地区间的产业转移未能带来明显的成本下降；陈建军（2002）研究认为，企业之所以进行产业转移，主要是因为企业为了开拓更广阔发展空间、优化区域产业结构，从而能够有利于企业发展需要；戴宏伟（2008）认为由于自然资源、劳动力等要素的不同导致各个地区产业结构存在显著性差异，这种差异促进了地区经济发展、带动了生产要素区域流动与重新组合，进而也推动了各个地区间的产业相互转移。区域间产业要进行顺利的转移，必须要有政府合理的产业理论作为指导。庞玉萍（2007）研究发现，地方政府实行积极有效的财政政策、适当合理的税收优惠政策不仅可以发展本地区经济，同时还可以吸引外来企业进驻本地区，相反，低效率的政府工作和不适当的政府干预都会严重制约产业转移在区域间的顺利进行。综合现有研究，归纳出影响产业转移的相关因素如下：

一 经济发展程度

地方政府的经济发展程度对产业是否进行转移有一定的影响，一个地区的富裕程度一般用人均 GDP 来衡量，但是地区的经济发展水平还与地区生产总值、财政收入、工业产值和产业结构几个方面有关，这些关键因素对产业转移都有影响。当地区经济处于上升的区域，能够给地区创造更多的就业岗位，同时也能限制其他产业的进入。例如，1978 年改革开放以来东部沿海地区经济发展比较迅速，沿海地区凭借得天独厚的地理条件，吸引了大批产业涌入，带来了本地区经济的迅速发展，但是在经济持续高速增长的同时，东部沿海地区空间面积有限，同时相对中西部地区来说产业比较集中，进入规模壁垒比较高。近些年来，随着相关产业政策的实施，中西部地区经济得到一定程度的发展，但中西部地区产业规模没有东部地区大，进入规模壁垒比较低，随着要素成本的上升，东部沿海地区的一些产业正逐步开始向中西部地区转移。

二　基础设施水平

通过对现有文献的总结与分析，发现产业转移与地区基础设施密切相关，基础设施水平对产业转移具有重要影响。区域基础设施的好坏与产业转移之间存在着相互联系、相互影响，东部沿海地区由于经济发展比较迅速，人民比较富裕，有着便利的交通、通信设施，相对中西部有着较好的基础设施条件，这些较好条件成为吸引资金流入和高素质人才集中的主要原因，一定程度上会促使更多产业向该地区集聚。因此，良好的基础设施条件和服务水平是吸引产业转移的重要因素。

三　利润驱动

产业转移是指一个产业在空间地理位置上或者区位上的变化，产业为什么会从一个地区转移或扩张到另一个地区？从市场经济基本规律的角度出发，本地区主要以成本最小化、利润最大化为目标来考虑。产业在转移过程中，总是由效率高的地区向效率低地区进行转移并伴随相关要素的流动；同样，要素的流动也会导致企业空间分布的变化。企业最根本的动机就是追求利润最大化，各个地区之间如果想在市场竞争中获取更大优势，吸引产业向该地区进行转移，必须降低生产要素成本。

四　市场规模

市场规模也是企业进行区位选择的重要考量因素。市场容量大小是吸引产业转移的重要条件，一般而言，市场的生产规模越大，对于企业而言，进入的壁垒会比较低，规模越小，企业进入的壁垒就会较高。产业的发展要根据市场的需求来定，随着我国经济的迅速发展和产业圈的形成，我国东部沿海地区的一些传统产业和高能源消耗产业逐渐进入衰退阶段，传统产业给企业所带来的经济利益随之降低。而且我国东部沿海地区的市场空间也越来越狭小，但是中西部地区具有广阔的市场空间，东部沿海地区的企业为了寻找更广阔的发展空间，很多规模性企业也逐渐开始向中西部地区进行转移。

五　科技教育发展水平

一个地区教育水平和科技水平是紧密联系在一起的，科技水平的高低也是影响产业在区域间是否进行转移的一个重要因素。在承接产业转移的过程中，欠发达地区只有抓住自主创新与科技创新的突破，才能更好地借助承接产业转移之机追赶发达地区。对于发达地区来讲，经济的快速发展能带动发达地区的深刻变革，社会的变革、科技的新发展能够给发达地区带来不竭的力量源泉。因此，科技教育发展水平对产业转移的影响作用意义是比较深远的。

六　资源环境因素

区域间产业是否进行转移考虑的另外一个重要因素就是自然资源，自然资源是产业转移的重要的物质条件。自改革开放以来我国东部沿海地区率先迅速发展起来，它们濒临沿海有着得天独厚的区位优势，能够更加合理地充分利用自然资源来发展本地区经济，但是近些年来由于自然资源的过度利用，一些产业的进一步发展受到限制，而我国中西部地区有着雄厚的资源优势，资源环境因素成为中西部地区吸引东部沿海地区产业转移的重要因素之一。

七　政府政策因素

财政分权与地方政府竞争是我国经济转型发展中的两大典型制度特征。在实行财政分权改革的环境下，地方政府为了防止本地区企业外迁以及吸引其他地区产业转入而展开激烈竞争。承接地政府在财税、用地、水电价格、用工、金融服务和项目补贴等方面竞相出台"最优惠"政策，甚至一些地方不惜违反国家相关规定给予过度税收优惠和补贴。税收竞争逐渐成为地方政府吸引产业转移的一项重要政策工具。目前地区间的税收竞争除了公开、合法的法律制度内的税收竞争外，还存在着地方政府为了发展本地区经济、吸引产业转移所展开的大量隐藏的、非公开的或者是制度外的税收竞争。各地区在制定具体税收优惠政策过程中，总是参照既定的税收政策标准，推出更有效的税收激励措施来吸引企业投资和产业转移。因此，地区间税收竞争是影响产业转移的一个不可或缺的重要因素。

第三节　税收竞争对产业转移的影响分析

一　税收竞争对产业转移影响的研究综述

税收竞争是各个地区之间为获得流动性生产要素、促进经济增长而将其税率降低的一种行为（万晓萌，2016）。李涛、周业安（2009）研究发现，地方政府间拥有了财政上的剩余要求权后，会为追逐剩余最大化而更加努力，地方政府间为了发展本地区经济，可能采取相互竞争策略。周黎安（2004，2007）研究认为，我国1994年实行分税制改革以后，地方政府间的职责更加明确，政府权力界定更加清晰，我国是以经济发展为中心，这种模式逐渐转变成用经济绩效来衡量地方政府的政绩考核指标，这使得地方政府竞争更加激烈。沈坤荣等（2006）借助空间滞后的税收竞争模型，运用省际面板数据分析区域间宏观税负的反应函数，得出反应函数斜率为负且显著的结论，因此证明不同地方政府间在竞争中采取了明显不同的竞争策略，得出地方政府竞争已经开始由税率竞争转向提供优质公共服务的竞争。付文林等（2011）利用省级面板数据发现，增值税是我国地方政府间进行税收竞争的主要手段，而且还发现区域间税收竞争一般围绕非国有的投资进行竞争而展开。

关于税收竞争对产业转移的影响研究主要集中在税收竞争对外商直接投资（FDI）的区位选择及影响效应方面。国内外关于地区间FDI税收竞争的实证文献众多，但是关于税收对吸引FDI所起作用尚无一致结论。梳理现有文献，大致有两类研究结果：一些研究者发现税收竞争对FDI具有显著的影响，认为虽然税收政策对FDI的影响不如政治因素、劳动力成本、基础设施等因素的影响那么直接，但是经验分析表明税收优惠是吸引FDI到东道国投资的主要因素，税收竞争对吸引外资有很强的正面作用（德弗洛、弗里曼，Devereux & Freeman，1995），我国区域税收优惠政策影响了FDI流入区域的经济技术水平和组织效率（李宗卉、鲁明泓，2004）。另外一些研究者发现税收竞争对FDI影响并不显著。张阳、刘慧（2006）用外资企业所得税额与外资企业利润的比值来衡量外资企业的税收负担，研究发现税收因素对 FDI 的吸引作用不明显。黄肖琦、柴敏（2006）利用德米格（Démurger，2002）开发的政策优惠性指数测度税收优惠，实证分析发现该指数为正但并不显著。对于我国区域间产业转移，研究者普遍认为运输成本、基础设施、劳动力成本、地区产业结构、资源禀赋、区位条件以及政府政策等是影响产业转移的主要因素（彭连清等，2007），地区财政、投资和税收等优惠政策有利于吸引产业转移（戴宏伟，2006）。

总体而言，目前税收竞争对产业转移的影响研究主要围绕 FDI 展开，但税收对 FDI 的影响效应并未达成共识，从已有文献中不难发现关于税收负担或者税收优惠这个关键变量的设定及处理大相径庭，可能导致结论的歧异性。而现有对税收竞争影响区域产业转移的研究还比较匮乏，即便是对 FDI 影响的研究，大多使用的也是某地区的宏观税负水平来代表该地区税收竞争程度的指标，较少运用各税种的税负水平来衡量税收竞争程度。因为影响宏观税负水平的因素很多，不能笼统地将宏观税负水平的升降与税收竞争程度的大小等同（崔治文等，2015）。

因此，本节在分析地方政府间税收竞争对产业转移影响机理的基础上，对构成地方本级财政收入来源的各种税种加以区分，主要针对增值税、企业所得税和营业税进行分析，通过构建计量模型分析地区间税收竞争对产业转移的影响，以期得到更加翔实细致的结论。

二 地方政府间税收竞争对产业转移的影响机理

税收竞争一般通过作用于劳动力、资本、技术等生产要素而间接影响产业转移，如图 4—1 所示。

（一）税收竞争对劳动力要素的影响

劳动力是推动地区经济增长主要动力之一，也是吸引产业转移的一个重要因素。劳动力主要分为两类：一类是低技能劳动力，这类劳动力一般比较初级，没有接受过高等教育或者专业上的严格训练，大都从事体力劳动；第二类是高技能劳动力，这类劳动力主要包括一些高级知识分子、技术型人才和专家。为了取得税收竞争过程中的绝对优势，地方政府通常会采取提高本地区的服务水平、改善本地区的居住环境、降低个人所得税等措施来吸引劳动力，一定程度上会导致劳动力空间结构上

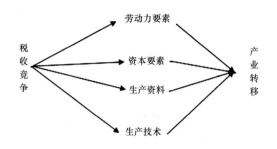

图4—1　税收竞争对产业的影响作用

的分布失衡，对地区劳动力的供给产生影响，从而影响地区劳动力的流入及流出。因此，税收竞争通过对劳动力要素的影响，进而影响产业转移。

（二）税收竞争对资本要素的影响

资本也是影响区域间产业转移的一个重要因素，为了吸引外资流入，地方政府利用税收竞争行为给一些外来资金提供方便，而外来企业的目的是利润最大化，为了提高资金的收益率希望地方政府给予更多的税收优惠政策，对于那些具有税收优惠的地区，企业更愿意到该地区投资，以引起资本要素的流动，中央政府制定的差别化税收策略也会对地区间资本流动产生影响。但是有时候中央政府对地方政府竞争的"干涉"产生偏向的影响，会打破资本在区域间的分布状况。因此，税收竞争通过对资本要素的影响进而影响产业转移。

（三）税收竞争对生产资料的影响

生产资料成为吸引产业转移的优势条件越来越得到更多学者的重视。目前地区拥有的生产资料已成为其竞争力的重要保证，像原材料和初级产品等生产资料是具有完全流动性的。地方政府对原材料的竞争也会引起生产资料在区域间流动。我国区域间资源禀赋分布不均衡，因而各地方政府为了本区域经济发展制定一些税收优惠、税收减免等政策吸引外地区资源向该地区转移，从而加快地区经济发展。即税收竞争通过对生产资料的作用，从而间接影响产业转移。

（四）税收竞争对生产技术影响

科学技术已经成为制约地区经济发展的重要因素，而生产技术甚至是核心因素，世界各国均将技术的应用与推广当成是经济发展的核心竞争力。同时我国区域间也展开了对技术要素的竞争和抢夺，各地纷纷发展高技术产业，对在高科技领域里有突出贡献者给予一定的鼓励，鼓励他们竞相引进一些其他地区的先进生产技术。这可以促进各地政府的创新并将更好的技术用于再生产，因此，各个地方政府都以积极姿态展开税收竞争，如，大力争取财政补贴、制定税收优惠等；此外，技术的转让也是地方政府税收竞争的结果，即税收竞争通过影响技术的创新与吸收技术转让来影响产业转移。

三 我国地方政府税收竞争现状分析

在西方财政学者的研究看来，税收竞争一般指的是"各个区域实施相关税收优惠政策或者是通过竞相降低有效税率，从而能够吸引外来的资金到本辖区内进行投资"。区域内采用各种方法降低税率，同时采取各种类目的税收优惠政策吸引生产要素的流入，这在一定程度上会造成外来地区税基的侵蚀；为了达到引入区外生产要素的目的，各区域彼此效仿通过提供政策优惠来争夺税基，这样最终将导致税收竞争。我国自1994年分税制改革以来，地方政府在政治晋升和促进区域经济增长目标的诉求下，常常会通过税收竞争手段来展开经济竞争。

我国地方政府间的税收分为两类：优惠式的地方税收竞争、支出式的地方税收竞争。

优惠式的地方税收竞争主要是指各地方政府为了抢夺一些关键性的生产要素，像资本、生产劳动力、技术等，地方政府间各自通过降低有效税率、减税、免税等一些措施，从而提高纳税人的投资收益。

支出式的地方税收竞争主要体现在支出层次上，包括不同形式上的税收退返，改善地区间的基础设施，提高公共服务水平等。而财政中的税收返还机制是指给予劳动力、资本以及技术等这类生产要素的所有者不同种类的税收返还，同时还能够提高其收益率及带给本区域经济发展所需要的生产资源；公共服务竞争是指地方政府在互相竞争的过程中，可以为公众提供好的公共产品以及更好的服务质量，使地方政府运作机制合理、透明，通过改善居民生活水平等手段来改善本辖区的投资环境，降低其投资风险，从而吸引更多的资本和劳动力流入；基础设施竞争是指地方政府在实施税收竞争的过程中，通过改善本地区居民居住条件，美化生活环境，改善本地区交通条件，提高地区的名誉度等，从而能够吸引更多的资本、劳动力资源及投资者，从中获得更多的税收收益。

为了便于分析我国税收竞争在不同区域间的动态变化，本节参照国家统计局的划分方法，将我国 30 个省（市、区）（港澳台和西藏除外）分为东中西三部分，其中东部地区包括辽宁、北京、天津、河北、山东、江苏、上海、浙江、福建、广东、海南共 11 个省市，中部地区包括山西、吉林、黑龙江、安徽、江西、河南、湖北、湖南共 8 个省份，西部地区包括内蒙古、广西、陕西、甘肃、青海、宁夏、新疆、四川、重庆、云南、贵州共 11 个省（市、区）。本节对构成地方本级财政收入来源的各种税种加以区分，主要针对增值税、企业所得税、营业税进行分析，研究的样本年是 2001—2014 年。

（一）增值税税负

增值税税负用各地区增值税除以第二产业中的工业总产值来衡量。如图 4—2 至图 4—4，分别反映了我国东部地区、中部地区和西部地区 2001—2014 年增值税税负的动态变化。

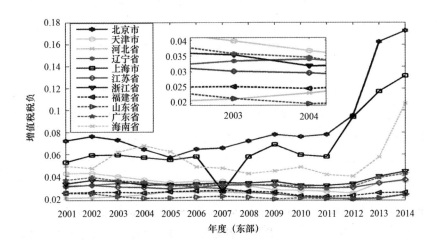

图 4—2　2001—2014 年东部地区增值税税负动态变化

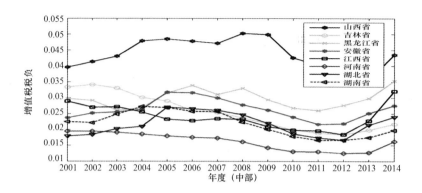

图4—3　2001—2014 年中部地区增值税税负动态变化

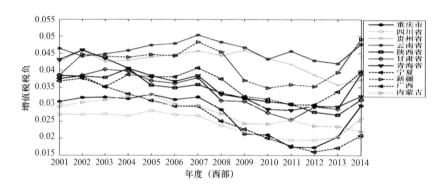

图4—4　2001—2014 年西部地区增值税税负动态变化

由图4—2 可以看出，东部地区的北京市、上海市、河北省这些地区增值税税负相对于其他省份波动起伏比较大，且明显高于其他 8 个省市，北京市、上海市增值税税负增长速度最快，上海市 2007 年出现波谷，自 2007 年以后基本上呈现稳定增长趋势，其余 8 个省市增值税税负在这 14 年中基本呈现了一个稳定趋势，变化比较小，一般都在 0.02 到 0.04 之间波动。由图4—3 可以看出中部地区中，山西省变化最为明显，且高于其他几个省市，2001—2009 年呈现上升趋势，自 2009 年以后反而开始下降，到 2013 年逐渐出现回升趋势。黑龙江、湖南、安徽这三省份都出现了一定幅度的增长趋势，其余有些省份不但没有增长，反而出现下降趋势。由图4—4 可以看出，西部地区省份增值税税负在 2001—2013 年出现

— 74 —

大幅度波动，且基本呈现下降趋势，2013 年以后出现回升趋势。

（二）营业税税负

营业税税负用各地区营业税除以第三产业产值来衡量。如图 4—5 至图 4—7，分别反映了我国东部地区、中部地区和西部地区 2001—2014 年营业税税负的动态变化。

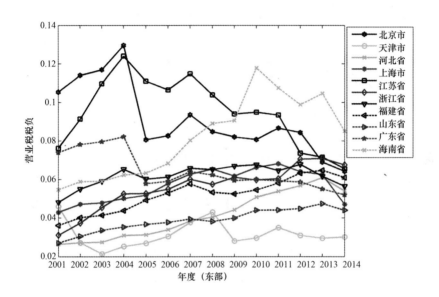

图 4—5　2001—2014 年东部地区营业税税负动态变化

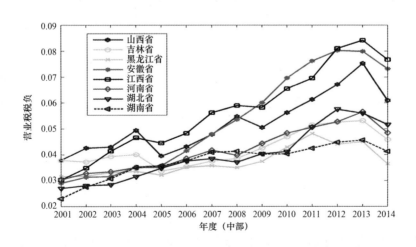

图 4—6　2001—2014 年中部地区营业税税负动态变化

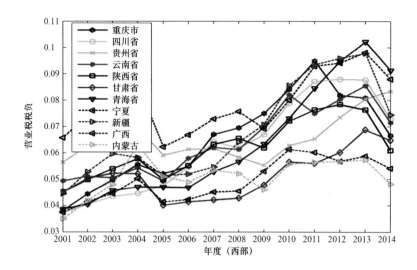

图4—7 2001—2014 年西部地区营业税税负动态变化

由图4—5 可以看出，北京、上海两个直辖市的营业税税负下降最为明显，且变化波动比较大，海南省 2001—2011 年出现递增趋势，且在 2011 年达到最大值，2011—2014 年总体出现下降趋势。其他省份从 2001—2014 年出现了稳定增长趋势，变化幅度不大。由图 4—6 可以看出，中部地区各省份的营业税税负都出现了大规模的增长，在 2013 年达到最大值后开始出现下降趋势，总体来看，江西省的增长速度最快。由图 4—7 可以看出，西部地区 11 个省（市、区）的营业税税负从 2001—2004 年逐渐增长，2004—2005 年基本呈现了下降趋势，自 2005 年以后又开始出现迅速增长趋势，且宁夏增长速度最快。

（三）企业所得税税负

企业所得税税负是用各地区企业所得税除以地区生产总值来衡量。如图4—8、图4—9、图4—10，分别反映了我国东部地区、中部地区和西部地区 2001—2014 年企业所得税税负的动态变化。

由图4—8 可以看出，北京、上海两个直辖市的企业所得税税负明显比其他9 个省市高出很多，且变化比较快，北京从 2001 年到 2003 年出现小规模的下降，到 2008 年达到了最大值 0.045，2009 年回落以后又逐渐呈现递增趋势；上海市先降后逐步攀升，2008 年到 2009 年开始回落，

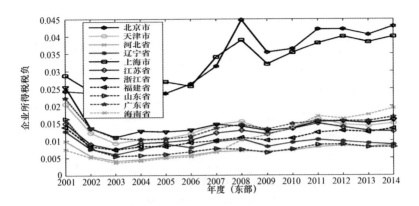

图4—8　2001—2014年东部地区企业所得税税负动态变化

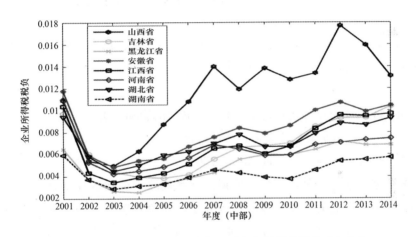

图4—9　2001—2014年中部地区企业所得税税负动态变化

2009年以后又出现了缓慢的增长趋势，其余9个省市从2001年到2003年逐渐下降，自2003年以后逐步呈现稳定的增长趋势。由图4—9可以看出，中部地区山西省的企业所得税税负变化最为突出，变化范围比较大，2001—2003年迅速下降，自2003年以后逐渐大幅度增长，在2013年达到最大值，2013—2014年出现下降；其他7个省从2001—2003年下降以后开始出现递增趋势。由图4—10可以看出，内蒙古自治区、广西壮族自治区企业所得税税负明显高于其他省（市、区），且变化波动比较大，但是总体呈现递增趋势。其余省（市、区）基本上呈现稳定增长趋势，变

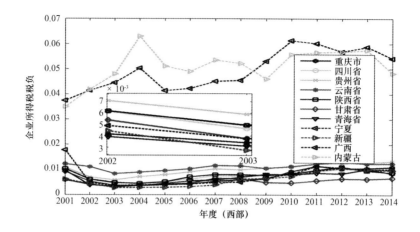

图4—10 2001—2014年西部地区企业所得税税负动态变化

化范围比较小。但总体来看，我国30个省（市、区）的企业所得税税负变化都出现了先降后升的一个总体趋势。

四 我国地方政府间税收竞争对产业转移的影响分析

（一）我国地方政府税收竞争存在性验证

本书借鉴布鲁克纳（Brueckner，2003）的研究，通过建立一个适当的面板数据税收竞争分析模型，依据模型系数的正负判断税收竞争的存在性，根据系数的大小及其显著性判断税收竞争程度。根据税收竞争模型，如果系数是显著的且不为0，如果大于0，说明我国地方政府之间存在税收模仿行为，表现为策略互补，竞争程度比较激烈；如果模型的系数显著小于0，说明地方政府之间存在税收竞争，但不存在税收模仿行为，表现为策略替代，但是竞争程度不如前者激烈，如图4—11所示。

1. 税收竞争工具的选择

为了检验我国地方政府间是否存在税收竞争，如果存在税收竞争，地方政府是利用何种税收工具来进行区域间差异化的竞争策略行为，本节选取我国30个省（市、区）（港澳台及西藏地区除外）为样本，建立税收竞争面板分析模型。当期，我国地方政府的经济增长依赖于投资，地方政府之所以进行税收竞争，其主要目的是为了吸引产业转移，从而引入资本流入本地区，地区间税收竞争主要是为了吸引大量资本流入本

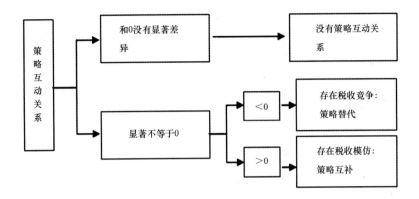

图4—11 税收竞争存在性判断依据

地区，来带动本地区经济发展。因此，为了验证税收竞争存在性，我们把各地区的投资作为被解释变量（ln_i），地方政府间的税收竞争主要表现为税负的变动，我们对构成地方本级财政收入来源的各要税种加以区分，主要针对增值税、企业所得税、营业税进行分析，因此选取的核心变量如下：增值税税负（vat）、营业税税负（bt）、企业所得税税负（ct）；在研究的过程中尽可能降低遗漏变量对结果分析的影响，选取了地区经济发展水平（pgdp）、基础设施（inf）、劳动力成本（wage）作为控制变量。同时结合现有文献研究结果构建税收竞争的基本模型为：

$$LMI_j(t,T) = \frac{\left[P_{jT} - P_{jt}\prod_{t}^{T}(1 + N_{jt})\right] * 90\%}{P_{it}} \qquad (4—2)$$

2. 变量选取与数据说明

（1）被解释变量：地区固定资产投资（ln_i），用各地区固定资产投资减去住宅投资的对数值表示。在地区固定资产投资中，地方政府的一些投资并不是用于生产性建设，比如说用于公共物品的投资、房地产开发投资等，所以这部分投资必须从全社会固定资产投资中扣除掉，但是在官方统计数据当中并没有区分公共物品投资和企业的生产性投资，因此考虑到社会固定资产的复杂程度，我们将各地区全社会固定资产投资减去各地区的住宅性投资作为地区固定资产投资，并对其做取对数处理。

（2）核心解释变量：增值税税负（vat）：用地区增值税税额与第二

产业中工业产值的比重表示；营业税税负（bt），用地区营业税总额占该地区生产总值的比重表示；企业所得税税负（ct），用地区企业所得税税额与地区生产总值的比值表示。

（3）控制变量：地区经济发展水平（pgdp），即人均GDP，用地区生产总值与该地区总人口数的比值表示，反映该地区经济发展水平的高低，一个地区经济发展水平的高低间接地反映了地方政府的财政措施，同时，经济发展水平相对来说越高说明该地区对投资的需求越是旺盛；基础设施水平（inf），交通运输不仅是影响产业转移的一个重要因素（丁建军，2011），而且也是影响税收竞争的一个重要因素，因为交通运输反映了该地区基础设施状况，所以我们用公路里程数来衡量地区基础设施水平；劳动力成本（wage），用各地区职工的平均工资表示。

3. 模型结果及分析

考虑到我国各个省（市、区）经济发展差距比较大，各地区的资源丰裕程度、人口数量等因素各不相同，同时考虑到变量之间可能存在的内生性，利用普通最小二乘法估计模型存在误差的可能性比较大，因此，在模型分析中采用二阶段最小二乘法（2SLS）进行实证分析。同时，考虑到投资决策是以上期的税负水平作为参考依据，税负水平对投资的影响具有滞后性，因此，实证分析时税负水平进行滞后一期的处理。估计结果如表4—4所示。

表4—4 税收竞争存在性检验模型回归结果

		被解释变量 ln_ i		
		模型（1）	模型（2）	模型（3）
核心解释变量	vat	−24.80796 ***		−27.896 **
		（−3.650063）		（3.736）
	bt	17.88162	21.384	20.216
		（−3.300397）	（3.446）	（3.3316）
	ct	129.1516 ***	101.241 ***	
		（−11.3871）	（11.228）	

续表

		被解释变量 ln_ i		
		模型（1）	模型（2）	模型（3）
控制变量	pgdp	0.414539 **	0.221 ***	0.572
		(0.139166)	(0.144)	(0.141)
	inf	0.094526 ***	0.109 ***	0.097
		(0.009879)	(0.010)	(0.010)
	wage	0.001325 ***	0.002	−0.015 **
		(0.039806)	(0.042)	(0.041)
Adjusted R-squared		0.392773	0.321308	0.347935
N		390	390	390

数据来源：2000—2014《中国统计年鉴》经过处理所得；***、**、* 分别表示在 1%、5%、10% 的水平下显著；括号中为标准误差（se）。

表 4—4 显示了三个模型，其中模型（1）考虑了三种税负，但是营业税税负系数不显著，因此没有单独剔除营业税税负对地区固定资产投资的影响，在模型（2）中考虑营业税税负与企业所得税税负，模型（3）中考虑增值税税负和营业税税负。三个模型中增值税税负、营业税税负以及企业所得税税负的符号均一致，模型的稳定性较好，我们以模型（1）为基础来分析我国地方政府税收竞争的存在性。

第一，增值税税负（vat）。模型（1）和模型（3）中，增值税税负（vat）系数均显著为负，说明增值税税负对地区固定资产投资具有显著负向影响，降低增值税税负，有利于增加地区固定资产投资，有利于吸引区域外的企业投资。根据税收竞争存在性判断依据（见图 4—11），增值税税负（vat）的系数小于 0 并且显著，说明增值税存在税收竞争行为，表现为策略替代，即省级间存在税收竞争，增值税是地方政府间税收竞争的主要工具之一。

第二，营业税税负（bt）。模型（1）、模型（2）和模型（3）中营业税税负（bt）系数为正但均不显著，说明营业税税负（bt）在我国地方政府间不存在税收竞争。可能的解释是，本书研究的行业选取了我国 20 个两位数的制造业，而营业税主要针对服务业征收，并且营业税具有流动性差不易对制造业征收的特点，地方政府一般不会把营业税作为税收竞争的工具，这与模型估计的结果是相吻合的。

第三，企业所得税税负（ct）。模型（1）和模型（2）中企业所得税税负（ct）系数大于零，且显著为正，企业所得税税负存在税收模仿行为，且表现为策略互补。因此，地区间企业所得税存在税收竞争行为，且竞争的激烈程度要高于增值税，对地方政府而言，企业所得税也是地方政府间税收竞争工具的主要选择之一。

本节的实证研究结果表明，增值税与企业所得税是地方政府税收竞争的主要工具选择，营业税由于本身固有的属性，在一般情况下不是地方政府税收竞争的主要工具，原因在于营业税流动性比较弱，所征收的目标主要是服务业和建筑业，服务业和建筑业投资流动性相对于制造业比较低，为了使本地区财政收入实现最大化，地方政府必然会对流动性有差别的企业采取不同的征税强度。

（二）税收竞争对产业转移影响的实证分析

1. 模型设定与估计方法

古典经济理论将发生在不同区域间的产业转移现象归结为比较优势、资源禀赋的差异，而新经济地理理论则认为随着运输成本的降低，在规模效应和投入产出关联的作用下，产业趋向于向靠近市场的地区转移，进而将运输成本作为影响产业转移的因素。但是在我国产业转移实践中，政府有意识地推进产业跨区域转移，其主导作用非常明显，地方政府竞争尤其是税收竞争也是影响产业转移的不可忽视的重要因素。本节试图在考量产业转移传统影响因素的同时，重点分析税收竞争对我国区域间产业转移产生的影响，因此，本书以税收竞争为核心解释变量，选择一些传统影响因素作为控制变量，考虑到产业转移具有的滞后性和持续性，构建如下动态面板模型：

$$tar_{it} = \beta_0 + \beta_1 tar_{it-1} + \beta_2 vat_{it} + \beta_3 bt_{it} + \beta_4 ct_{it}$$
$$+ \beta_5 pt_{it} + \beta_6 X_{it} + u_{it} + \varepsilon_{it} \qquad (4\text{—}3)$$

tar_{it} 代表 i 地区 t 时期的产业转移规模，tar_{it-1} 代表 i 地区 $t-1$ 时期的产业转移规模，vat_{it}、bt_{it}、ct_{it}、pt_{it} 分别代表 i 地区 t 时期的增值税税负、营业税税负、企业所得税税负和个人所得税税负，X_{it} 为控制变量，u_{it} 为不可观测项，ε_{it} 为随机扰动项。

2. 变量及数据说明

（1）被解释变量

本书的被解释变量是产业转移规模（tar_{it}），表示地区间制造业相对产业转移规模，用本章第一节中定量测度的产业转移相对规模系数来衡量。$tar_i > 0$ 表示 i 地区在 t 年到 T 年是产业转入，$tar_i < 0$ 表示 i 地区在 t 年到 T 年是产业转出。

（2）核心解释变量

在地方政府的招商引资中，由于增值税和企业所得税等税收会直接影响投资净回报，因而增值税、企业所得税优惠对吸引资本流入更为重要，但税收优惠竞争在短期内往往导致地方财政收入下降，为了保证地区的财政支出需要，地方政府需要提高那些与企业投资关系不太紧密的税种的征税强度，如营业税和个人所得税等（林毅夫、刘志强，2000）。因此，本节将地区税种区分为增值税、营业税以及企业所得税，以增值税税负（vat）、营业税税负（bt）、企业所得税税负（ct）和个人所得税税负（pt）作为税收竞争程度的指标，也就是本节的核心解释变量。

其中，增值税税负用地区增值税总额占地区工业总产值的比重表征，营业税税负用地区营业税总额占该地区生产总值的比重表示，企业所得税税负用地区企业所得税总额占地区生产总值的比重计算，而个人所得税税负为地区个人所得税总额占地区生产总值的比重。如果模型结果中解释变量的回归系数为正，说明该税种负担的增加将引起产业转移规模的提高；若回归系数为负并且显著，则说明降低该税种负担将会显著提高区域产业转移的规模，该税种在产业转移经济活动中存在地区间税收竞争。

（3）控制变量

本节研究地区税收竞争对产业转移的影响，但现实中影响产业转移的因素会非常复杂，这意味着计量模型可能会存在遗漏变量的问题。为尽可能降低遗漏变量对模型产生的影响，在进行实证分析时，我们选择了传统产业转移理论中认为会对产业转移产生影响的其他因素作为控制变量，如市场规模、公共基础设施水平、贸易自由度、劳动力成本等变量。市场规模（pgdp）主要反映区域经济发展水平，用区域人均 GDP 来表示；公共基础设施（pgi）建设不仅是经济社会发展的重要支撑，同时也是一个地区发达程度的重要指标，以各地区财政支出中基本建设投资占该地区国内生产总值的比重衡量；贸易自由度（fdt），借鉴高云虹、符迪贤（2013）的方法用各地区的公路和铁路之和与各地区国土面积之比作为贸易自由度的代理变量；劳动力成本（wage）是影响制造业特别是劳动密集型制造业转移的重要因素，以城镇职工平均工资反映地区劳动力成本。

本书以 2001—2015 年中国内地 30 个省（市、区）作为研究样本（西藏除外），数据来源于 2001—2016 年《中国工业经济统计年鉴》、2001—2016 年《中国统计年鉴》。

3. 实证结果与分析

在动态面板数据模型中，由于存在被解释变量的滞后项作为解释变量，导致传统参数估计方法在估计时存在有偏和非一致性。而 GMM 估计方法可以很好地解决传统参数估计的非一致性问题，也可以解决模型可能存在的内生性问题。GMM 估计分为一步 GMM 和两步 GMM 估计，由于两阶段 GMM 估计利用了更多的信息，并且一阶段的 Sargan 检验未考虑异方差问题，因此存在严重的偏误。已有研究表明使用两阶段估计方法的纠偏估计效果更好，且系统 GMM 估计的结果比差分 GMM 估计的结果更加准确，因此本书采用系统 GMM 估计，得到如表 4—5 所示的回归结果。

表 4—5　　　　　　　　动态 GMM 回归估计结果

变量	模型（1）	模型（2）	模型（3）	模型（4）	模型（5）
tar（−1）	−0.054 **	−0.049 ***	−0.041 ***	−0.049 ***	−0.076 ***
	(0.024)	(0.012)	(0.016)	(0.008)	(0.008)
vat	−0.042 ***	−0.025 ***	−0.022 ***	−0.021 *	−0.024 **
	(0.012)	(0.005)	(0.004)	(0.007)	(0.005)
bt	0.018 ***	0.016 ***	0.015 **	0.011 *	0.009
	(0.005)	(0.004)	(0.003)	(0.007)	(0.005)
ct	−0.002	−0.057 ***	−0.059 ***	−0.072 **	−0.057 ***
	(0.013)	(0.021)	(0.015)	(0.038)	(0.022)
pt	−0.005 *	−0.007 ***	−0.007 *	−0.006 ***	−0.007 ***
	(0.013)	(0.003)	(0.004)	(0.004)	(0.004)

变量	模型（1）	模型（2）	模型（3）	模型（4）	模型（5）
pgdp		-0.01^{***} (0.003)	-0.01^{***} (0.003)	-0.01^{***} (0.004)	-0.02^{***} (0.006)
pgi			0.04^{**} (0.006)	0.03^{***} (0.008)	0.04^{***} (0.005)
fdt				-0.02 (0.003)	-0.05^{***} (0.008)
wage					-0.02 (0.05)
AR（1）	0.003	0.003	0.004	0.002	0.003
AR（2）	0.341	0.381	0.340	0.413	0.556
Sargan	26.481	25.622	22.944	23.862	21.495
N（样本）	390	390	390	390	390

注：括号内是标准差，＊、＊＊、＊＊＊分别表示在10%、5%、1%统计水平显著。

回归结果显示模型（1）到模型（5）都存在一阶自相关，不存在二阶自相关［AR（1）＜0.1，AR（2）＞0.1］，Sargan检验发现系统GMM估计时工具变量都是有效的。根据模型（1）到模型（5）的结果，当依次加入控制变量时各模型解释变量的回归系数呈现了不断变化的特征，但系数符号都保持一致性。我们以模型（V）的估计结果进行分析，前期产业转移对当期产业转移相对规模具有显著的负影响，前期产业转移每增加1个百分点，当期产业转移规模将下降0.076个百分点，表明前期产业转移规模会阻碍当期产业转移。对转入地来说，前期的转入产业具有先入为主的优势，能够更充分地利用当地生产要素，当期产业转入规模相对于前期产业转入的壁垒比较高；而对转出地而言，前期产业转出会给本地当期的产业发展留出更多空间，可利用资源相对增多，所以前期产业转出会阻碍当期产业向外转移。

增值税税负（vat）回归系数在5%显著性水平下显著，与产业转移规模呈负相关关系，且增值税税负水平每降低1个百分点，产业转移相对规模将增加约0.024个百分点。说明增值税越高企业需要承受的税收负担越重，税收增加将会造成现有企业外迁，导致产业转移相对规模下降，而当降低增值税税负时，则会吸引产业向本地转移。因此，在我国产业转移实践中，地区间存在增值税税收竞争，地方政府将降低增值税作为政府竞争的重要政策手段。

企业所得税税负（ct）在1%水平下对产业转移规模具有显著的负向影响，企业所得税税负每降低1个百分点，产业转移相对规模将增加0.057个百分点。企业所得税是企业生产经营时所缴纳，与企业的经营活动有很大关系，各地区为了吸引企业投资和产业转移，通过竞相降低企业所得税税率，降低工商企业的实际税负水平，激励企业入住本地进行投资和生产。因此，各地区企业所得税的竞争促进了地区产业转移规模的提高，有利于地区经济增长。

营业税税负（bt）回归系数为正，但并不显著。合理的解释是营业税主要是针对服务业和建筑业开征的税种，这些行业本地化水平比较高，投资的流动性远低于制造业企业，地方政府为追求财政收入最大化，一般会提高这类行业的征税强度，增加营业税税负以弥补增值税竞争和企业所得税竞争引致的地区财政收入的短期下降。个人所得税税负（pt）在1%水平下对产业转移规模具有显著的负向影响，个人所得税税负每降低1个百分点，产业转移规模约增加0.007个百分点。在我国区域产业转移实践中，地方政府为吸引人才，纷纷出台了个税先征收后返还的奖励政策，这种税收竞争手段在一定程度上有利于地区承接产业转移。但是个人所得税的竞争，虽然可以降低个人税负，但其调节功能小，影响程度远小于增值税竞争和企业所得税竞争。

动态面板回归结果表明，不同税种在招商引资竞争中担负着不同的财政功能，这与付文林、耿强（2011）的研究结论相符。在我国现行税制结构下，促进产业转移的税收竞争政策具有明显的税种差别，并且不同税种税收竞争对产业转移规模的影响程度有所不同。通过增值税优惠政策和企业所得税优惠政策能吸引更多的制造业企业到本地区投资，增值税竞争和企业所得税竞争是产业转移中更为重要的竞争手段，而个人所得税竞争的影响程度相对较轻，营业税在产业转移中几乎不存在地区间竞争。

对于控制变量，市场规模与产业转移规模负相关且在1%水平下显著，这与我们的预期不符。虽然企业倾向市场潜力大的地区，但市场规模越大不可流动要素的价格越高，企业的生产成本也越高，如果自身产品有优势同样可以占有大的市场份额，所以市场规模表现出对产业转移规模的负影响，表明有些企业开始在大市场周围建厂。公共基础设施建设投资对产业转移规模具有显著正影响，说明政府公共品供给的提高有助于吸引产业转移。贸易自由度在5%水平下对产业转移规模具有显著负影响，说明贸易成本是影响产业分布的重要因素，也是企业区位选择关注的重点，贸易成本越大产业越集中，不利于向外扩散。随着地区公路和铁路里程密度的增大，区域交通便利程度逐渐提升，地区间贸易成本相对下降，空间距离在劳动力流动和产业转移中的影响逐渐弱化。劳动力成本对产业转移规模有负向影响但不显著，劳动力成本越高，意味着转移企业必须支付更高的经济成本，但是另一方面劳动力成本越高，代表地区经济发展水平越高，其发展环境越好。劳动力成本与产业转移规模之间并不显著的负向关系说明，劳动力成本因素已经不是企业区位选择和产业转移的唯一追求目标，工资水平较高的地区，劳动力的技能水平和素质也较高，从而更能满足高技术企业对高素质人才的需求，企业并没有从工资水平较高的地区转出。

第四节　小结

本章对我国制造业产业转移演进态势及特征进行分析，并分析了影响我国制造业产业转移的因素，尤其对税收竞争对产业转移的影响进行了实证研究，发现了一些有价值的结论。

一　我国制造业产业转移演进态势及其特征

本章利用产业转移相对规模系数，分别从东中西部地区和八大区域两个角度，对2001—2014年我国20个制造业行业区际产业转移状况展开定量测度，对三个划定时期内制造业转移的方向、规模和动态演变趋势进行差异化分析，研究发现：

第一，在第一个时期（2001—2006年）内，制造业产业转移在规模和数量上均处在低水平阶段，而且这个时期内制造业出现了由中西部地区向东部地区集聚的现象，说明该时期内东部地区制造业的发展优势更为明显，不过在西部大开发战略的深入推动下，同时出现了部分制造业相继转移到西部地区的现象。第二个时期（2006—2010 年）是制造业产业转移的高峰期，在该时期内从东部转出的制造业在数量和规模上均达到了较高的水平，而且部分产业还出现了大规模扩散式转移的情况，在中部崛起战略的带动下，中部地区超越西部地区成为承接转出产业的主要阵地。在第三个时期（2010—2014 年）内，中部地区的承接产业优势进一步扩大，仅个别产业转移的承接规模略有减少。总的来说，三个时期内，在转移产业承接上更具优势的地区是中部地区。

第二，在第一个时期（2001—2006 年）内，我国制造业产业转移出现了部分技术密集型产业优先转移的情况，并未完全按照梯度转移次序逐级转移，而且在区位选择上也没有完全遵循产业转移的梯度规律顺次转移，部分产业已经率先转移到西部地区，这和不同转移期内相应的国家级战略的实施不无关系。

第三，八大区域在制造业转移过程中各有特点。总的来说，制造业转出的主要地区是四个沿海地区，而且在产业转移规模和数量上均保持较高水平；近些年产业发展态势逐年走低的是东北区域；中部区域顺利超过西部区域成为最重要的转移产业承接地，而且承接优势也在逐年递增；西部区域产业承接的后劲不足，同中部地区的差距逐渐拉大，即使发展到今天，这种承接劣势也没有完全扭转过来。

二　税收竞争对区域产业转移的影响

影响产业转移的因素比较复杂，本章基于 2001—2015 年中国内地 30 个省（市、区）（西藏除外）的面板数据，利用动态面板 GMM 模型分析了地方政府税收竞争对我国区域产业转移的影响。研究发现，地区之间确实存在产业转移税收竞争，税收仍然是影响企业区位选择的因素，促进产业转移的税收激励政策有明显的税种差别，增值税竞争和企业所得税竞争是产业转移中更为重要的竞争手段，个人所得税竞争程度相对较轻，营业税在产业转移活动中不存在地区间竞争。地区市场规模、公共基础设施投资和贸易自由度对产业转移规模具有显著影响，但劳动力成本对区域产业转移规模的影响并不显著。实证研究结果给我们的启示是：从税收竞争的角度考量我国区域间产业转移，不仅是地方政府的问题，更要从财政体制和税收竞争协调机制上寻找解决对策。

第一，完善税收制度，规范税收竞争。首先，应对税制与税收政策中易引起竞争效应的方面进行调整，避免趋利因素扩大化，注重税收优惠政策的适度原则和效益原则；其次，在当前我国产业转移升级的关键时期，应调整目前的区域税收优惠策略，使区域优惠向产业优惠转变；再次，逐步取消东部发达地区已有的税收优惠政策，重点在中西部地区出台更加倾斜的税收优惠政策，对中西部地区具有比较优势的产业实行税收优惠，合理利用税收竞争，引导要素自由流动。

第二，促进财税体制改革，提高税收竞争效率。继续深化增值税和企业所得税制改革，优化税收分享体制，从利益机制上弱化地方政府间的引资恶性竞争。为促进辖区内产业发展，各省（市、区）应当正视实际情况，根据自身经济发展水平以及产业转移与集聚的程度，实事求是地制定适宜的税收竞争策略，地方政府积极展开以增值税和企业所得税税种为主的税收竞争，在制度与法律许可的范围内给予企业一定的财政补贴和其他税收优惠政策。逐步改革和完善财政转移支付制度，在增加一般性转移支付比重的同时，逐年降低税收返还数额，在条件成熟时最终取消税收返还，达到从机制上弱化地方政府为做大税收基数而进行产业转移竞争的目的，进而提高税收竞争效率。

第三，改革地方官员考核机制，合理引导地方政府参与税收竞争。须改变以 GDP 为主的考核评价方式，建立多元化的指标体系，将更多关于可持续发展和改善民生的指标纳入考核体系，建立一套能够全面、真实、公正地反映政府行政绩效的评估指标体系，在税收方面取消单一的税收计划指标考核体系，防止地方政府滥用税收征管权。同时，健全行政监督机制和税收执法监督机制，尤其是加强对地方税的征收监督，将地方政府也纳入监控范围，强化对政府引资行为的监督。进一步扩大对地方政府审计监督的范围，从传统的财务审计扩展到地方政府绩效审计等层面（郭矜、杨志安、龚辉，2016）。

第四，健全地区税收利益协调机制，建立地区间产业转移利益分享机制。地方政府的内在利益驱动是引发恶性税收竞争的根本原因，因此，协调地区间的利益可以有效地规范地方政府间的税收竞争。一方面，可以通过发展区域经济，减少竞争主体，降低造成恶性税收竞争的可能性，更好地发挥区域经济的带动作用。另一方面，应建立利益协调机制，包括各竞争主体之间的权限、责任、利益的明确划分和财税收支等，通过建立高层组织协调机构，强化中央政府对区域经济协调发展的调控职能。通过财税分成制度的合理设计，建立合理的税收利益分享和征管协调机制，使得产业转出区、产业转入区和产业转移企业三者实现共赢：产业转出区通过产业转移，达到产业转型升级；产业转入区通过产业承接，达到经济社会发展；产业转移企业达到企业利润最大化。例如我国财政部公布的《京津冀协同发展产业转移对接企业税收收入分享办法》中，就明确了企业迁入地和迁出地增值税、企业所得税以及营业税三大税种税收收入分享比例，扫除了产业转移过程中因地区间税收利益博弈带来的障碍。

第五章

产业转移对区域经济
增长的影响

第一节　问题的提出及相关研究综述

一　问题的提出

我国"十三五"规划中关于国家的发展战略方面明确指出：当下我国所有问题的根源在于结构性失衡，主攻方向为供给侧结构性改革，积极提高供给质量，以达到满足人们需求的最终目的，加快推进经济的新常态建设，同时要深入实施开发西部地区、振兴东北地区、中部地区崛起、东部地区率先发展的区域发展总体战略，而在区域建设与协同发展过程中，完善产业体制和创新机制，淘汰落后产能，积极促进相关产业的转移，带动相关技术、人才及资本的转移是其中重要的途径。

追溯产业转移的历史，自改革开放以来，我国东部沿海地区凭借其区域优势，把握机会，发展了大量以劳动密集型产业为主的加工业，从而促进了区域经济发展，也大力拉动了我国经济的增长。这些地区在最近30年内完成了三次大型产业转移。第一次转移发生在20世纪80年代，包揽了我国香港地区大部分的轻工业与传统加工工业；第二次在90年代初，主要承接我国台湾地区及日韩的低加工工业与装配工业；第三次是从2002年至今，我国沿海区域更加注重承接技术密集型产业，主要承接发达国家的产品研发与设计等高端产业。同时，东部地区相对较高的工资收入以及丰富的就业机会不断吸引着中西部地区的大量劳动力，劳动力流动在近30年从最初的以城乡劳动力流动为主，到之后的省际和城乡间的劳动力流动为主，再到现阶段出现了一定程度的劳动力回流现象，经历了一系列的演变。

在产业转移和劳动力流动等生产要素流动背景下，直至 20 世纪末，我国东部区域与中西部区域的发展差距已经相当大，且存在持续扩大的趋势；另外，各种经济矛盾也随着东部经济的高速增长而日益凸显：东部区域的劳动力和土地等供不应求，调整产业结构方面的压力增大，产业向外转移同样成为其中的一项矛盾。在这种态势下，我国政府为促进产业转移以协调区域间的发展，连续制定并实行了包括西部大开发、振兴东北、中部崛起在内的相关国家级战略。经过战略部署以及执行，地区间的发展差距逐渐减小，但经济非均衡发展的基本格局尚未发生根本性改变，可见现阶段区域经济不平衡发展还将持续较长一段时间，而改变这种状况也将需要更为有力的政策措施。那么，产业转移对我国区域经济发展究竟产生什么样的影响？在劳动力流动、产业转移的背景下，我国东部地区的竞争优势应该如何保持？东部地区同中西部地区的经济发展怎样才能达到一种平衡？这是本章所关注的主要问题。

二 相关研究综述

（一）产业转移对区域经济增长影响的研究评述

20 世纪 90 年代末，产业转移与经济增长逐渐发展成新地理动态经济学的分析主体。产业转移能带动经济发展速度，不少研究成果也支持了该结论；但是也存在部分研究表明产业转移对经济增长的作用并不显著，甚至存在负向作用的现象。因此，究竟产业转移对经济增长的影响作用是如何还有待进一步探索。

现阶段分析产业转移和经济增长关系的形式包括：间接法和直接法。最开始的学者研究往往选择前者，也就是从侧面探讨经济生产活动的空间转移对于经济增长的影响作用。例如，帕奇和皮利亚鲁（Paci & Pigliaru，1997）利用劳动生产率分析产业转移与经济增长的联系。李广众等（2007）从行业和省（市、区）的角度，利用 2001—2003 年中国 19 个行业 30 个省（市、区）的面板数据合作研究了 FDI 对中国经济增长的影响，研究发现外商直接投资对中国经济增长具有积极的正向影响。后来，人们逐渐把注意力集中在对经济增长和产业转移二者联系的考察上。密特拉和佐藤（Mitra & Sato, 2007）就日本县级水平的二位代码行业进行分析后发现，外部规模经济能够有效增加技术的使用效率。格佩特（Geppert, 2006）对1980—2000年德国的产业转移状况进行研究，并确定产业转移和经济增长之间存在着正向关系。

国内同样涌现出大量学者对产业转移、劳动生产率以及经济增长三者之间的联系进行分析和探讨。卢根鑫（1997）认为产业由发达资本主义国家转移至发展中国家的过程中，对于发展中国家的经济增长具有双重影响，要具体情况具体分析。江静、刘志彪（2012）从国际分工深化的角度出发，研究了服务行业的产业转移对我国不同区域间收入差距变动的影响。李强（2011）通过向量自回归的多元协整回归模型对人力资本、产业转移以及中部地区经济增长三者之间的关系进行了实证分析。结果表明，产业承接对中部地区经济增长的作用大小主要由中部地区人力资本的积累程度决定。张艳、刘亮（2007）对产业转移对于经济增长的影响力进行测算，结果表明二者存在显著的正相关关系。还有很多其他相关研究，对产业转移、要素流动对于经济增长的影响进行了深入的研究与分析。

从现有研究中不难发现下面几点问题：第一，对经济增长同产业转移间的内生性问题展开的研究十分匮乏。现有研究中估计方法由于没有考虑内生性问题，极大地限制了产业转移对经济增长的影响程度。第二，对两者关系的研究往往局限在静态环境下，没有考虑产业转移与经济增长之间的动态关系。第三，现有研究中对于产业转移规模测度的指标有很多，但大部分指标存在一定的不足，如投入产出表在时间上的滞后性、无法获取准确数据等。第四，较少把产业转移变量以及其他要素流动变量和区域经济增长有机联系起来，具体量化它们之间的影响效应。

针对以上问题，本章利用第四章中测度的产业转移相对规模系数衡量我国区际产业转移的规模大小，通过建立计量分析模型，引入相关控制变量，具体探究2001—2014年我国制造业产业转移对区域经济增长影响。与以往的研究相比，本书使用2001—2014年与产业转移相关的数据，并且在产业转移规模测度方法上进行了扩展与改进，确立了新的测度产业转移的指标——产业转移相对规模系数。另外，在估计方法上，本书运用面板数据分位数回归的方法，从而能够更加准确地考察产业转移与区域经济增长之间的关系。

（二）其他相关因素对区域经济增长影响的研究评述

其他影响经济增长的因素大致可分为生产供给因素与需求因素。对于生产供给因素而言，主要体现在马克思经济增长理论对生产供给因素的分析以及内生经济增长理论对生产供给因素的分析。杨继国（2010）通过对资本的有机构成、剩余价值率的分析，揭示出不变资本与可变资本增长速率的不同是资本主义经济增长率呈现出整体滑坡态势以及具有周期性经济波动的直接原因。内生经济增长理论对生产供给因素的分析也是通过构建不同的经济增长模型来说明各要素对经济发展所产生的作用，这些研究都是把经济发展的生产供给成分内生化。邹薇、代谦（2003）通过构建发展中国家的内生经济增长模型进行实证分析，结果表明经济增长与人力资本积累关系密切，政府应加大人力资本的投资以保证经济的持续增长。李雪峰（2005）对卢卡斯和罗默内生经济增长模型的原模型进行了一定程度的改进，并将相关统计结果增至模型后再展开研究，经实证研究后发现目前国内投资为经济发展带来的贡献不显著，而人力资本投资对经济增长的贡献较为显著。

对于需求因素而言，其对经济增长影响的研究主要体现在将现阶段一定时期内的需求要素统计数据在使用动态计量方法的基础上进行实证分析。吴绪亮、谢国斌（2002）将物质资本存量和最终消费的相关统计数据进行协整检验与格兰杰因果检验，其结果表明物质资本存量与最终消费之间存在双向格兰杰因果关系，两个变量分别与经济增长存在双向格兰杰因果关系，通过分析可以看出消费是拉动我国经济增长的主要原因和手段。周阳（2006）通过构建线性回归模型进行实证研究，结果表明出口是经济增长的格兰杰原因，并且与经济增长呈正相关关系，但是出口作为经济增长的影响因素具有时滞性。

根据上述有关生产供给因素与需求因素对经济增长影响的研究与分析，可以得知关于研究何种因素显著促进经济增长有着一些争议，这种争议不仅仅体现在研究方法、理论分析和具体的计量研究上，更主要地体现在影响经济增长的各因素之间以及各因素与经济增长之间的因果关系和长短期关系究竟是如何上。

第二节　产业转移对区域经济增长影响的机理分析

一　产业转移对区域经济增长的正效应

产业转移对区域经济增长的影响是全面的、相互的。无论是产业转出区域还是产业转入区域，产业转移都能够促进产业结构优化和调整，推动地区经济的不断发展。而这种有利影响主要反映在要素注入效应、技术溢出效应以及结构优化效应（见图5—1）。

（一）要素注入效应

按照索洛的经济增长理论，发展滞后的区域内人均产出水平低的根源是没有足够多的资本，在区域内的人均资本有所提高的情况下，经济将探索出一个能够增加人均收入的渠道，在其自身的技术得到支持和发展时，人均收入也会随之提高，由此改变了人们的生活品质。投资状况决定着地区资本存量的多少，同时也一定程度地代表了生产能力的大小，对于当地的经济增长有着重要的影响。对于经济不发达的地区，地区本身的资本存量相对较少，而且资本的形成速度相对较慢，由于这一原因，欠发达地区的资本存量主要依赖于外来资本的投入。通过承接外部转移的产业，进而吸收外来资本，欠发达地区的资本存量能够得到迅速的积累，为欠发达地区的经济发展提供动力。对于资金匮乏、生产技术欠缺的区域，资本的投入和技术的引进都能让产业转移给当地经济带来最为有利的影响。

（二）技术溢出效应

技术进步作为一个内生因素对于提高经济发展水平和转变产业结构具有十分重要的作用。通过承接产业转移可以使经济不发达的地区对相应产业的技术溢出进行吸收，从而提高自身的技术水平。这一效应产生于技术的示范效应、竞争产生的影响以及人才的流动效应。前两者是说在转移企业的技术优势更为明显的情况下，由实施产业转移的企业推广新技术，该区域原有企业同转移企业相配合对新技术进行共享，由此推动相关产业的发展。而区域内的原有企业也有可能会因为转移企业的参与而迎来更多的挑战，前者为增强自身优势而对后者的优势和技术进行引进和效仿，希望找到一个可行性强的方法，促进生产的发展，进而提高产量，这在一定程度上可以有效地增强区域内原有企业的技术能力和生产能力。人才流动效应的意思是依靠人员流动而产生的影响，对培训过的当地企业的管理员工和技术员工进行转移，有利于推广相关的技术管理信息，以增加当地企业的经济收入，带动当地经济的发展。

（三）结构优化效应

产业转移是促进产业结构调整的有效手段。具体而言，产业转移对转出地区产业结构优化的作用有：通过投入生产要素到其他区域进行生产，可以获得比在本区域生产更高的收益，投入回报率的提高，为转出地区带来直接的经济利益；为产业转出区域高级产业的发展腾出空间，即更多的资源可以投入到其他高级产业的生产中，同时，对于社会关系和公共服务的占用也相应减少。对产业转入地区而言，产业转移可以带来该地区尚未存在的产业，为地区经济发展注入新的活力，促进产业转入地区发挥本地区的后发优势；同时通过承接产业转移，可以提高产业转入地区的竞争力，使该地区原有的产业结构发生调整，激发企业进行相应的创新。

二　产业转移的负效应

（一）环境生态效应

在产业转移的过程中，产业转出区域利用转入区域的环境意识淡薄、相关环境保护设施不够完善等弊端，向其转入高污染、高能耗的产业。尽管这些产业在短期内带动了转入地区经济的发展，但从长期来看，这种发展的方式并不科学。国内不同地区之间的产业转移同样有这样的情况发生，东部地区把污染型产业向中西部地区进行转移，长此以往，东部地区的自然环境会由于污染性企业的转出而得到改善，有利于其经济的长远发展，而中西部地区的生态环境将遭到破坏。

（二）产业空心化

产业空心化的出现是因为对外直接投资数额的上涨，对地区内部的投资数额远少于对外的投资数额，由此推动了相关产业尤其是制造业对外转移的步伐，最终严重影响当地制造业的生产，产业发展滞后，给经济发展带来巨大的阻碍。对于产业转出地而言，产业转出多了而转入少了，以制造业为代表的第二产业比重大幅度下降，而第三产业比重迅速上升，超过第一、第二产业，会导致产业空心化。带来的后果是产业转出区域内部需求严重依赖其他区域，造成产业转出区域内部供给能力与需求能力不平衡，最终影响区域经济的可持续发展。但是，产业转移是否会导致产业空心化，主要取决于产业转入与产业移出的相对变化。

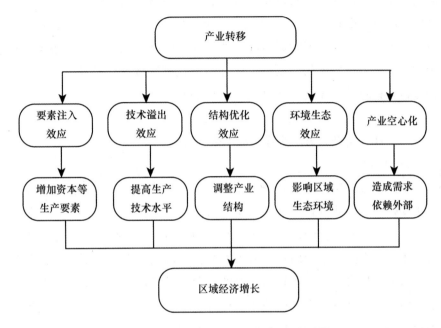

图5—1 产业转移对区域经济增长的影响机理

第三节 劳动力流动、产业转移对区域经济增长影响的实证分析

长期以来，如何利用区际产业转移以及要素合理流动来协调区域经济发展一直是学者们广泛关注的话题。尤其是在 2008 年由于美国次贷危机而产生国际金融危机的影响下，我国经济发展中所面临的困难颇多。首先是，科技进步下人口红利逐渐减少，同时，由于国际市场竞争激烈，使产品利润面临一定程度的冲击，两个约束力的存在让过多的产业资本从实业领域过渡到了投机领域，而在东部地区去产业化趋势逐渐蔓延的过程中，以股票和房地产为杰出代表的虚拟经济蓬勃兴起，这种发展模

式进一步加深了经济泡沫化的程度。另一方面，在区域经济的非均衡发展战略的带动下，东部长期保持着经济发展的优势，而这也在严重压缩中西部地区经济发展的空间。这种区域经济高低不平的关键原因就是不合理的区域空间结构，所以，我们必须要在主流经济增长理论中融入空间均衡思想，以理性要素调配为基础，以产业区域合理转移为依托，促使区域经济均衡化。为了完成这一目标，本节将以区域空间结构优化为基础引导理论，深入探索区域间产业转移的经济增长效应，从理论层面上辨识区域协调发展的重要程度，并结合我国区域产业转移的实况，实证分析转移对经济增长影响的动态演化特点。

一 计量模型、方法选择与数据来源说明

（一）计量模型

在归纳近些年研究成果之后发现：在经济增长中研究要素的助推方法主要是生产函数分析法。它表明了特定技术条件背景下的产出和投入关系，而在分析过程中，处理实际经济问题时最常用的生产函数模型就是柯布—道格拉斯生产函数，由于本节旨在验证产业转移对区域经济增长的影响，故将衡量产业转移情况的产业转移相对规模系数作为自变量引入柯布—道格拉斯生产函数中。此外，地区的经济增长和地区间的劳动力流动是分不开的，在现有研究中，劳动力流动对于地区经济增长的作用受到研究学者的热切关注，如：毕先萍（2009）对我国劳动力流动对于区域经济增长的影响进行研究，发现生产率提高、经济增长以及资源有效利用的根本保证是劳动力的自由流动；李芝倩（2010）对影响农村劳动力流动的因素及其对中国经济增长的影响进行研究，在此基础上对合理推动中国农村劳动力流动，提高其对经济增长的贡献提出了建设性的意见；易莹莹、凌迎兵（2015）利用柯布—道格拉斯生产函数的拓展模型，验证了劳动力流动对西部地区超大人口城市重庆的经济增长具有较大程度的影响。鉴于劳动力流动对经济增长影响的重要性以及贡献度，在模型中我们同时加入劳动力的流动作为解释变量，以此来考察劳动力的流动对区域经济发展的作用。在本节研究中选择了卢卡斯的内生增长模型，同时将 C－D 生产函数模型作为分析基础，并在其中引入产业转移变量、劳动力流动变量以及其他相关控制变量，构建以下多要素生

产函数：

$$Y = A(t)L^{\alpha}K^{\beta}\mu \quad Y = A(t)L^{\alpha}K^{\beta}CYZY^{\theta}LDLLD^{\gamma}KZ^{\mu} \quad (5\!-\!1)$$

其中，A 和 L 分别代表了综合技术水平和劳动力的投入，资本的投入则用 K 表示，产业转移相对规模系数则以 $CYZY$ 表示，$LDLLD$ 的含义是劳动力的净流动规模，KZ 是其他相关控制变量。α 和 β 分别表示了劳动力产出和资本产出的弹性系数，θ、γ、μ 代表的是：θ 为产业转移产出的弹性系数，γ 是劳动力流动产出的弹性系数，μ 是相关控制变量产出的弹性系数。

柯布－道格拉斯生产函数的特点之一是可线性化，故对其进行对数化处理，经过对数化处理后既能消除异方差性，又可以直接反映自变量与因变量之间的弹性系数，得到相应的弹性模型如下：

$$\ln Y_{it} = \ln A_{it} + \alpha \ln L_{it} + \beta \ln K_{it} + \theta \ln CYZY_{it} + \gamma \ln LDLLD_{it} + \mu \ln KZ_{it} + \zeta_{it}$$

$$(5\!-\!2)$$

具体而言，各变量的定义如下：

（1）被解释变量 Y：被解释变量 Y 表示各地区在所考察期间内实际人均 GDP，以 2001 年为基期进行平减而得到，以更好地反映地区经济增长水平的动态变化。

（2）核心解释变量。

第一，解释变量 L，表示劳动力的投入量，用各地区的从业人员数量来衡量。

第二，解释变量 K，表示资本的投入量，用全社会固定资产投资额来衡量，并以 2001 年为基期进行平减，以更好地反映地区固定资产投资额的动态变化。

第三，解释变量 CYZY，表示制造业的区际转移规模，用第四章中定量测度的产业转移相对规模系数来衡量。

第四，解释变量 LDLLD，表示劳动力要素的净流动规模，借鉴有关研究的测度方法，采用人口净变动来衡量，即从各地区人口总变动中剔除了相应的自然增长因素，从而计算的是人口机械增长率。

（3）控制变量：基础设施（KZ_1），用每万平方公里的公路里程数来衡量。贸易开放度（KZ_2），用地区进出口贸易总额占 GDP 的比重作为其代理指标。

ξ 为随机误差项，i 表示地区，t 表示时间。

（二）方法选择

现阶段在研究产业转移以及转移过程中的劳动力要素流动时，通常并不认为它是一种完全由市场自发导致的行为，所以，区域经济增长同产业转移之间是非线性关系，这样的话，单一的线性回归就无法对不同地区、不同时期内产业转移对经济增长的促进作用进行估测。因此，为了具体反映出不同的条件分布情况，以便更客观地体现产业转移在经济发展的不同水平的增长效应，本节使用面板数据分位数回归的方法进行相应的实证研究。

同传统回归法相比，分位数回归法的优势在于：一方面，这种方法对因变量分布假设的限制较小，当处在扰动项非正态时，分位数所估算的系数较为可靠；另一方面，分位数回归是利用最小化加权的残差绝对值之和来估计参数的方法，所以它所得到的结果对异常值不甚敏感；最后，能够更加清晰明白地阐述条件分布情况，然后利用回归系数在不同因变量的分位点上的估计值来对自变量对于因变量所产生的边际影响效果进行测度；分位数回归模型也特别适合具有异方差性的模型。下面简单介绍分位数回归方法的具体内容。

分位数回归是对以古典条件均值模型为基础的最小二乘法的延伸。假设 y 是一个连续随机变量，当 $y \leqslant Q(\tau)$ 出现的概率为 t 时，那么我们就能够称 y 上的 t 分位值就是 $Q(\tau)$，也可以称为 Y 的第 t 个分位。下面假设 $F(y) = P(Y \leqslant y)$ 就是 Y 的分布函数，则 Y 的第 τ 分位数为 $Q(\tau) = \inf \{y: F(y) \geqslant \tau\} \ (0 < \tau < 1)$。

对于一般模型：

$$y_i = x'_i \beta_\tau + \alpha_{\tau i} + \mu_{\tau i} \ (i = 1, 2, \cdots) \tag{5—3}$$

其中，y_i 和 x_i 分别代表了被解释变量以及 $k \times 1$ 的行向量，$\alpha_{\tau i}$ 和 $\mu_{\tau i}$ 分别代表了截距项和随机误差项，β_τ 则是被解释变量在第 τ 分位数时，各个解释变量的回归系数。那么在下面计算中假设 Y 的条件分位数由 k 个解释变量组成的矩阵 X 线性表示：$Q(\tau | x_i, \beta(\tau)) = x'_i \beta(\tau)$。

其中，$x_i = (x_{1i}, x_{2i}, x_{3i}, \cdots, x_{ki})$ 为解释变量向量，$\beta(\tau) =$

$(\beta_1, \beta_2, \cdots, \beta_k)$ 是 τ 分位数下的系数向量。

$$Q(\tau) = \arg\min_{\varepsilon}\left\{\sum_{i,y_i \geq \varepsilon}\tau|y_i - \varepsilon| + \sum_{i,y_i < \varepsilon}(1-\tau)|y_i - \varepsilon|\right\} =$$
$$\arg\min_{\varepsilon}\left\{\sum_i\rho_\tau(y_i - \varepsilon)\right\},$$

其中，$\rho_\tau\mu = \begin{Bmatrix} \tau\mu, & \mu \geq 0 \\ (1-\tau)\mu, & \mu < 0 \end{Bmatrix}$，如果 τ 的变动范围是（0，1），那么在进行最小化求解之后，就能够估计在不同分位数上的回归系数：

$$\beta_N(\tau) = \arg\min_{\beta(\tau)}\left\{\sum_{i=1}^N\rho_\tau[y_i - x'_i\beta(\tau)]\right\}$$

对于面板数据模型：

$$y'_{it} = x'_{it}\beta_i + \alpha_i + \mu_{it}(i = 1,2,^\wedge N; t = i = 1,2,\cdots,T) \quad (5\text{—}4)$$

i 和 t 分别代表了不同样本的个体和观察时点；μ 和 β_i 则分别代表了随机误差项和自变量系数两个要素的向量，α_i 则代表了不同样本不可观察的随机效应向量。

面板数据分位数回归参数估计的一般线性条件分位数方程式是：

$$Q_{y_{it}}(\tau_j|x_{it},\alpha_i) = x'_{it}\beta(\tau_j) + \alpha_i \quad (5\text{—}5)$$

假如 τ 的变动范围是（0，1），对其进行加权绝对残差最小化求解之后，我们就能够获得在不同分位点上的参数值。在式（5—5）中，参数 β 的求取方程式：

$$\beta = \arg\min_{\alpha,\beta}\sum_{j=1}^J\sum_{t=1}^T\sum_{i=1}^I\rho_{\tau j}[y_{it} - x'_{it}\beta(\tau_j) - \alpha_i] \quad (5\text{—}6)$$

（三）数据来源

本节将我国 30 个省、自治区、直辖市（不包括港澳台和西藏）从 2001 年到 2014 年的面板数据作为分析样本。所有的原始数据来源于历年国家统计局的《中国统计年鉴》、各省统计年鉴以及《中国工业经济统计年鉴》。

二 计量结果分析

将解释变量和误差项之间的不相关的零假设作为前提，利用豪斯曼检验来分析面板数据模型。得到检验结果 P 值，$Prob > chi2 = 0.0000$，从该结果能够得出结论：强烈拒绝原假设 "$H_0: u_i$ 与 x_{it} 不相关"，所以在分析中应该使用固定效应模型。先使用面板数据的常规方法，然后用分位数回归方法，最后比较两种分析方法的异同。

（一）全国范围的考察

以产业转移为代表的各个解释变量对被解释变量经济增长的总体影响程度可以用固定效应模型的回归系数来反映，而各个影响因素在经济增长的不同分位点的影响程度可以通过面板数据分位数回归模型的回归系数来反映。

由表5—1的回归结果可以看出，总体上，劳动力的投入、资本的投入、对外开放水平三个解释变量的回归系数的值较大，并且在5%的显著水平下通过检验，说明这三个因素经济增长的促进作用较为明显。在研究中一共选择了五个分位点：0.1、0.25、0.5、0.75和0.9。通过表5—1可以发现，随着经济增长水平在不同分位点上的移动，那些以产业转移为代表的解释变量的回归系数呈现出相应的变动特征。

对于劳动力投入变量来说，其对经济增长的影响作用在震荡中呈上升趋势，且在每个分位点对于经济增长的影响作用均显著，其中在25%分位点处边际影响水平为0.196，在90%分位点处边际影响水平为0.191，影响水平都较大，说明各地区实施提高劳动力投入的政策措施在初期能够显著地促进经济增长，但是当地区经济水平提升之后，这种效果会逐渐缩小。同时不同分位点的系数差异也说明了区域的经济水平不同，劳动力投入对经济增长的影响效应也会存在差异。资本投入变量的系数值位于0.222与0.292之间，并且每个分位点处回归系数均显著，系数大致随着分位点的上升而增大，表明随着经济水平的提高，资本投入带来的增长效应将越来越明显，资本投入带给发达地区经济增长的福利要大于落后地区。

表5—1　　　　　　　　　　　　全国样本回归结果

变量	分位点0.1	分位点0.25	分位点0.5	分位点0.75	分位点0.9	固定效应
lnL	0.155 (4.09)**	0.196 (6.42)**	0.170 (7.09)**	0.160 (8.43)**	0.191 (12.26)**	0.506 (12.36)**

变量	分位点0.1	分位点0.25	分位点0.5	分位点0.75	分位点0.9	固定效应
lnK	0.222	0.270	0.292	0.282	0.282	0.184
	(7.84)**	(21.08)**	(23.17)**	(20.05)**	(18.93)**	(21.28)**
lnCYZY	0.047	0.045	0.030	0.027	0.022	0.003
	(3.99)**	(2.97)**	(3.76)**	(4.70)**	(3.30)**	(1.13)
lnLDLLD	0.0002	-0.017	-0.012	0.006	0.007	-0.001
	(0.02)	(-2.16)**	(-1.68)*	(1.02)	(1.63)	(-0.63)
lnKZ1	-0.112	-0.141	-0.193	-0.187	-0.195	0.052
	(-2.96)**	(-5.45)**	(-10.57)**	(-12.98)**	(-14.43)**	(3.72)**
lnKZ2	0.334	0.302	0.250	0.226	0.208	-0.002
	(24.07)**	(27.75)**	(13.99)**	(25.79)**	(32.05)**	(-0.15)
C	-0.732	-0.665	-0.794	-0.650	-0.321	2.191
	(-3.35)**	(-2.74)**	(-5.93)**	(-4.22)**	(-2.62)**	(7.94)**

注：括号中为 t 统计量，$*$ $p<0.1$；$**$ $p<0.05$。

产业转移对经济增长产生影响的系数值介于0.022与0.047之间，并且在每个分位点对于经济增长的影响作用均较为显著，其中在10%分位点处边际影响水平为0.047，在90%分位点处边际影响水平为0.022，并且随着分位点的提高，边际影响水平逐渐降低，说明在经济发展的初期阶段，产业转移对于经济增长的促进作用明显，但随着经济发展水平的上升，产业转移带来的经济增长效应会逐渐减少。

劳动力流动变量在25%分位点处边际影响水平为-0.017，在50%分位点处边际影响水平为-0.012，且系数均显著，说明在经济发展水平较低时，劳动力流动对于经济增长促进作用不明显，同时观察它的系数之后发现：区域内劳动力流动的回归结果表明在分位点0.75和0.9上并没有通过显著性的检验，但是却在分位点0.25、0.5处通过了显著性检验，这表明劳动力流动的经济增长效应仅在经济水平不高区域内较为显著，但是在经济发达地区的增长效应却无法准确得知。其他两个控制变量，基础设施水平对于全国经济增长整体上的促进作用不大，对外贸易水平对于经济增长的促进作用较大，其促进作用随着经济发展水平的提高呈下降趋势。

（二）东、中、西部地区的分析

为了进一步考察产业转移增长效应在我国不同区域中呈现出的不同特征，本节进一步细分了我国三大地区进行差异性分析。如表5—2、表5—3及表5—4所示。

1. 东部地区的分析

从东部的固定效应回归结果来分析，劳动力投入的回归系数表现为负值，而资本投入的回归系数显著且为正值，产业转移对于经济增长的影响系数为正且通过了10%的显著性检验。同全国样本比对分析之后发现，在东部地区，产业转移对经济的助推作用更加明显，但是劳动力流动则无法产生过多的经济增长效应。其他控制变量中，基础设施水平对于东部地区经济增长的影响系数显著性较低，对外贸易水平对于东部地区经济增长的影响系数显著且为正，说明对外开放水平对于东部地区经济增长具有显著的促进作用。各个影响因素在经济增长的不同分位点的影响程度通过面板数据分位数回归模型的回归系数来反映。

从表5—2中可以看出，总体上，劳动力的投入、资本的投入、产业转移、对外开放水平四个解释变量的回归系数均显著，同样选择了0.1、0.25、0.5、0.75、0.9共五个分位点，通过表5—2可以发现，随着经济水平在不同分位点的移动，那些以产业转移为代表的解释变量的回归系数呈现出相应的变动特征。

对于劳动力投入变量来说，其对经济增长的影响作用处于变化之中，且在每个分位点对于经济增长的影响作用显著性不强。对于资本投入变量来说，资本投入对于经济增长产生影响的系数值位于0.242至0.264之间，回归系数值较大且均显著，说明在不同的经济水平下，资本投入对于经济增长具有明显的促进作用，通过在10%分位点处边际影响水平为0.252，在90%分位点处边际影响水平为0.242可以看出，在一定阶段内随着经济水平的提高，资本投入带来的增长效应将越来越明显，资本投入带给发达地区经济增长的福利要大于落后地区。产业转移在10%分位点处边际影响水平为0.043，在25%分位点处边际影响水平为0.036，回归系数呈逐渐下降的趋势，并且在这两个分位点处回归系数均通过了显著性检验，说明在经济发展的初期阶段，产业转移对于经济增长的促进作用明显，但随着经济发展水平的上升，产业转移带来的经济增长效应会逐渐减少，通过在 75% 和 90% 分位点处，回归系数的显著性不强可以得知经济发展达到较高水平时，产业转移对于经济增长的促进作用难有定论。对于劳动力流动变量来说，其对东部地区经济增长的影响作用处于变化之中，且在每个分位点对于经济增长的影响作用显著性不强。

　　其他控制变量中，基础设施建设水平对于东部地区经济增长的促进作用较弱，而对外贸易开放程度的提高对于东部地区经济的增长有着显著的促进作用，并且在 10% 的分位点处边际影响水平最高为 0.274，在 90% 的分位点处边际影响水平为 0.258，说明各地区实施扩大对外开放度的政策在刚开始的过程中对东部地区经济增长有助推力，但是当经济发展到一定阶段之后，政策的作用就会逐渐降低。同时不同分位点的系数差异也说明了经济水平存在显著差异的地区，对外开放度的经济增长效应的差异也相当明显。

表5—2　　　　　　　　　　　　东部地区样本回归结果

变量	分位点0.1	分位点0.25	分位点0.5	分位点0.75	分位点0.9	固定效应
lnL	-0.066	0.012	0.032	0.040	-0.030	-0.388
	(-1.04)	(0.20)	(0.89)	(0.65)	(-0.43)	(-7.17)**
lnK	0.252	0.255	0.254	0.264	0.242	0.169
	(8.91)**	(9.79)**	(15.15)**	(13.35)**	(11.39)**	(12.46)**
lnCYZY	0.043	0.036	0.022	0.016	0.010	0.007
	(1.87)*	(1.78)*	(1.65)	(1.47)	(1.00)	(1.84)*
lnLDLLD	0.014	0.005	0.007	0.011	0.006	-0.005
	(1.31)	(0.67)	(1.36)	(1.34)	(0.64)	(-1.65)
lnKZ1	-0.202	-0.273	-0.279	-0.320	-0.270	-0.013
	(-3.45)**	(-7.24)**	(-10.87)**	(-5.99)**	(-6.32)**	(-0.61)
lnKZ2	0.274	0.255	0.245	0.238	0.258	0.105
	(8.67)**	(7.30)**	(15.56)**	(13.93)**	(10.18)**	(4.86)**
C	-1.357	-1.769	-1.844	-1.842	-1.204	1.821
	(-4.00)**	(-6.26)**	(-7.53)**	(-3.50)**	(-2.64)**	(5.09)**

注：括号中为 t 统计量，* $p < 0.1$；** $p < 0.05$。

2. 中部地区的分析

如表5—3所示，从中部地区的固定效应回归分析结果可以看出，劳动力投入得到的回归系数结果是0.467，资本投入的回归系数为0.191，并且二者均通过了5%的显著性检验，说明劳动力投入与资本投入对于中部地区经济增长具有明显的促进作用，产业转移对于经济增长的影响系数为正且通过了10%的显著性检验，同东部的分析结果比对之后发现：在中部地区产业转移稍具经济增长效应。劳动力流动对于经济增长的影响系数为负，且显著性不高。其他控制变量中，基础设施水平与对外开放程度对于中部地区经济增长的影响系数显著性较低，说明二者对中部地区经济增长的影响作用尚不能定论，而各个影响因素在经济增长的不同分位点的影响程度通过面板数据分位数回归模型的回归系数来反映。

当经济增长的条件分布产生了多位置移动的表现后，那些以产业转移为代表的相关解释变量，它们的回归系数呈现了相应的变化特征。对于劳动力投入变量来说，其对经济增长的影响作用处于变化之中，在10%分位点处边际影响水平为0.152，在90%分位点处边际影响水平为0.317，可以看出在一定阶段内随着经济水平的提高，劳动力投入带来的增长效应会越来越明显。资本投入对于经济增长产生影响的系数值位于0.123至0.154之间，回归系数均显著，说明在不同的经济水平下，资本投入对于经济增长具有明显的促进作用，通过在10%分位点处边际影响水平为0.154，在90%分位点处边际影响水平为0.143可以看出，在经济发展的初期阶段，资本投入对于经济增长的促进作用明显，但随着经济发展水平的上升，资本投入带来的经济增长效应会逐渐减少。

产业转移回归系数值介于−0.001至0.007之间，回归系数值较小且显著性水平较低，说明产业转移对于中部地区经济增长的影响作用难以确切定论。对于劳动力流动变量来说，在10%分位点处边际影响水平为−0.031，且通过5%的显著性检验，其他分位点的回归系数显著性水平较低，将东中部的劳动力流动的经济增长效应比对之后发现：对于中部地区来说应该加速劳动力的流出，主要原因是中部地区劳动力严重过剩，增加了社会经济发展的压力，虽然东部地区同样劳动力过剩，但是以较高的产业发展水平为依托，东部地区能够充分吸收流入的劳动力。

表5—3　　　　　　　　　　中部地区样本回归结果

变量	分位点0.1	分位点0.25	分位点0.5	分位点0.75	分位点0.9	固定效应
lnL	0.152	0.222	0.260	0.255	0.317	0.467
	(3.22)**	(3.57)**	(3.73)**	(3.78)**	(4.76)**	(2.74)**
lnK	0.154	0.135	0.143	0.123	0.143	0.191
	(4.61)**	(2.38)**	(4.13)**	(3.93)**	(4.19)**	(10.23)**
lnCYZY	−0.001	0.007	0.002	0.006	0.007	0.005
	(−0.08)	(0.51)	(0.28)	(1.14)	(1.00)	(1.70)*
lnLDLLD	−0.031	−0.018	−0.007	−0.004	0.010	−0.001
	(−2.30)**	(−1.15)	(−0.78)	(−0.52)	(1.32)	(−0.27)
lnKZ1	0.121	0.143	0.101	0.122	0.085	0.015
	(1.39)	(1.27)	(1.25)	(2.60)**	(1.60)	(0.62)
lnKZ2	−0.054	−0.081	−0.002	0.069	0.002	0.026
	(−1.26)	(−1.07)	(−0.03)	(1.00)	(0.03)	(1.31)
C	−0.822	−0.038	0.428	0.572	1.08	1.871
	(−1.99)**	(−0.10)	(0.67)	(0.87)	(1.92)*	(1.51)

注：括号中为 t 统计量，$*p < 0.1$；$**p < 0.05$。

3. 西部地区的分析

从西部固定效应的回归结果来分析：从整体上来看，劳动力和资本的投入，基础设施水平和对外开放水平四个解释变量的回归系数较大，并且在5%的显著性水平下通过检验，说明这四个因素对于经济增长的促进作用较为明显。与全国以及东部地区、中部地区对比可以发现，基础设施水平的提高对于西部地区经济水平的提高具有比较明显的促进作用。

通过表5—4可以发现，当经济增长的条件分布产生了多位置移动的表现后，那些以产业转移为代表的相关解释变量，其回归系数呈现了相应的变化特征。对于劳动力投入变量，回归系数介于0.325与0.417之间，并且在不同的分位点的回归系数均通过了显著性检验，说明劳动力投入对于经济增长具有显著的促进作用，在10%分位点处边际影响水平为0.417，在90%分位点处边际影响水平为0.332，说明劳动力投入在经济发展初期对于西部地区经济增长具有明显的促进作用，随着经济水平的提高，劳动力投入的经济增长效应降低。对于资本投入变量，回归系数介于 0.210 与 0.268 之间，并且在不同分位点的回归系数均通过了显著性检验，说明劳动力投入对于经济增长具有显著的促进作用，整体上资本投入的弹性系数在条件分布中表现为倒 U 型特征，五个分位点 0.1、0.25、0.5、0.75、0.9 上的弹性系数计算结果分别为 0.216、0.242、0.268、0.245、0.210，在分位点 0.5 处达到最大值，说明西部地区资本投入对经济增长助推力的大小取决于分位点的位置，即应当根据不同的经济发展阶段有不同的对应结论。

对于产业转移变量，在 25% 分位点处边际影响水平为 0.045，在 50% 分位点处边际影响水平为 0.026，且在 25%、50% 分位点处回归系数均通过了显著性检验，在其他三个分位点处回归系数均未通过显著性检验，说明在经济发展水平较低时，产业转移对于西部地区经济增长具有明显的促进作用，并且通过与其他地区对比可以得知，产业转移在西部地区产生的增长效应均比东中部地区更为显著。劳动力流动变量的回归系数值较小，说明劳动力流动对于西部地区经济增长的影响作用较小，且回归系数的显著性水平也不高，仅在 10% 的分位点处回归系数显著。控制变量中的基础设施在 10% 分位点处边际影响水平为 0.107，且回归系数显著，说明在经济发展水平较低时基础设施建设水平的提高对于西部地区经济增长具有明显的促进作用。对外开放水平的回归系数值介于 0.011 与 0.221 之间，并且在 10% 分位点处边际影响水平为 0.221，在 75% 分位点处边际影响水平为 0.061，整体上呈下降趋势，说明对外开放水平的提高在经济发展初期对经济增长的助推作用更加明显，但是当经济发展水平达到特定阶段之后这种助推作用会降低。

表5—4　　　　　　　　西部地区样本回归结果

变量	分位点0.1	分位0.25	分位点0.5	分位0.75	分位点0.9	固定效应
lnL	0.417 (8.44)**	0.393 (10.42)**	0.353 (14.55)**	0.325 (25.89)**	0.332 (21.75)**	0.182 (2.61)**
lnK	0.216 (6.74)**	0.242 (9.08)**	0.268 (11.19)**	0.245 (9.96)**	0.210 (6.04)**	0.163 (12.99)**
lnCYZY	0.012 (0.81)	0.045 (3.35)**	0.026 (2.06)**	0.014 (1.14)	−0.0002 (−0.01)	−0.006 (−1.53)

续表

变量	分位点 0.1	分位 0.25	分位点 0.5	分位 0.75	分位点 0.9	固定效应
lnLDLLD	−0.018 (−2.43)**	−0.007 (−0.59)	0.012 (0.80)	0.006 (0.47)	−0.00003 (0.00)	0.003 (0.72)
lnKZ1	0.107 (2.33)**	0.058 (1.24)	0.041 (1.11)	0.025 (0.97)	0.060 (1.31)	0.117 (5.90)**
lnKZ2	0.221 (10.16)**	0.159 (4.12)**	0.078 (3.54)**	0.061 (1.73)*	0.011 (0.26)	−0.046 (−3.54)**
C	0.606 (1.83)*	0.554 (2.10)**	0.185 (0.74)	0.223 (1.16)	0.465 (1.69)*	−0.556 (−1.20)

注：括号中为 t 统计量，* $p < 0.1$；** $p < 0.05$。

第四节　小结

本章主要验证了产业转移对经济增长的影响，将衡量产业转移情况的产业转移相对规模系数作为解释变量引入柯布—道格拉斯生产函数，利用 Stata12.0 软件，以面板数据分位数回归方法作为分析基础，从而更加客观地评价不同条件分布时，不同区域产业转移对区域经济增长产生的影响。研究得出以下结论：

第一，从全国范围内来考量，在经济发展初级阶段时，推进产业转移能够有效促进经济发展，但随着经济发展水平的上升，产业转移带来的经济增长效应会逐渐减少；劳动力流动的经济增长效应在经济发展水平较高地区的作用无法确定，但是在经济水平相对不高的地区的作用却比较显著。全国各地区实施提高劳动力投入的政策措施在初期能够显著地促进经济增长，也表现出随着经济水平的提升，促进效果逐渐下降的态势，同时，不同分位点的系数差异也说明了经济发展水平在不同区域存在差异的情况下，劳动力投入的经济增长效应的差异性同样存在；随着经济水平的提高，资本投入带来的增长效应将越来越明显，资本投入带给发达地区经济增长的福利要大于落后地区。

第二，对于东中西部各个地区而言，将东部地区与全国样本进行对比分析，东部地区产业转移在经济增长的助推上更具效果，在经济发展的初期阶段，产业转移对于经济增长的促进作用明显，但随着经济发展水平的上升，产业转移带来的经济增长效应会逐渐减少，经济发展达到较高水平时，产业转移对于经济增长的促进作用难有定论；对于劳动力流动及劳动力投入变量来说，其对东部地区经济增长的影响作用处于变化之中，且在每个分位点对于经济增长的影响作用显著性不强；在一定阶段内随着经济水平的提高，资本投入带来的经济增长效应将越来越明显，资本投入带给发达地区经济增长的福利要大于落后地区。

第三，对于中部地区而言，产业转移对于中部地区经济增长的影响作用难以确切定论；将东中部地区的劳动力流动的经济增长效应比对之后发现，对于中部地区来说应该加速劳动力的流出，主要原因是中部地区劳动力严重过剩，增加了社会经济发展的压力，虽然东部地区同样劳动力过剩，但是以较高的产业发展水平为依托，东部地区可以大量吸收流入的劳动力；劳动力投入对于中部地区经济增长具有明显的促进作用，在一定阶段内随着经济水平的提高，劳动力投入越多，对经济增长的影响效应越大；在不同的经济水平下，资本投入对于经济增长也具有明显的促进作用，在经济发展的初期阶段，资本投入对于经济增长的促进作用明显，但随着经济发展水平的上升，资本投入带来的经济增长效应会逐渐减少。

第四，对于西部地区而言，在经济发展水平较低时，产业转移对于西部地区经济增长具有明显的促进作用，并且通过与其他地区对比可以得知，产业转移在西部地区产生的增长效应均比东中部地区更为显著；劳动力流动变量对于西部地区经济增长的影响作用较小；劳动力投入对于西部地区经济增长具有显著的促进作用，并且在经济发展初期对于经济增长的影响效果显著，但是经济水平达到特定阶段之后，影响效果会逐渐降低；对于资本投入变量，其对经济增长具有显著的促进作用，整体上资本投入的弹性系数随着条件分布的变动而呈现出倒 U 型特征，所以，西部地区资本投入对经济增长的助推力大小由分位点位置所决定，即应当根据不同的经济发展阶段有不同的对应结论；与全国以及东部地区、中部地区对比可以发现，基础设施水平的提高对于西部地区经济水平的提高具有比较明显的促进作用。

第六章

劳动力流动、产业转移对区域
产业集聚的影响

第一节　问题的提出及相关研究综述

一　劳动力流动对区域产业集聚影响的相关研究及述评

国外学者克鲁格曼（1991）在 C - P 模型中指出，劳动力是一种重要的要素，劳动力的流动将会扩大本地市场规模，同时本地市场有利于带动其他产业的集聚，而且，克鲁格曼着重说明了劳动力的流动在产业集聚方面起着十分重要的作用。埃里森和格莱杰（Ellison & Glaeser，1997）分析了美国产业集聚情况以及产业集聚的影响因素，如劳动力资源在产业集聚过程中发生的作用，运输成本的降低对产业集聚的影响，研究结果显示，在不同产业集聚过程中劳动力所发挥的影响作用最显著。普格（Puga，1999）也在追寻有哪些因素在产业集聚过程中发挥了重要的作用，结果表明，报酬递增在该过程中有重要的作用，同时劳动力流动在该过程中起着不可替代的作用。克洛泽（Crozet，2004）利用欧洲五国 20 世纪 80—90 年代的数据进行研究，发现劳动力流动对区域产业集聚有正向作用，劳动力存在明显的流向市场潜力高的地区的趋势。斯蒂芬（Stephan，2010）在劳动力对产业集聚的影响问题上，进行了更为细致的分析，将流动的劳动力按照不同的素质，分为了普通劳动力和高素质劳动力，并说明了不同类型劳动力流动对区域产业集聚的影响，结果显示，普通劳动力流动在产业集聚的过程中发挥着重要的作用，这种作用不可小觑，同时作者表明，高素质劳动力常常受到普通劳动力的鼓舞，这种鼓舞将进一步促进高素质劳动力的流动，并进一步对产业集聚产生有效影响。但国外学者克鲁格曼和维纳布尔斯（Krugman & Venables，1995）却对劳动力流动对产业集聚发挥的作用持不同的看法，认为产业集聚受到劳动力流动的影响并没有像许多文章说的那样明显。

国内学者范剑勇和王立军（2004）为了检验劳动力流动对产业集聚的影响，运用了大量的数据分析，发现劳动力流动只是在短期内可以强化产业集聚。张文武和梁琦（2011）为了分析劳动力在空间上的变化对产业集聚的作用大小，计算了相应年份的全国劳动力密集度，并用实证结果进行分析，发现劳动力要素在空间上的变化对集聚产生显著的影响。高云虹和符迪贤（2015）在中心—外围模型的基础上，引入异质性劳动力（将劳动力界定为是异质的，分为高技能劳动力和低技能劳动力），通过构建一般均衡模型，考察了高技能劳动力和低技能劳动力的流动对集聚的影响，结果发现：当交易成本处于比较低的水平时，高技能劳动力和低技能劳动力的流动均可促进产业集聚；当交易成本处于比较高的水平时，高技能劳动力和低技能劳动力并不会很快地对产业集聚产生影响，他们需要达到某一水平，才能逐渐促进产业集聚的产生。高云虹和符迪贤（2015）还采用我国省级面板数据进行实证检验，结论是：从全国来看，高技能劳动力和低技能劳动力流动均能够在工业集聚的过程中起到显著的正向影响；从西部地区来看，高技能劳动力和低技能劳动力都没有对工业集聚产生显著的影响；东部和中部地区拥有高技能的劳动力在产业集聚的过程中发挥着正向的促进作用，而拥有普通能力的劳动力在产业集聚的过程中对产业集聚是一种反向的影响。但国内学者林理升和王晔倩（2006）认为，我国劳动力流动与制造业集聚间的发展趋势并没有显著的同步性，也就是说制造业在某区域集聚，并没有吸引大量人口在该地集聚。

可见，国内外学者关于劳动力流动对区域产业集聚影响的研究颇多，但结论并不一致，以有显著影响占主导。主要原因则是由于劳动力流动的测度方法、产业集聚测度方法存在差别，以及构建模型的不同，导致结论不尽相同。

二　产业转移对区域产业集聚影响的相关研究及述评

国内外学者对于产业转移对区域产业集聚影响的研究相对较少。朱利安尼（Giuliani，2005）的研究表明：产业集聚的形成，伴随着大规模的产业转移，因为产业集聚有着很强的向心力，往往能吸引很多的企业进入，因而产业转移与产业集聚具有密切的关系。陈军和岳意定（2013）指出，产业转移将引起产业在空间上的集聚，集聚表现为一种有规可循的形式，但并没有指出产业转移是如何促使产业空间集聚的，只是直接说明了结果，缺乏相对应的机理分析。唐运舒和冯南平等（2014）分析了长江三角洲区域的产业转移和集聚问题，考察了相邻省份有关产业的转移对产业集聚的影响，研究发现相邻省份的产业转移规模对产业集聚度有着显著的作用，重视产业转移的承接将会有效地促进产业集聚。由此可知，国内外学者对于产业转移对区域产业集聚关系影响的研究较少，且以定性分析为主，由于数据的难以获得，统计较为困难，往往以定性描述为主，并且未能阐释产业转移是如何影响产业集聚的，机制分析相对缺乏。

总体而言，目前研究对产业集聚影响问题的诸多国内外学者，或者侧重研究劳动力流动对区域产业集聚的影响，以有显著影响占主导；或者侧重分析产业转移对区域产业集聚的影响，主要以定性分析为主，缺乏相应的机制分析；而同时考虑劳动力流动与产业转移两个影响因素，通过探讨劳动力流动和产业转移对区域产业集聚的联合作用效果的研究较为欠缺，且缺乏相应的理论机制分析。因此，还需对劳动力流动、产业转移对区域产业集聚的影响展开进一步研究。

三　劳动力流动与产业集聚的测度方法及述评

在实证分析劳动力流动、产业转移对区域产业集聚的影响之前，需要对我国劳动力流动、产业转移以及产业集聚的规模进行测度，分析劳动力流动、产业转移及产业集聚的特征及趋势，而测度方法将直接影响测度的结果。

（一）劳动力流动的测度方法及述评

对于我国劳动力流动规模的估计，学界有不同的标准，例如国务院发展研究中心、国家统计局、劳动和社会保障部等将之视为劳动力在城乡之间的迁移，并在 20 世纪 90 年代以来进行了大量的调研估计。综合目前现有的研究来看，学者们对劳动力流动规模的估计主要基于三种数据来源进行测算：以人口统计资料为基础数据；以人口普查资料为基础数据；以统计年鉴资料为基础数据。

胡荣才等（2011）就以研究期间各年的《中国分县市人口统计资料》为基础，将劳动力的流动分为流入和流出两个方向进行测算，将劳动力跨省迁入数减去迁出数作为劳动力迁移的替代变量。李晶和汤琼峰（2006）、王秀芝和尹继东（2007）等直接利用人口普查数据和人口抽样调查的数据对劳动力的跨省流动规模和特征进行了分析。郭东杰和王晓庆（2015）以第五、六次人口普查中的常住人口的变化量剔除自然增长后的人口数，乘上当地就业人口占总人口比重得到十年来省际流动劳动力数量。马颖和朱红艳（2007）利用第五次人口普查的横截面数据建立了包括各省（市、区）平均劳动报酬、农村流出人口数、城市流入人口数以及各省（市、区）就业增长率等变量在内的计量模型对劳动力流动的数量进行了测算。毕先萍（2009）首先将全部劳动力分为农业从业劳动力、传统正规劳动力、新兴正规劳动力和非正规劳动力，并将劳动力流动的范围界定为新兴正规劳动力和非正规劳动力。从历年的统计年鉴中查出农业从业劳动力和传统正规劳动力的数据，那么劳动力流动规模就等于全部从业人员剔除这两类的人数。姜建慧（2010）以统计年鉴的人口流动数据为基础，剔除各个地区的人口自然增长，再减去地区年初的人口数量，计算得出该地区的劳动力流出或流入情况。廖显浪（2012）的劳动力流动主要考虑农业劳动力向非农产业的流动，用非农就业人口占总就业人口的比重来衡量，等于第二、三产业就业人口数比总就业人口数。林理升和王晔倩（2006）在每个地区人口总变动中剔除了相对应的自然增长因素，计算了人口机械增长率即人口净变动来表示劳动力流动。

（二）产业集聚的测度方法及述评

集聚的测度方法，各有优缺点。不同的学者选取了不同的测度方法，如梁琦（2003）计算了中国工业的 24 个行业的基尼系数值，得出采掘业的基尼系数最大，但是，埃里森和格莱杰（Ellision & Glaeser，1997）指出基尼系数没有考虑到企业之间的差异；王子龙等（2006）以行业集中度 CRn 指标测度了一个地区制造业产品销售收入所占据的市场份额，同时他指出 CRn 存在着明显的缺陷：因选取主要企业数目不同将会导致不同的集中水平。对于 DO 指数，刘斯敖（2008）认为它可以评估具有随机性的差异而显现出来的显著性，但是由于 DO 指数的计算需要企业层面的数据，并且这种计算与企业间的距离有关，数据的不易得的性质，也导致该方法并不是很实用。而区位熵能够较形象地反映某个地区的产业集聚水平，因此，本书将运用区位熵测算制造业的集聚特征及趋势。

第二节　劳动力流动、产业转移对区域产业集聚影响的作用机制

一　劳动力流动对区域产业集聚的作用机制

新经济地理学中的"本地市场效应""生活成本效应""市场拥挤效应"，将可以用来阐释劳动力流动对区域产业集聚的作用机制，前两者是集聚的向心力，后者是集聚的离心力，劳动力流动对区域产业集聚的影响是"本地市场效应""生活成本效应""市场拥挤效应"三者"博弈"的结果。

（一）本地市场效应

劳动力的流动，常常会带动市场规模发生变化，一般会扩大市场规模，这种被扩大了的市场规模，会产生一种循环累计的效果，将会引起规模经济，规模经济又将进一步促进投资的增加，投资的增加将会带动基础设施等的完善，基础设施的完善将会减少运输成本和贸易成本等，于是越来越多的企业向该市场汇集，这样的现象常常称为"本地市场效应"。劳动力的流动，将增加市场的需求，因此，在利润的驱使下，企业将在有市场需求的地方集聚，于是，这将直接提高产业集聚的水平。

（二）生活成本效应

劳动力流动，也是为了生活成本的降低。劳动力往往流向拥有多样化消费产品和相对低廉价格的地区，从而可以降低劳动者的搜寻成本和时间成本，这意味着本地生活成本下降和实际工资水平的提高，即存在"生活成本效应"。劳动力的流动，对于企业来讲，也就意味着劳动力供

给的增加，这种增加的劳动力将直接提高企业的生产效率，加快企业生产的步伐，从而增加企业的总利润，这种效果将会吸引越来越多的企业集聚，于是将提高产业的集聚水平。

（三）市场拥挤效应

劳动力流动也会对产业集聚形成一种分散力，这就是"市场拥挤效应"。劳动力并未因为其流动对产业集聚形成影响，主要是其没能发挥劳动力的优势，反而冗余了很多不从事劳动的劳动者，从而没能促进市场需求，自然也就无法促进产业的集聚。另外，劳动力流动的频繁，从某种程度上来讲就是劳动力存在着不稳定性，如果从一个地区到另一个地区的流动过于频繁的话，这将使企业不愿在某地进行集聚，集聚水平也会较小。

二 产业转移对区域产业集聚的作用机制

产业转移通过吸纳效应和示范效应，引起产业规模和企业数的变化，从而影响了产业集聚。

（一）吸纳效应

产业转移将吸引配套企业的进一步转移，拓宽产业链，进而促进产业集聚。一旦出现产业转移，在巨大需求市场利益的驱使下，相关配套企业会紧接着转移，产业转移的这种"吸纳效应"拓宽了整个产业链，带动该产业的上下游企业的转移与发展，进而增加产业转移规模和企业数量，因此，这将直接提高产业的集聚水平。

产业转移将带动区域发展特色产业与优势产业，吸引外来投资建厂，从而提高了集聚水平。产业之所以转移，多是因为转出地生产成本的提高，于是选择转移至成本更低的区域，而承接地往往具有某方面的比较优势，如劳动力成本较低、接近原材料市场使得运输成本较低等，因此，通过产业的转移，进一步解决承接地劳动力的就业问题，积极发展区域的特色产业。并且，利用区域的优势，在积极承接产业转移的机遇下，努力发展优势产业，促进产业集聚水平的提高。

（二）示范效应

产业转移将带动同行业企业的进一步转移，因为先转移的企业促成该区域形成一定程度的集聚，将会产生外部规模经济，并将降低生产成本、交易成本，促进专业化分工，提高生产效率，创造良好的环境等。于是，同行业企业由于经济效益的驱使，也将跟着先转移的企业，随之转移至该地区，先转移的企业产生了一种"示范效应"，带动同行业企业形成集聚区，随着转移规模的不断扩大和转移的企业数量不断增多，这自然就提高了该地区的集聚水平，进而共享集聚带来的外部经济，提高该区域的经济发展水平。

三　劳动力流动、产业转移对区域产业集聚的联合作用机制

劳动力流动、产业转移在最大化利益和市场力量的共同驱使下，进而将会影响到产业集聚。

（一）最大化利益

劳动力流动和产业转移的微观经济主体分别是劳动力和企业，这两个经济主体是追求经济利益（效用、利润）最大化的。劳动力往往去工资水平较高的企业工作，这样不仅能够增加劳动者的收入，而且能为企业创造利润，自然而然，劳动力就会流向这些企业。企业是追求利润的，企业需要有能力的劳动力，企业也需要不断地降低生产成本、运输成本、交易成本等，所以常常在基础设施较好、有正外部性的区域进行集聚。在两个经济主体追求经济利益最大化的过程中，从而影响了产业集聚。

（二）市场力量

随着市场经济体制改革进程的深入，市场力量在劳动力流动、产业转移对区域产业集聚的影响机制中起着重要的作用。在市场力量的作用下，劳动力和产业进行转移，进行着资源的优化配置，发挥出劳动力的最大优势；产业也在不断地优化布局，到最有发展优势的地方，进行产业结构的调整和产业的升级，从而在一定程度上影响了产业集聚。

第三节　我国产业集聚及劳动力流动趋势特征

改革开放以来，中国制造业在高速发展的同时，在空间分布格局上发生了巨大变化，相当一部分制造业向东部沿海地区集中。然而近年来，随着地区间重复建设问题日趋严重，部分行业出现了严重的产能过剩，加之东部地区劳动力成本、土地租金不断上涨，这使得这些地区一些劳

动密集型行业、资本密集型行业以及少量技术密集型行业的比较优势逐渐丧失，出现了资源配置效率低下、产业效益损失等问题，并开始在一定程度上呈现向其他成本优势更明显的地区转移的态势。

中国制造业空间格局的变化，特别是制造业产业集聚在不同时间段内呈现出的变化特征与发展趋势，吸引了更多学者的关注。更多的研究主要集中于探讨产业集聚的测度，如梁琦（2003），王子龙、谭清美和许箫迪（2006）；集聚的形成机制，如马国霞、石敏俊和李娜（2007）；集聚的成因，如梁琦（2004）、贺灿飞和潘峰华（2011）；集聚的影响因素，如纪玉俊和王培顺（2012）；集聚的效应，如胡玫、刘春生和陈飞（2015），程中华（2015）以及产业集聚度的变化态势等。关于产业集聚的变化态势，由于不同学者选取了不同的测度方法，研究结论不尽相同（梁琦，2003；范剑勇，2004；潘文卿、刘庆，2012；罗胤晨、谷人旭，2014）。梁琦（2003）计算了中国工业的 24 个行业的基尼系数值，得出采掘业的基尼系数最大，但是，埃里森和格莱杰（Ellision & Glaeser，1997）指出基尼系数没有考虑到企业之间的差异；王子龙等（2006）以行业集中度 CR_n 指标测度了一个地区制造业产品销售收入所占据的市场份额，同时他指出 CR_n 存在着明显的缺陷：因选取主要企业数目不同将会导致不同的集中水平。

通过回顾现有文献发现，产业集聚度的测算方法根据是否需要进行地理行政区域的划分可以分为两类，第一种测算方法为基于单一地理尺度的测算方法，其主要包括行业集中度、区位熵、赫希曼—赫芬达尔指数、空间基尼系数、产业空间集聚指数（E-G 指数）；第二种方法为基于距离的测算方法，主要包括 M 函数和 DO 指数。对于 DO 指数，刘斯敖（2008）认为它可以评估具有随机性的差异而显现出来的显著性，但是由于 DO 指数的计算需要企业层面的数据，并且这种计算与企业间的距离有关，数据的不易得的性质，也导致该方法并不是很实用。

由于 E-G 指数考虑了企业的规模因素，满足产业集聚测度的前 3 个条件，同时 E-G 指数还区分了产业的随机集中与产业由于共享外部性而产生的集中，因此国内外大部分学者倾向于使用 E-G 指数来研究产业的空间集聚度，如王子龙等（2006）、孙康等（2014）、杨嵘和米娅（2016）等。考虑到 E-G 指数没有对 H（赫芬达尔指数）给出合理的解释，一些学者对 E－G 指数进行修正并用其测算产业集聚，如路江涌等（2006）、杨洪焦等（2008）、詹宇波等（2010）、文东伟和冼国明（2014）等。基于此，本章采用修正的 E－G 指数测算和分析中国不同要素密集型制造业各行业的集聚度的变化特点。而区位熵能够较形象地反映某个地区的产业集聚水平，因此，本章将运用区位熵测算和分析我国制造业的空间集聚特征及变动趋势。

一　不同要素密集型制造业集聚特征及变动趋势

考虑到中国制造业内部各行业存在较大的差异，有必要将制造业按要素密集度进行划分，以详细说明不同要素密集型制造业集聚趋势的差异。鉴于中国区域的差异性，尤其是基于经济发展的块状特征，为更好地反映区域间经济联系以及制造业集聚与转移的空间变化特征，本小节将以中国八大经济区域为空间体系，基于 20 个二位数制造业 2000—2014 年的省级面板数据，分析不同要素密集型制造业集聚的总体特征及变动趋势，考察不同要素密集制造业集聚空间分布变化的特点与区域产业转移的新态势。

（一）测度方法

本章采用修正的 E－G 指数来测算中国不同要素密集型制造业的集聚度。某一行业 E－G 指数的计算公式如下：

$$\beta = \frac{G_i - \left(1 - \sum_{j=1}^{m} q_j^2\right) H_i}{\left(1 - \sum_{j=1}^{m} q_j^2\right)(1 - H_i)} = \frac{\sum_{j=1}^{m} (q_j - p_{ij})^2 - \left(1 - \sum_{j=1}^{m} q_j^2\right) \sum_{k=1}^{n} z_k^2}{\left(1 - \sum_{j=1}^{m} q_j^2\right)(1 - H_i)}$$

$$(6\text{—}1)$$

其中，β 指 E－G 指数，m 为全国的区域数量，n 为该行业全国总企业数，i、j、k 分别表示产业 i、区域 j、企业 k。q_j 表示区域 j 所有行业总规模占整个经济体所有行业总规模的比重，p_{ij} 表示区域 j 产业 i 的规模占该产业全国总规模的比重，H 表示赫芬达尔指数，z_k 表示 i 产业中企业 k 的规模占该产业总规模的比重。

由于我国国有及规模以上非国有工业企业的详细数据没有公布，因此不能完全依据埃里森和格莱杰的方法计算赫芬达尔指数，需要对赫芬达尔指数的计算公式进行调整（杨洪焦、孙林岩、高杰，2008）。调整后的赫芬达尔指数计算公式为：

$$\sum_v X_{uv} \qquad (6—2)$$

其中，s_{ij}表示行业 i 在区域 j 中的企业数，$Output_{ij}$表示区域 j 产业 i 的总产值、$Output_i$表示产业 i 在全国的总产值。将式 6—2 代入式 6—1，即是修正的 $E-G$ 指数。

（二）不同要素密集型制造业分类

根据我国 2011 年制定的《国民经济行业分类与代码（GB/T 4754 – 2011）》方法，依据劳动、资本和技术三种生产要素在各产业中的相对密集度，本书将我国 20 个二位数制造业划分为劳动密集型、资本密集型和技术密集型，划分结果如表 6—1 所示。

表6—1　　　　　　　　20 个二位数制造业按要素密集度分类

劳动密集型	资本密集型	技术密集型
C13 农副食品加工业	C25 石油加工、炼焦和核燃料加工业	C26 化学原料和化学制品制造业
C14 食品制造业	C30 非金属矿物制品业	C27 医药制造业
C15 酒、饮料和精制茶制造业	C31 黑色金属冶炼和压延加工业	C28 化学纤维制造业
C16 烟草制品业	C32 有色金属冶炼和压延加工业	C36 交通运输设备制造业
C17 纺织业	C33 金属制品业	C38 电气机械和器材制造业
C23 造纸和纸制品业	C34 通用设备制造业	C39 计算机、通信和其他电子设备制造业
	C35 专用设备制造业	
	C40 仪器仪表制造业	

注：C36（交通运输设备制造业）是 C36（汽车制造业）与 C37（铁路、船舶、航空航天和其他运输设备制造业）的加总。

（三）数据说明

本章研究的原始数据来源于 2001—2015 年历年的《中国工业经济统

计年鉴》,《中国经济普查年鉴2004》和2013—2015 年《中国工业统计年鉴》。需要说明的是,由于2013—2015 年《中国工业统计年鉴》没有公布按地区分组的各行业的工业产值数据和企业单位数,数据处理时采用关爱萍和张宇(2015)的做法,将 2012 年、2013 年和 2014 年的工业总产值用工业销售产值代替;2012 年、2013 年和 2014 年的企业单位数来自于"Wind 资讯金融终端2015"的经济数据库,该数据库的最终数据来源于国家统计局。

(四)不同要素密集型制造业集聚的总体特征及变动趋势

运用修正的 E–G 指数,分别计算出 2000—2014 年劳动密集型、资本密集型和技术密集型制造业的集聚度,图6—1 显示了该集聚趋势。

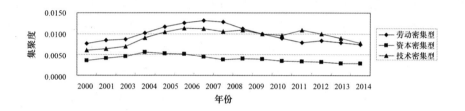

图6—1　2000—2014 年不同要素密集型制造业集聚的变动趋势

(1)我国劳动、资本和技术要素密集型制造业都属于低度集聚行业。按照 Ellision 和 Glaeser(1997)对产业集聚度的划分标准:第一类是 $\sum_u \sum_v X_{uv} \geq 0.05$ 的高度集聚行业;第二类是 $0.02 \leq \beta < 0.05$ 的中度集聚行业;第三类是 $\beta < 0.02$ 的低度集聚行业。总体来看,2000—2014 年资本密集型制造业的集聚度始终低于劳动、技术密集型制造业的集聚度,三类密集型制造业尚处于低度集聚行业(见图6—1)。

(2)不同要素密集型制造业集聚的变动趋势具有较为明显的阶段性特征。2000—2009 年,劳动密集型制造业的集聚度始终高于技术密集型制造业的集聚度,而在 2010—2014 年则正好相反。截至 2014 年,技术密集型制造业集聚度最高,合理的解释是因为技术密集型制造业有较强的规模经济效应,再加上国家对技术型产业的支持,使得其集聚度高于劳动和资本密集型制造业的集聚度。

（3）劳动、资本密集型制造业的集聚度大致呈现先上升后下降的趋势，前者的峰值出现在 2006 年，后者的峰值则出现在 2003 年，劳动密集型制造业、资本密集型制造业集聚的变动趋势大致呈现出"倒 U 型"曲线特征。技术密集型制造业集聚的变动趋势则显得较为复杂：技术密集型制造业的集聚度在 2000—2005 年持续上升，并在 2005 年达到第一个顶峰，2006—2010 年持续下降，2011 年猛增并达到第二个顶峰，且第二个顶峰的集聚度低于第一个顶峰的集聚度，而在 2012—2014 年，技术密集型制造业的集聚度又持续下降，其变动趋势大致呈现出"M 型"曲线特征。根据克鲁格曼（Krugman，1991）的新经济地理学理论，经济活动集聚或者扩散来自向心力和离心力两种力量。2000—2014 年期间，我国劳动、资本密集型制造业先是向心力大于离心力，后是向心力小于离心力，所以大致呈现"倒 U 型"曲线特征；而技术密集型制造业由于向心力和离心力的相互"博弈"，致使其变动趋势大致呈现"M 型"曲线特征。

（五）不同要素密集型制造业集聚的空间特征及变动趋势

由于我国制造业发展具有地域性差异，所以不同要素密集型制造业集聚还具有不同的空间特征及变动趋势，分别如图 6—2、图 6—3 和图 6—4所示。

1. 劳动密集型制造业集聚的空间特征及变动趋势

首先，劳动密集型制造业集聚度高的区域分布在北部沿海、南部沿海和东部沿海，对于西北和西南区域则较低。劳动密集型制造业集聚度最高的区域是北部沿海区域，这依赖于北部沿海区域较为丰富的劳动力，以及位于京津的大后方，具有先天的承接区位优势。由此可见，劳动密集型制造业的空间集聚受到经济发展条件和区位的影响。

其次，如图 6—2 所示，2000—2014 年北部沿海区域和南部沿海区域的劳动密集型制造业的集聚度呈现先上升后下降的趋势，且峰值分别出现在 2006 年和 2007 年，大致呈现出"倒 U 型"曲线特征。从图中可以看出，北部沿海区域和南部沿海区域是我国劳动密集型制造业的前两大集聚区，东部沿海区域和中部区域位居第三大和第四大集聚区，我国劳动密集型制造业仍然主要集聚在沿海地区，但中部区域出现了劳动密集型制造业集聚的趋势。2000—2014 年东北区域、京津区域、西北区域、西南区域劳动密集型制造业的集聚度一直较低，并且呈现十分稳定的态势，表明该四大区域是我国劳动密集型制造业的非主要集聚区。

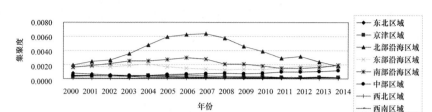

图 6—2　2000—2014 年劳动密集型制造业集聚的空间特征及变动趋势

2. 资本密集型制造业集聚的空间特征及变动趋势

首先，资本密集型制造业集聚高的区域分布在南部沿海区域和东北区域，西北和西南区域仍较低。资本密集型制造业集聚最高的是南部沿海区域，这得益于南部沿海区域较好的投资环境、完善的基础设施等，东北区域集聚度较高的原因则是其良好的工业基础。

其次，如图 6—3 所示，2000—2014 年南部沿海区域资本密集型制造业集聚度呈现出"倒 U 型"曲线特征，而东北区域呈现出不断下降的趋势，北部沿海区域则呈现出波浪式变化。总体来看，南部沿海区域、东北区域和北部沿海区域是我国资本密集型制造业的前三大集聚区，其他五大区域是非主要集聚区，我国资本密集型制造业集聚存在着空间差异性。

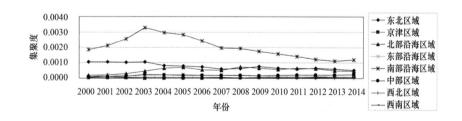

图 6—3　2000—2014 年资本密集型制造业集聚的空间特征及变动趋势

3. 技术密集型制造业集聚的空间特征及变动趋势

首先，技术密集型制造业集聚区主要分布在东部沿海区域和南部沿海区域，该区域具有发达的经济基础，拥有技术密集型制造业需要的科研技术人员、良好的科研团队和科研环境，这是技术密集型制造业在该区域集聚的关键因素。由此可见，我国南部沿海区域和东部沿海区域对技术密集型制造业空间集聚具有较强的吸引力，是我国技术密集型制造业的两大主要集聚区。

其次，如图 6—4 所示，2000—2014 年南部沿海区域和东部沿海区域技术密集型制造业集聚度大致都呈现出先上升后下降的趋势，前者的峰值出现在 2005 年，后者的峰值出现在 2011 年，均呈现出"倒 U 型"曲线特征。从图中我们还发现，两大主要集聚区技术密集型制造业的集聚度呈现出阶段性变化特点，在 2000—2010 年，南部沿海区域技术密集型制造业集聚度始终高于东部沿海区域技术密集型制造业集聚度，2010 年之后则正好相反，这说明 2010—2014 年，东部沿海区域是我国技术密集型制造业集聚的主要区域。另外，北部沿海区域和中部区域分别是我国技术密集型制造业的第三大和第四大集聚区，其他四大区域是我国技术密集型制造业的非主要集聚区，西北区域和西南区域技术密集型制造业的集聚程度弱于中部区域，这与中国区域经济发展状况相符。

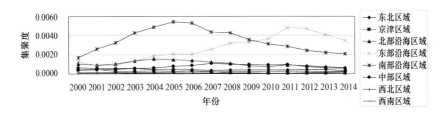

图 6—4　2000—2014 年技术密集型制造业集聚的空间特征及变动趋势

（六）不同要素密集型制造业集聚与转移的态势

产业集聚和产业转移天生是一对孪生兄弟，产业集聚到一定程度后会形成拥挤成本，引起产业转移（张公嵬，2010）。为进一步了解中国不同要素密集型制造业在研究时限内集聚的变化及产业转移的态势，本节借鉴贺曲夫和刘友金（2012）测算产业转移的思路和方法对我国不同要素密集型制造业产业转移规模进行测度，具体方法如下：假设某区域某产业比重变化完全因为产业转移引起，而不存在生产扩大或压缩的情况，计算各区域相应产业产值占全国该产业产值的比重，通过产业比重的变化来测度某区域产业转移相对变化情况，如果某区域某产业的产业比重在不同年份发生增加（或减少），即表示在此期间该区域该产业存在产业转入（或转出）。

本节计算了2000—2014年我国八大区域不同要素密集型制造业的产业比重，其变化趋势如图6—5、图6—6、图6—7所示，经过对比分析发现，2004年大致为劳动、资本、技术要素密集型制造业集聚与转移的拐点。限于篇幅，文中只列出了2000年、2004年、2014年产业比重值，如表6—2所示。

表6—2　　　　　我国八大区域不同要素密集型制造业

产业比重变化及产业转移状况

区域	时间	劳动密集型	资本密集型	技术密集型	区域	时间	劳动密集型	资本密集型	技术密集型
东北区域	2000	5.63%	11.22%	8.85%	南部沿海区域	2000	14.12%	12.68%	21.92%
	2004	5.22%	9.37%	6.70%		2004	13.88%	11.72%	25.16%
	2014	9.11%	8.63%	6.49%		2014	11.30%	10.26%	17.71%
	趋势	－ +	↓	↓		趋势	↓	↓	+ －
京津区域	2000	3.48%	6.16%	8.96%	中部区域	2000	16.91%	16.29%	10.58%
	2004	2.71%	5.64%	8.17%		2004	13.79%	15.63%	8.43%
	2014	2.29%	3.83%	4.83%		2014	24.65%	22.46%	16.56%
	趋势	↓	↓	↓		趋势	－ +	－ +	－ +
北部沿海区域	2000	18.38%	15.06%	9.38%	西北区域	2000	3.99%	5.37%	2.73%
	2004	22.17%	17.66%	9.95%		2004	4.07%	5.46%	1.96%
	2014	20.65%	19.87%	13.64%		2014	4.92%	6.51%	2.67%
	趋势	+ －	↑	↑		趋势	↑	↑	－ +
东部沿海区域	2000	27.72%	27.03%	31.14%	西南区域	2000	9.78%	6.18%	6.45%
	2004	29.78%	28.51%	34.19%		2004	8.37%	6.00%	5.43%
	2014	16.62%	20.50%	29.51%		2014	10.47%	7.94%	8.59%
	趋势	+ －	+ －	+ －		趋势	－ +	－ +	－ +

注：（1）表2中的劳动、资本、技术密集型与表1中一致。（2）符号↑（↓）表示2000—2004年、2004—2014年两个阶段中，相应区域的相应产业持续存在产业转入（转出）；符号＋、－则表示在上述两个阶段相应区域的相应产业存在产业的转入、转出。

1. 劳动密集型制造业在东部沿海区域和南部沿海区域转移现象明显

2004 年，劳动密集型制造业主要分布在东部沿海区域（产业比重为29.78%）、北部沿海区域（产业比重为22.17%）、南部沿海区域（产业比重为13.88%），这与前文分析的我国劳动密集型制造业集聚的空间分布基本一致。2004 年之后，劳动密集型制造业逐渐大幅度向中部区域（承接10.86%）和西南区域（承接2.1%）转移，2004 年大致是劳动密集型制造业集聚与转移的拐点。如图6—5 所示，2004—2014 年，劳动密集型产业在东部沿海区域、南部沿海区域和京津区域总体上呈现出扩散与转移的趋势，而在中部区域、东北区域、北部沿海区域、西北区域和西南区域则呈现出集聚的趋势，这五大区域是劳动密集型制造业转移的主要承接区域。其中，东部沿海区域的转出力度最大，达到11.1%，次之则是南部沿海区域，为2.82%，中部区域的承接力度最大，达到7.74%，这体现了东南沿海地区劳动密集型制造业向中部区域转移的趋势。因此，从2004 年开始，我国劳动密集型制造业产业集聚的"中心—外围"空间结构发生改变，劳动密集型制造业开始由东部沿海区域、南部沿海向中部区域、西南区域扩散。

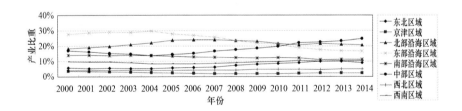

图6—5　2000—2014 年劳动密集型制造业产业比重变化

2. 资本密集型制造业在中部区域承接能力较强

2004 年，资本密集型制造业主要分布在东部沿海区域（产业比重为28.51%）、北部沿海区域（产业比重为17.66%），2004 年之后逐渐向中部区域（承接6.83%）和西南区域（承接1.94%）转移，2004 年大致成为资本密集型制造业集聚与转移的拐点。东部沿海区域、东北区域、南部沿海区域和京津区域是资本密集型制造业主要转出地，而中部区域、北部沿海区域、西南区域和西北区域成为主要承接地。如图6—6所示，2004—2014年东部沿海区域的转出力度最大（6.53%），而中部区域的承接力度最大（6.17%），西南区域的承接力度次之（1.76%），西北区域的承接力度最小（1.14%），这说明中部区域对资本密集型制造业的承接能力强于西北区域和西南区域，同时反映了资本密集型制造业的承接受经济发展水平、投资环境和基础设施水平的影响。

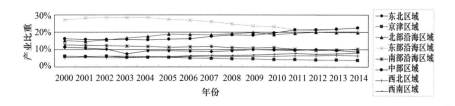

图6—6　2000—2014年资本密集型制造业产业比重变化

3. 技术密集型制造业在八大区域转移现象突出

2004年，技术密集型制造业主要分布在东部沿海区域（产业比重为34.19%）、南部沿海区域（产业比重为25.16%），2004之后逐渐向中部区域（承接8.13%）和西南区域（承接3.16%）转移。如图6—7所示，2000—2004年，技术密集型制造业向东部沿海区域和南部沿海区域集聚，2004—2014年，东部沿海区域、南部沿海区域、京津区域和东北区域技术密集型制造业向外扩散，其中转出力度最大的是南部沿海区域（4.21%），京津区域次之（4.13%），而中部区域、北部沿海区域和西南区域成为技术密集型制造业主要承接地，承接力度最大的是中部区域（5.98%）。由于承接东部沿海区域和南部沿海区域技术密集型制造业的转移，中部区域一跃成为我国技术密集型制造业的第四大集聚区，这将促进中部区域发挥技术密集型制造业集聚的规模效应。

二　我国制造业集聚的空间特征及变动趋势

我国制造业的区域分布不同，在空间格局上也表现出不同的集中程度。本小节运用区位熵方法进一步测度我国各省（市、区）制造业集聚度，揭示制造业集聚的空间特征及变动趋势。区位熵（LQ）的计算公

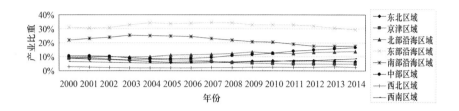

图6—7　2000—2014年技术密集型制造业产业比重变化

式为：

$$LQ = \frac{X_{uv} \Big/ \sum_{u} X_{uv}}{\sum_{v} X_{uv} \Big/ \sum_{u} \sum_{v} X_{uv}} \tag{6—3}$$

在公式6—3中，X_{uv}指的是u产业在区域v的产出，$\sum_{u} X_{uv}$指的是区域v所有产业的产出，$\sum_{v} X_{uv}$指的是u产业在全国所有区域的产业，$\sum_{u} \sum_{v} X_{uv}$指的是全国所有区域所有行业的产出。通常情况下，LQ的大小和集聚水平的大小具有一致性，也就是说，LQ较大则集聚水平较大。LQ通常和1进行比较。$LQ > 1$，表明该产业在该区域具有比较优势，产业的区域集聚程度较高；$LQ < 1$，表明该产业在该区域产业集聚的水平相对较低。

经测算，2000—2014年我国30个省（市、区）的区位熵如表6—3所示。

分析表6—3区位熵结果，发现我国制造业集聚的空间特征及趋势：

（1）2000—2014年我国制造业主要集聚在经济相对发达的省（自治区、直辖市）。2000—2014年我国制造业始终集聚在天津、辽宁、吉林、上海、江苏、湖北、湖南、广西、重庆。由于2000—2014年上述9省（自治区、直辖市）的区位熵始终大于1，表明制造业在这些地区比较优势明显，产业的地区集中程度较高，相对于全国水平来说处于比较优势。

（2）2000—2014年相对欠发达的省（自治区、直辖市）不是我国制造业的主要集聚地。在2000—2014年，我国制造业在山西、内蒙古、黑龙江、福建、贵州、陕西、青海、宁夏、新疆集聚程度始终较低。由于在2000—2014年上述9省（区）的区位熵始终小于1，表明制造业在这些区域产业集聚水平相对较低，这些区域的制造业并不具有比较优势。

表6—3　　　　　　2000—2014年中国30个省（市、区）制造业的区位熵

年份\地区	2000	2001	2002	2003	2004	2005	2006	2007	2008	2009	2010	2011	2012	2013	2014
北京	1.16	1.14	1.14	1.12	1.07	1.09	1.06	1.04	1.01	0.98	0.93	0.91	0.86	0.85	0.86
天津	1.05	1.05	1.05	1.05	1.06	1.05	1.06	1.07	1.05	1.04	1.00	1.00	1.02	1.02	1.00
河北	0.99	0.99	0.99	0.97	0.98	0.98	0.98	0.99	1.00	0.99	0.98	0.98	0.98	0.97	0.97
山西	0.85	0.81	0.80	0.85	0.81	0.77	0.76	0.77	0.72	0.66	0.65	0.63	0.60	0.62	0.64
内蒙古	0.87	0.87	0.88	0.84	0.90	0.87	0.84	0.82	0.80	0.80	0.76	0.71	0.70	0.73	0.71
辽宁	1.02	1.03	1.03	1.05	1.03	1.03	1.03	1.03	1.03	1.04	1.05	1.04	1.04	1.04	1.04
吉林	1.08	1.10	1.11	1.13	1.06	1.05	1.04	1.04	1.02	1.05	1.06	1.05	1.06	1.07	1.06
黑龙江	0.62	0.65	0.66	0.63	0.70	0.67	0.67	0.70	0.71	0.80	0.79	0.78	0.79	0.82	0.82
上海	1.10	1.10	1.09	1.12	1.11	1.12	1.12	1.12	1.11	1.10	1.11	1.12	1.11	1.13	1.12
江苏	1.09	1.08	1.07	1.10	1.10	1.10	1.10	1.10	1.11	1.11	1.12	1.13	1.12	1.11	1.11
浙江	0.99	0.97	0.97	0.97	0.96	0.96	0.97	0.97	0.98	0.98	0.98	1.00	0.99	0.98	0.97
安徽	1.02	0.99	0.98	0.97	0.98	0.97	0.99	1.00	0.96	0.96	0.97	0.98	0.97	0.96	0.99
福建	0.90	0.88	0.89	0.88	0.90	0.89	0.88	0.87	0.86	0.85	0.87	0.87	0.87	0.87	0.87
江西	1.06	1.05	1.00	1.03	0.98	0.99	1.00	1.02	1.04	1.02	1.03	1.05	1.03	1.02	1.01
山东	0.99	0.99	0.99	0.98	0.99	1.02	1.02	1.02	1.03	1.04	1.04	1.03	1.05	1.04	1.04
河南	0.95	0.95	0.93	0.89	0.92	0.91	0.91	0.90	0.95	0.94	0.95	0.97	0.98	0.99	1.00
湖北	1.08	1.08	1.08	1.05	1.03	1.05	1.04	1.04	1.06	1.05	1.07	1.08	1.08	1.09	1.08

续表

年份 地区	2000	2001	2002	2003	2004	2005	2006	2007	2008	2009	2010	2011	2012	2013	2014
湖南	1.08	1.05	1.05	1.04	1.04	1.03	1.01	1.01	1.03	1.02	1.03	1.03	1.04	1.04	1.05
广东	0.95	0.97	0.98	0.99	0.99	1.00	1.00	1.00	0.99	0.99	0.99	0.99	0.98	0.98	0.97
广西	1.05	1.06	1.08	1.08	1.05	1.04	1.04	1.02	1.02	1.02	1.02	1.03	1.03	1.03	1.02
海南	1.01	1.03	1.02	0.92	0.99	0.97	1.04	1.10	1.08	1.09	1.09	1.10	1.09	1.07	1.09
重庆	1.09	1.10	1.10	1.16	1.11	1.11	1.11	1.10	1.08	1.08	1.07	1.08	1.10	1.09	1.10
四川	1.08	1.06	1.06	0.96	1.00	1.02	1.01	1.00	0.99	0.99	0.98	0.99	0.99	1.01	1.02
贵州	0.97	0.94	0.94	0.88	0.82	0.84	0.79	0.80	0.78	0.75	0.73	0.74	0.73	0.74	0.76
云南	1.07	1.06	1.06	1.04	1.03	1.03	1.02	1.02	1.01	0.99	0.97	0.98	0.96	0.93	0.94
陕西	0.91	0.89	0.89	0.86	0.82	0.81	0.84	0.85	0.82	0.84	0.84	0.83	0.81	0.83	0.84
甘肃	0.93	0.92	0.86	0.92	0.98	1.00	1.01	1.01	1.00	0.99	0.98	0.96	0.94	0.95	0.95
青海	0.68	0.66	0.69	0.69	0.62	0.63	0.66	0.69	0.75	0.79	0.73	0.80	0.78	0.79	0.84
宁夏	0.83	0.84	0.92	0.86	0.86	0.85	0.86	0.87	0.86	0.87	0.86	0.79	0.82	0.83	0.81
新疆	0.66	0.77	0.78	0.71	0.71	0.66	0.64	0.69	0.70	0.79	0.83	0.81	0.80	0.82	0.81

（3）2000—2014 年一些省（自治区、直辖市）的集聚水平发生变化。2000—2014 年北京、天津、浙江、广东等制造业集聚水平呈现下降趋势，与此同时，山东、河南、青海、新疆等的制造业集聚水平呈现上升趋势。

（4）2014 年我国制造业仍集聚在相对发达的省（自治区、直辖市）。截至 2014 年，我国制造业主要集聚在天津、辽宁、吉林、上海、江苏、江西、山东、河南、湖北、湖南、广西、海南、重庆、四川。在 2014 年，由于这些省（自治区、直辖市）的区位熵大于 1，较全国水平来说处于比较优势，基本符合中国经济发展状况。

（5）我国制造业的空间布局逐渐发生变化。2000—2006 年我国制造业主要集聚在北京、天津、辽宁、吉林、上海、江苏、湖北、湖南、广西、重庆、四川、云南，正如上面所述，此 12 省（自治区、直辖市）的区位熵均大于 1，集聚程度高于全国平均水平。在 2007—2014 年，我国制造业主要集聚在天津、辽宁、吉林、上海、江苏、江西、山东、湖北、湖南、广西、海南、重庆 12 省（自治区、直辖市），北京、四川、云南制造业的集聚程度在下降，而江西、山东、海南制造业的集聚水平在上升。

三　我国劳动力流动的趋势与特征

关于劳动力流动规模的测度问题，国内学者进行了大量的研究。由于计算方法的不同，不同学者对劳动力流动规模的估算结果存在差异。目前，不同学者对劳动力流动规模的估计主要基于三种数据来源进行测算：以人口统计资料为基础数据；以人口普查资料为基础数据；以统计年鉴资料为基础数据。考虑到人口统计资料与人口普查资料数据的非连续性，本节基于统计年鉴资料数据的基础上，同时选取了两种不同的测度方法对劳动力流动的规模进行估算以保证数据的有效性。

第一种方法基于廖显浪（2012）的测度方法，主要考虑农业劳动力向非农产业的流动，用非农就业人口占全部就业人口的比重来衡量，即第二、三产业就业人口与全部就业人口的比值。

第二种方法参考林理升等（2006）的做法，从每个区域人口总变动中剔除相应的自然增长所导致的人口变化，从而得到人口的净变动规模，并在人口净变动规模中剔除小于 15 周岁和大于 65 周岁的非劳动人口，得到劳动力净流动规模的估算值［根据"六普"数据，假定流动人口中的

90%是适龄劳动力（段平忠，2013），在人口净变动规模的基础上乘以90%作为劳动力净流动的估算值]。因此，地区 j 在（t，T）时期内的劳动力净变动率为 LMI_j（t，T），则：

$$LMI_j(t,T) = \frac{\left[P_{jT} - P_{jt} \prod_t^T (1 + N_{jt})\right] * 90\%}{P_{it}} \qquad (6-4)$$

其中，N_{jt} 为 j 地区 t 年的人口自然增长率，P_iT、P_{it} 分别为 j 地区 T 年和 t 年的人口数。所有原始数据均来自 2002—2016 年的《中国统计年鉴》以及各省市的《统计年鉴》。

我国八大区域劳动力流动的趋势与特征：

从历年的统计年鉴数据中找到各个省（自治区、直辖市）的全部从业人口以及第二、第三产业从业人口数，再加总各大区域的省（自治区、直辖市）数据，求出各年各区域的劳动力流动情况。这一方法是存在偏差的，因为并不是所有的非农就业人口都是流动劳动力，大量的非农就业人口是本地劳动力，这大大高估了劳动力流动的规模。然而中国劳动力出现跨区域的流动，大部分都是流向第二、第三产业，因此第二、第三产业就业人口数的增减能够合理解释劳动力流动的相对趋势。从 2012 年以后，统计年鉴数据删除了各省（自治区、直辖市）三次产业的就业人口数，但这并不影响对劳动力流动趋势和特征的总体判断。八大区域劳动力流动规模测算结果及变化趋势如图 6—8 所示。

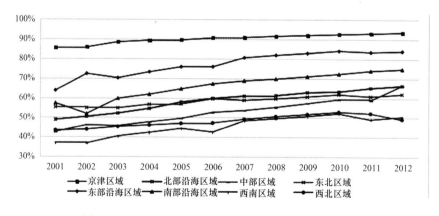

图 6—8 2001—2012 年中国八大区域劳动力流动规模

21 世纪初，沿海地区借助地理优势快速发展，经济往来频繁，吸引了大量劳动力的流入。从图 6—8 中可以看到，经济较为发达的京津区域、东部沿海区域以及南部沿海区域的第二、第三产业就业人数占总就业人数的比重较大，也就是说这三大区域的劳动力流动较频繁，劳动力流动规模较大。并且从曲线的增长趋势可以看出，这三大区域劳动力流动的增长趋势逐渐放缓。而经济相对落后的西南区域、西北区域和中部区域的第二、第三产业就业人数占总就业人数的比重相对较小，说明这些区域的劳动力流动规模较小。随着中西部地区经济的快速发展，逐步缩小了与发达地区的差距，使得流入中西部地区的劳动力规模增加，流入东部发达地区的劳动力规模相对缩小。

从每个区域人口总变动中剔除相应的自然增长所导致的人口变化，可得到人口的净变动规模，再乘以 90%，可得到劳动力净流动规模的估算值。结果如表 6—4 所示。

表 6—4 　　　 **2001—2015 年中国八大区域劳动力流动规模** 　　单位：万人

区域 年份	京津区域	北部沿海区域	中部区域	东北区域	东部沿海区域	南部沿海区域	西南区域	西北区域
2001	19.099	− 5.492	− 17.104	− 18.219	94.306	23.850	− 238.630	− 19.579
2002	34.421	− 0.433	− 34.041	− 7.532	94.519	37.388	− 89.678	− 13.650
2003	30.833	0.104	− 24.046	− 8.934	137.411	49.233	5.295	− 12.917
2004	45.310	14.809	19.448	− 2.342	156.116	71.319	− 122.711	− 8.638
2005	55.424	13.864	− 853.110	− 1.397	130.225	17.678	− 341.603	8.547
2006	82.649	11.125	− 127.922	34.853	161.425	171.714	− 101.025	0.188
2007	100.093	7.943	− 135.360	12.505	184.267	139.819	− 127.191	4.652
2008	133.214	3.320	− 14.688	− 0.830	111.750	152.353	− 48.620	− 3.534
2009	119.131	3.861	− 47.050	13.790	120.108	154.505	− 43.220	− 10.536
2010	146.967	161.152	− 94.302	27.508	245.350	215.087	− 461.433	− 7.212
2011	93.239	− 4.203	− 100.614	− 4.776	33.524	− 3.727	− 26.463	− 13.752
2012	86.847	− 1.094	− 60.876	1.425	18.684	28.756	12.134	− 2.553
2013	82.329	− 1.885	− 47.689	− 1.033	18.365	− 21.377	14.550	− 7.180
2014	62.385	11.694	− 35.651	− 3.366	− 8.516	22.306	2.472	0.340
2015	31.824	− 22.194	6.291	− 31.257	− 16.650	57.837	54.747	− 29.082

由表6—4的数据可以发现，京津区域、东部沿海区域和南部沿海区域的劳动力流入情况大致呈先上升后下降的趋势，并且流入高峰期大致都在2005—2010年。在2010年之后这三大区域均出现了不同程度的下降。虽然京津区域一直处于劳动力流入状态，但是流入大幅度减少，从2010年最高的流入为146.967万人，下降到了2015年的31.824万人。东部沿海区域和南部沿海区域则在2010年以后均出现了劳动力负流入现象，即劳动力流出。中部区域的劳动力流出情况最为严重，其次为西南区域和西北区域。这不难理解，这些区域处于我国的内陆地区，人口众多且资本集聚程度和技术发展水平低于沿海区域，经济发展水平较为落后，因此大量劳动力不断流向沿海区域。而随着时间推移，这些区域的劳动力流出情况逐渐缓和，甚至出现了少量劳动力流入现象。这主要是因为我国政府为了拉动欠发达地区经济发展，相继实施了西部大开发、东北振兴、中部崛起等战略，吸引了大量的劳动力回流及流入。

通过对2001—2015年我国劳动力流动规模的实际测度与分析，发现我国劳动力流动方向主要由经济欠发达的中西部内陆区域流向经济发达的东部沿海区域，劳动力流入省份主要为北京、天津、上海、江苏、浙江、广东等，劳动力流出省份主要集中在河南、黑龙江、安徽、湖北、广西、四川、贵州、云南、甘肃、青海等。近几年来，一直被认为是劳动力输入大省的江苏、浙江、广东等地的流动劳动力均出现了负流入，同时，北京、上海这些传统的劳动力流入地区的流入人口也在2010—2015年期间出现了大幅度下降。而河南、陕西、安徽、湖北、广西、四川、贵州、甘肃、青海等地的流出劳动力出现了不同程度的减少，说明随着中部和西北地区的经济发展，对劳动力的就地就业起到了一定的带动作用，劳动力具有回流的趋势。

劳动力的净变动率如图6—9所示。从劳动力的净变动情况来看，劳动力主要的流动趋势是由北部沿海区域、中部区域、西南区域、西北区域向京津区域、东部沿海区域、南部沿海区域流动。西南区域和中部区域的劳动力净变动由负转正，说明该区域的劳动力流出量逐渐减少，并出现少量的流入现象。京津区域和南部沿海区域的劳动力流入呈现先上升后下降的趋势，东部沿海区域则呈波动下降趋势，由2001年的4.20%下降到了2015年的 - 0.67%。这说明这些地区对劳动力的吸引力下降，流入的劳动力逐渐减少。北部沿海区域、东北区域和西北区域这三大区域的净变动幅度较小，大致都徘徊在 0 左右，即这三大区域的劳动力流出和流入大致持平。

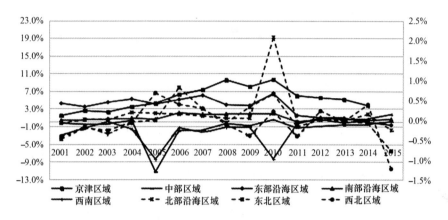

图6—9　2001—2015年中国八大区域劳动力流动变化

注：实线看左轴，虚线看右轴。

总体而言，在 2001—2015 年这段时间内，劳动力主要由经济不发达的内陆区域向经济发达的沿海区域流动，并且流动规模呈现先扩大后缩小的趋势。

第四节　劳动力流动、产业转移对区域产业集聚影响的实证分析

一　模型构建、指标说明与数据来源

（一）模型构建

劳动力流动通过本地市场效应、生活成本效应、市场拥挤效应对产业集聚产生影响；产业转移通过吸纳效应、示范效应对产业集聚产生影响；劳动力流动和产业转移的联合作用通过最大化利益和市场力量对产业集聚产生影响。同时，考虑到前期的集聚水平对当期的集聚水平会产生影响，因此本节采用动态面板数据模型，从实证层面考量劳动力要素流动、产业转移对区域制造业集聚的影响。具体是利用 2000—2014 年全

国 30 个省（市、区）的面板数据，设定包含劳动力流动、产业转移变量以及其他控制变量在内的动态面板数据模型，采用两阶段差分 GMM 模型和两阶段系统 GMM 方法考察劳动力流动、产业转移及其他控制变量对地区产业集聚水平的影响，实证检验地区产业集聚水平与其影响因素之间的经济关系。本节将选取对外开放度（$Open$）、市场需求（$Demand$）、基础设施（$Infra$）、制造业企业数量比重（$Firm$）作为控制变量，构建的动态面板数据模型如下：

$$Agg_{it} = \alpha_0 + \alpha_1 Agg_{it-1} + \alpha_2 Labor_{it} + \alpha_3 Trans_{it} + \alpha_4 Labor\&Trans_{it} +$$
$$\alpha_5 Open_{it} + \alpha_6 Demand_{it} + \alpha_7 Infra_{it} + \alpha_8 Firm_{it} + \varepsilon_{it} \qquad (6—5)$$

其中，i 表示省（市、区），t 表示年份；被解释变量 Agg_{it} 表示 i 省（市、区）t 年制造业集聚水平，Agg_{it-1} 为滞后一期的制造业集聚水平（此处选用被解释变量的一阶滞后值作为解释变量，主要是考虑前期的制造业集聚水平会对当期的产业集聚水平产生影响）。$Labor_{it}$ 表示 i 省（市、区）t 年劳动力流动规模；$Trans_{it}$ 表示 i 省（市、区）t 年制造业转移规模；$Labor \& Trans_{it}$ 表示 i 省（市、区）t 年劳动力流动和产业转移的联合作用；$Open_{it}$ 表示 i 省（市、区）t 年的对外开放度；$Demand_{it}$ 表示 i 省（市、区）t 年的市场需求；$Infra_{it}$ 表示 i 省（市、区）t 年的基础设施；$Firm_{it}$ 表示 i 省（市、区）t 年的制造业企业数量比重。

（二）变量选取

本节选取 2000—2014 年我国 30 个省（市、区）（港澳台和西藏除外）作为研究样本，具体变量选取说明如下：

（1）被解释变量：集聚水平（Agg_{it}），采用区位熵表示集聚水平（详见本章第三节的测度结果）。

（2）核心解释变量：滞后一期的制造业集聚水平（Agg_{it-1}）；劳动力流动规模（$Labor_{it}$），详见本章第三节的劳动力流动规模测度方法；产业转移（$Trans_{it}$），以产业转移相对规模系数的大小表示产业转移的规模，具体测算方法见本书第五章；劳动力流动和产业转移的联合作用（$Labor \& Trans_{it}$），该解释变量是劳动力流动和产业转移变量的乘积。

（3）控制变量：对外开放度（$Open_{it}$）：对外开放度对产业集聚的影响不容忽视，所以本节选取对外开放度作为控制变量。借鉴樊秀峰和康晓琴（2013）测算对外开放度的方法，即进出口总额与 GDP 的比值。基于我国与外国频繁的经济活动往来，国内企业与国外企业不断加强合作，这些企业常常会选择在有利于发展的区域进行集聚。

市场需求（Demand$_{it}$）：借鉴樊秀峰和康晓琴（2013）测算市场需求的方法：人均 GDP 与全国人均 GDP 的比值。考虑到企业常常在具有大量消费者的地方选址，所以市场需求这一要素在产业集聚的过程中发挥着重要的作用。

基础设施（Infra$_{it}$）：借鉴张辽（2016）测算基础设施的方法，用各省（市、区）每万平方公里的公路里程数占全国的比重来表示。考察基础设施对产业集聚的影响，这是基于 Krugman（1991）、金煜和陈钊等（2006）、林理升和王晔倩（2006）、路江涌和陶志刚（2007）等发现运输成本对产业集聚的影响，而基础设施直接影响了运输成本，所以本节将说明基础设施对产业集聚的影响。

制造业企业数量比重（Firm$_{it}$）：借鉴金煜和陈钊等（2006）的测度方法来衡量产业外部性，这是基于马歇尔的"外部经济"理论。企业间的正外部性吸引着许多企业集聚起来，这也正是本书选取"制造业企业数量比重"作为控制变量的原因。

（三）数据来源

本节研究的原始数据主要来自于 2001—2015 年的《中国统计年鉴》，2001—2012 年《中国工业经济统计年鉴》（在 2004 年，因为我国进行了经济普查，于是国家并未公布 2005 年《中国工业经济统计年鉴》，所以此处不包括 2005 年的《中国工业经济统计年鉴》）、《中国经济普查年鉴2004》和 2013—2015 年《中国工业统计年鉴》（我国的原《中国工业经济统计年鉴》从 2013 年起称为《中国工业统计年鉴》）。

二　实证结果及分析

（一）2000—2014 年实证结果及分析

由于本期的集聚水平往往和前一期的集聚水平有很大的关系，因此，本节将引入集聚水平的滞后一期作为解释变量，在此基础上构建了动态面板数据模型。但是，引入集聚水平的滞后一期作为解释变量，由此导致模型中出现了内生性问题，混合效应回归、随机效应回归、固定效应回归都不能解决该问题，而广义矩估计方法（GMM）可以解决内生性问题。因此，本节将采用两阶段差分 GMM 和两阶段系统 GMM 来分析劳动力流动、产业转移对区域产业集聚的影响。

采用 Stata14.0 软件，2000—2014 年实证结果正如表 6—5 所示，模型（1）至模型（5）的 AR（1）的 p 值都小于 0.05，AR（2）的 p 值都大于 0.05，说明扰动项的差分和系统存在一阶自相关，但不存在二阶自相关，可以使用两阶段差分 GMM 和两阶段系统 GMM；同时，模型（1）至模型（5）的 Sargan 的 p 值都大于 0.05，表明都通过了过度识别检验。通过上述检验，说明本节构建的模型可以用两阶段差分 GMM 和两阶段系统 GMM 进行分析，也表明本书的模型具有合理性。

从表 6—5 模型（1）的结果来看，两阶段差分 GMM 和两阶段系统 GMM 系数符号一致。其中，滞后一期的集聚水平对当期的集聚水平具有十分显著的正向影响，说明了当期的集聚水平显著地依赖于前期的产业集聚布局，这符合经济理论，也符合预期。劳动力流动对区域产业集聚具有显著的负向影响，这是劳动力流动的"本地市场效应""生活成本效应""市场拥挤效应"二者"博弈"的结果，"市场拥挤效应"大于"本地市场效应""生活成本效应"之和，导致集聚的离心力大于集聚的向心力。产业转移对区域产业集聚具有显著的正向作用，这是产业转移在"吸纳效应"和"示范效应"的共同作用下，促进产业集聚的必然结果。劳动力流动和产业转移的联合作用对产业集聚并没有十分显著的影响，这是因为劳动力流动对区域产业集聚形成负向作用、产业转移对区域产业集聚形成正向作用，导致劳动力流动和产业转移的联合作用可能"被抵消"，因此对产业集聚的影响并不明显。而且，劳动力多从欠发达省（市、区）流向发达省（市、区），制造业多从发达省（市、区）转移至欠发达省（市、区），这也是原因之一。

模型（2）至模型（5）逐步加入对外开放度（Open）、市场需求（Demand）、基础设施（Infra）、制造业企业数量比重（Firm）这 4 个控制变量，以进一步检验劳动力流动、产业转移对区域产业集聚的影响的稳健性。在模型（2）中，滞后一期的集聚水平、劳动力流动、产业转移、常数项的两阶段差分 GMM 和两阶段系统 GMM 与模型（1）中的系数符号一致，显著性也同模型（1）一致，这也检验了劳动力流动对区域产业集

表6—5　2000—2014年实证结果

解释变量	模型 (1) 两阶段差GMM	模型 (1) 两阶段系GMM	模型 (2) 两阶段差GMM	模型 (2) 两阶段系GMM	模型 (3) 两阶段差GMM	模型 (3) 两阶段系GMM	模型 (4) 两阶段差GMM	模型 (4) 两阶段系GMM	模型 (5) 两阶段差GMM	模型 (5) 两阶段系GMM
Agg_{it-1}	0.6509*** (32.35)	0.9496*** (77.49)	0.6540*** (35.77)	0.9624*** (50.49)	0.6477*** (31.36)	0.9567*** (51.19)	0.6482*** (15.53)	0.9668*** (47.00)	0.7050*** (10.24)	0.9037*** (26.39)
$Labor_{it}$	-0.1568** (-2.49)	-0.1378*** (-3.34)	-0.1951*** (-3.08)	-0.1194** (-2.04)	-0.1901*** (-2.96)	-0.544 (-0.71)	-0.1897*** (-2.94)	-0.0626 (-0.85)	-0.3957** (-2.27)	0.0114 (0.19)
$Trans_{it}$	2.0263*** (-8.48)	1.6871*** (6.45)	2.0000*** (8.58)	1.5954*** (4.76)	1.9256*** (6.64)	1.7199*** (4.77)	1.9401*** (5.45)	1.6378*** (3.94)	2.813*** (4.36)	1.6436*** (4.85)
$Labor \& Trans_{it}$	18.0891 (1.45)	40.1524 (1.27)	20.7817* (1.76)	19.2904 (0.58)	-16.3211 (-0.62)	9.7826 (0.27)	-19.8004 (-0.72)	33.08 (0.75)	-24.5359 (-0.76)	17.5363 (0.41)
$Open_{it}$			0.0228*** (3.66)	-0.0008 (-0.15)	0.0213*** (2.87)	0.0205* (1.83)	0.0212*** (2.63)	0.014 (1.13)	0.0196** (2.01)	0.0064 (0.61)
$Demand_{it}$					-0.0016 (-0.31)	-0.0243*** (-3.65)	-0.0027 (-0.48)	-0.0243*** (-3.65)	-0.0064 (-0.53)	-0.0245*** (-3.00)
$Infra_{it}$							0.2769* (1.65)	0.5047*** (2.76)	4.9944 (1.26)	-0.0654 (-0.13)
$Firm_{it}$									-0.7893*** (-3.42)	0.2741 (1.04)

续表

解释变量	模型 (1)		模型 (2)		模型 (3)		模型 (4)		模型 (5)	
	两阶段差 GMM	两阶段系 GMM	两阶段差 GMM	两阶段系 GMM	两阶段差 GMM	两阶段系 GMM	两阶段差 GMM	两阶段系 GMM	两阶段差 GMM	两阶段系 GMM
Constant	0.3369 ***	0.0477 ***	0.3305 ***	0.0357 **	0.3376 ***	0.0647 ***	0.3293 ***	0.0386 *	0.1525	0.108 ***
	(17.49)	(4.02)	(18.93)	(1.96)	(17.38)	(3.12)	(7.96)	(1.81)	(0.93)	(2.72)
AR (1) test (P)	0.0002	0.0002	0.0002	0.0002	0.0003	0.0002	0.0002	0.0002	0.0008	0.0002
AR (2) test (P)	0.5707	0.8254	0.5793	0.8139	0.5348	0.7522	0.5532	0.8429	0.9362	0.7142
Sargan test (P)	0.4792	0.8775	0.5195	0.8976	0.6535	0.9495	0.6609	0.9743	0.6518	0.992

注：***、**、* 分别表示通过 1%、5%、10% 的显著性水平检验；括号内数据为 t 统计值。

聚的影响具有稳健性，并且产业转移对区域产业集聚的影响同样具有稳健性。而模型（2）中劳动力流动和产业转移的联合作用在两阶段差分GMM估计结果通过了10%的显著性水平检验，在两阶段系统GMM的估计中并没有对产业集聚形成显著的影响，综合来说，劳动力流动和产业转移的联合作用对产业集聚只是发挥了很小的作用。模型（2）加入的对外开放度在两阶段差分GMM估计结果中通过了1%的显著性水平检验，在两阶段系统GMM的估计中并没有对产业集聚形成显著的影响，这说明了对外开放度在一定程度上将对产业集聚产生影响。

　　模型（3）中，滞后一期的集聚水平、产业转移、常数项的两阶段差分GMM和两阶段系统GMM与模型（1）、模型（2）中的系数符号一致，劳动力流动和产业转移的联合作用和模型（1）中的结果十分相似，这些再次验证了劳动力流动、产业转移对区域产业集聚的影响是稳健的。劳动力流动在两阶段差分GMM中通过了1%的显著性水平检验，在两阶段系统GMM中并没有对产业集聚形成显著的影响，这说明了劳动力流动还是对产业集聚形成一定程度的影响。模型（3）中的对外开放度在两阶段系统GMM中的估计结果通过了10%的显著性水平检验，这说明了对外开放度对产业集聚形成显著的正向作用，这与金煜和陈钊等（2006）"经济开放促进了集聚"的结果是一致的。新加入的市场需求在两阶段差分GMM中的估计结果没有对产业集聚形成影响，但是在两阶段系统GMM中通过了1%的显著性水平检验，这说明了市场需求对产业集聚也产生一定程度的影响。

　　模型（4）中，滞后一期的集聚水平、产业转移、常数项的两阶段差分GMM和两阶段系统GMM与模型（1）至模型（3）中的结果类似，劳动力流动、劳动力流动和产业转移的联合作用、市场需求与模型（3）中的结果十分相似。模型（4）对外开放度的估计结果表明了其对产业集聚的正向影响。新加入的基础设施的两阶段差分GMM估计结果通过了10%的显著性水平检验，其的两阶段系统GMM估计结果通过了1%的显著性水平检验，这说明了基础设施对产业集聚具有明显的正向影响，基础设施的完善将吸引更多的企业在此集中，原因在于将减少企业的运输成本和交易成本，并能够基础设施共享，发挥正外部性的作用。这与Krugman（1991）、金煜和陈钊等（2006）、林理升和王晔倩（2006）、路江涌和陶志刚（2007）等的研究结果一致。

模型（5）中，滞后一期的集聚水平、产业转移的两阶段差分GMM和两阶段系统GMM与模型（1）至模型（4）中的结果类似，劳动力流动、劳动力流动和产业转移的联合作用、对外开放度、市场需求与模型（3）、模型（4）中的结果相似。模型（5）中的基础设施结果显示其对产业集聚没有明显的作用。模型（5）中的常数项在两阶段差分GMM中没有通过检验，在两阶段系统GMM中通过了1%的显著性水平检验。新加入的制造业企业数量比重在两阶段差分GMM中通过了1%的显著性水平检验，虽然在两阶段系统GMM中的作用不明显，但这表明了制造业企业数量比重对制造业集聚的作用不容忽视。

综上所述，在2000—2014年，滞后一期的集聚水平对区域产业集聚产生了十分显著的正向影响，产业转移对区域产业集聚产生了十分显著的正向影响，劳动力流动对区域产业集聚产生了显著的负向影响，劳动力流动和产业转移的联合作用对产业集聚只是产生了较小的影响，对外开放度对产业集聚产生了显著的正向影响，市场需求对产业集聚产生了显著的负向影响，基础设施和制造业企业数量比重对产业集聚也产生了一定程度的影响。通过检验发现，劳动力流动、产业转移对区域产业集聚的影响具有稳健性。

（二）分阶段的实证结果及分析

为了比较分析不同阶段劳动力流动、产业转移对区域产业集聚的影响，本节将2000—2006年、2007—2014年的实证结果予以阐释，采用Stata 14.0软件，结果如表6—6所示。

2000—2006年、2007—2014年模型的AR（1）的p值都小于0.05，AR（2）的p值都大于0.05，说明扰动项的差分和系统存在一阶自相关，但不存在二阶自相关，可以使用两阶段差分GMM和两阶段系统GMM；同时，2000—2006年、2007—2014年模型的Sargan的p值都大于0.05，表明都通过了过度识别检验。通过上述检验，说明可以用两阶段差分GMM和两阶段系统GMM进行分析，也表明2000—2006年、2007—2014年的分析模型具有合理性。

表 6—6　　　　　　**2000—2006 年、2007—2014 年分阶段实证结果**

解释变量	2000—2006 年		2007—2014 年	
	两阶段差分 GMM	两阶段系统 GMM	两阶段差分 GMM	两阶段系统 GMM
Agg_{it-1}	0.6664 ***	0.9626 ***	0.6178 ***	0.8564 ***
	(5.43)	(13.30)	(14.27)	(25.16)
$Labor_{it}$	-0.1877	-0.3199	-0.0931 **	-0.0836
	(-0.89)	(-1.40)	(-2.04)	(-1.25)
$Trans_{it}$	3.1874 ***	2.8385 ***	1.2353 ***	1.0152 ***
	(3.00)	(2.66)	(4.45)	(2.94)
$Labor\&Trans_{it}$	-3.0627	51.6697	42.7324	96.8674
	(-0.06)	(0.96)	(1.61)	(1.59)
$Open_{it}$	0.0435 *	0.0214 **	0.0379 ***	0.0293 *
	(1.90)	(2.11)	(3.00)	(1.74)
$Demand_{it}$	0.0167	0.0223	0.0114	-0.0154
	(0.80)	(1.05)	(1.19)	(-1.01)
$Infra_{it}$	0.6104 **	0.8119 ***	0.0590	0.3070
	(2.47)	(2.78)	(0.10)	(0.67)
$Firm_{it}$	-0.9200 *	-0.5525	-0.3358	0.3170
	(-1.83)	(-1.20)	(-1.61)	(1.22)
Constant	0.3083 ***	-0.0064	0.3644 ***	0.1282 ***
	(2.60)	(-0.10)	(7.22)	(2.71)
AR（1）test（p）	0.0017	0.0018	0.0116	0.0339
AR（2）test（p）	0.2071	0.2870	0.2144	0.1975
Sargan test（p）	0.5165	0.3226	0.4423	0.7377

注：***、**、* 分别表示通过 1%、5%、10% 的显著性水平检验；括号内数据为 t 统计值。

从表 6—6 的结果可以看出，在 2000—2006 年，滞后一期的集聚水平、产业转移对区域产业集聚具有十分显著的影响。劳动力流动对区域产业集聚并没有明显的作用，原因在于此时的劳动力流动并没有形成一定的规模，由此也引发了劳动力流动和产业转移的联合作用对产业集聚没有发挥明显的作用。对外开放度对产业集聚具有明显的正向影响，在两阶段差分 GMM 和两阶段系统 GMM 中分别通过了 10% 和 5% 的显著性水平检验，这也表明我国加入世贸组织之后，不断提高的对外开放水平有效地推进了产业的发展，也在不断完善我国的产业布局和产业结构。市场需求对产业集聚没有明显的影响，基础设施反而对产业集聚形成了显著的正向影响。原因在于在此时的中国，市场需求不够大，还没能推动企业扩大规模从而形成规模经济；而在 21 世纪初期，我国对基础设施进行改进与完善，使许多企业在节约成本的驱使下会选择向基础设施条件完善的区域集聚。制造业企业数量比重只是在两阶段差分 GMM 中通过了 10% 的显著性水平检验，在两阶段系统 GMM 中并没有通过检验，这表明了制造业企业数量比重对制造业集聚有一定的影响。

在 2007—2014 年，滞后一期的集聚水平、产业转移对区域产业集聚具有十分显著的影响，在两阶段差分 GMM 和两阶段系统 GMM 中都通过了 1% 的显著性水平检验。劳动力流动在两阶段差分 GMM 中通过了 5% 的显著性水平检验，而在两阶段系统 GMM 中并没有通过检验，表明劳动力流动对区域产业集聚会形成一定程度的影响。劳动力流动和产业转移的联合作用对产业集聚并没有十分显著的影响，这与 2000—2014 年实证结果的原因类似，此处不再赘述。对外开放度对产业集聚具有明显的正向影响，在两阶段差分 GMM 和两阶段系统 GMM 中分别通过了 1% 和 10% 的显著性水平检验。随着我国对外交流的不断加强和经济活动交流的不断增进，国外企业与国内企业不断加强合作，为了互利互赢，常常会选择在有利于发展的区域进行集聚。市场需求、基础设施、制造业企业数量比重都未通过检验。

第五节　小结

本章在分析我国产业集聚和劳动力流动的特征及趋势的基础上，通过构建动态面板数据模型，运用两阶段差分 GMM 和两阶段系统 GMM 的方法，实证分析劳动力流动、产业转移对区域产业集聚的影响。研究结论如下：

第一，本章基于中国 20 个二位数制造业 2000—2014 年的省级面板数据，运用修正的 E－G 指数，分析了不同要素密集型制造业集聚的总体特征及变动趋势，考察了不同要素密集型制造业集聚空间分布变化特点以及区域产业转移的新态势。研究结果表明：我国劳动、资本和技术要素密集型制造业属于低度集聚行业，其集聚的变动趋势具有较为明显的阶段性特征；劳动、资本密集型制造业集聚的变动趋势大致呈现"倒U型"曲线特征，而技术密集型大致呈现"M型"曲线特征；不同要素密集型制造业集聚空间特征具有地域性差异，制造业集聚的地区分布不均由强化变为逐渐减弱，不同要素密集型制造业在 2004 年左右出现了从东南部沿海地区向中部区域和西南区域转移的趋势，但中部区域的承接能力要强于西南区域。2000—2014 年我国制造业主要集聚在经济相对发达的省（自治区、直辖市），相对欠发达的省（自治区、直辖市）不是我国制造业的主要集聚地，我国制造业的空间布局逐渐发生变化。

第二，本章通过对 2001—2015 年我国劳动力流动规模的实际测度与分析，发现我国劳动力流动方向主要由经济欠发达的中西部内陆区域流向经济发达的东部沿海区域。在 2010 年以后，劳动力流动的速度和规模放缓，并且流动规模呈现先扩大后缩小的趋势。总体而言，使用不同的测度方法对劳动力流动的规模进行测度得出的结果虽然存在一定的差异，但是总体上的趋势是相同的，存在一致性。劳动力净流入、净流出受到经济发展水平的影响，劳动力流动随着时间的变化，也在发生着空间变化。

第三，本章通过构建动态面板数据模型，运用两阶段差分 GMM 和两阶段系统 GMM 的方法，实证分析劳动力流动、产业转移对区域产业集聚的影响。结论显示：滞后一期的集聚水平对区域产业集聚产生了十分显著的正向影响，产业转移对区域产业集聚产生了十分显著的正向影响，劳动力流动对区域产业集聚产生了显著的负向影响，劳动力流动和产业转移的联合作用对产业集聚只是产生了较小的影响，对外开放度对产业集聚产生了显著的正向影响，市场需求对产业集聚产生了显著的负向影响，基础设施和制造业企业数量比重对产业集聚也产生了一定程度的影响。而且，劳动力流动、产业转移对区域产业集聚的影响是稳健的。

第七章

异质性劳动力、产业集聚对区域
劳动生产率的影响

第一节　问题的提出及相关研究综述

一　问题的提出

劳动力作为生产与消费的基本要素，其流动、集中是推动产业集聚和地区发展的重要因素。在不同的经济条件下，劳动力对地区产业的发展一般存在着两种效应：第一种是随着劳动力的流动和集中，结合当地工业企业的规模报酬递增、外部经济以及产业的前后向关联效应，积极推动工业在本地的集中，形成区域间产业集聚进而促进当地的生产和发展；第二种是随着劳动力的流入、产业流入，产业集聚规模远远超出了本地不可移动要素的承载能力，导致集聚规模出现不经济的现象，产生拥挤效应，拥挤效应会促使产业进行转移和扩散，进而不利于当地经济的生产与发展。

新经济地理学不仅为分析地区之间劳动生产率提供了新的思路，还为研究产业空间结构提供了新的方法。但该理论有一个暗含的假设，即劳动力是同质的、无差异的，这和现实情况却大相径庭。在现实经济中，劳动力具有普遍的异质化特征，这种异质性首先表现在劳动者之间具有的人力资本或掌握的技术熟练程度的不同上。有一些人因拥有的人力资本存量较多或掌握的技术熟练程度较高属于熟练劳动力，而另一些人因拥有的人力资本存量较少属于非熟练劳动力。阿尔梅达和古特（Almeida and Kogut，1999）指出拥有人力资本存量较多的劳动力流会引致知识技术的"溢出效应""本地市场效应""价格指数效应"三种效应，这可称为高技能劳动力，而拥有人力资本存量较少的劳动力流动仅有前两种效应，所以被称为低技能劳动力，这两类劳动力生产率的不同会导致地区的收入差距难以实现区域之间的协调发展。国内外学者在研究区域经济协调发展时，或侧重于研究劳动力与地区劳动生产率，或侧重于研究产业空间分布与地区劳动生产率，但将两者结合起来通过研究劳动力与产业集聚的内在联系以及对地区发展影响的研究则较少，所以从劳动力异质性的视角探讨劳动力、产业集聚与地区劳动生产率之间的关系具有重要意义。

改革开放后，劳动力流动使得我国劳动力市场从无到有，而在这一发展过程中，我国一直存在针对具有干部资格的高技能劳动力的管理体制和普通低技能劳动者的管理体制，这两种管理体制难以相容，使得我国劳动力市场出现了分割，逐步形成了两个相互独立、相互分割的劳动力市场，即低技能劳动力市场与高技能劳动力市场。两类市场由于受到的制度约束不同，结果导致两类劳动力能力存在明显的差异，这不仅不利于劳动力的自由流动，还使得劳动力要素的比较优势难以发挥，影响了地区产业结构的调整、产业升级以及劳动生产率的提高，阻碍了我国经济的顺利转型、使得地区之间的收入差距难以缩小，因此研究我国不同技能劳动力与产业集聚对地区劳动生产率的影响具有重要的现实意义。

二　相关研究综述

（一）异质性劳动力与产业集聚的关系

关于异质性劳动力与产业集聚的关系，国内学者从不同角度进行了研究，王晔倩（2006）认为，中国劳动力流动并不显著于制造业集聚，两者之间的发展趋势也没有同步性，制造业的区域集聚也并未伴随着大量人口的集中，人口流动规模过小是由区域间劳动力流动成本过高造成的，沿海地区人力成本较高，反而对产业升级和机构的优化起到了限制作用。

另一些学者认为劳动力流动正相关于产业集聚，如，赵伟和李芬（2007）通过将劳动力分为高技能劳动力和低技能劳动力，认为高技能劳动力流动导致的地区集聚力一定程度上会远大于低技能劳动力流动导致的地区集聚力。刘新争（2012）指出劳动力作为一种生产要素决定着产业转移的方向与趋势，同时区域间的劳动力的素质和技能水平又是企业进行区位选择时考虑的重要因素。张文武（2012）从新经济地理学的角度分析认为，"相比低技能人力资本流动，高技能人力资本流动更容易打破空间经济集聚和扩散的对称均衡"，促使产业更加平稳地向具有丰富人力资本的地区集聚。李雪艳（2012）指出异质性人力资本份额与市场份额和地区专业化之间存在密切联系，异质性人力资本份额越大、市场份额越大，同时地区专业化也越高，它们是正相关关系。

陈建军、杨飞（2014）通过对前沿文献的梳理认为：人力资本水平决定了技术进步路径、产业结构转换能力，人力资本类型、结构与产业分布的匹配决定着产业结构优化的效果。高云虹、符迪贤（2015）将劳动力分为高技能劳动力和低技能劳动力，并基于"中心—外围"模型的拓展分析发现：当贸易成本较低时，高技能劳动力流动和低技能劳动力流动都可促进流入地产业集聚；当贸易成本较高时，高技能劳动力和低技能劳动力需集聚到一定程度才能促进高技能劳动力流动，进而促进产业集聚。

国外学者田渊和蒂斯（Tabuchi & Thisse，2002）第一次将劳动力的异质性引入新经济地理学模型中进行研究，认为劳动者对地区间工资的差距反应不一致，这种不一致是由个体的异质性决定的，而这种异质性的存在同样会对产业结构产生影响，尤其是对新经济地理学里"中心—外围"经典模型的影响，可能会打破"中心—外围"的格局。

（二）产业集聚与地区劳动生产率的关系

地区间的产业集聚会整合当地的各种资源，实现地区之间经济的发展，因此产业集聚理论又被看成是一种全新的区域发展经济理论。西科恩和霍尔（Ciccone & Hall，1996）收集了美国50个州的数据，以经济集聚与劳动生产率的视角进行分析，得出了由于经济集聚所产生的收益递增性，使得这些州出现了差异性的劳动生产率。布劳伦舍尔姆和博格曼（Braunerhjelm & Borgman，2006）通过 E - G 指数测算产业集聚，发现产业集聚水平高的地区劳动生产率也高。马西斯（Mathys，2007）、布鲁哈瑞和马西斯（Brulhary & Mathys，2008）、范剑勇（2006、2008）以及陆铭（2011）的研究都认为产业的集聚效应可以促进地区经济的发展；而布雷克曼（Brakman，2001）、亨德森（Henderson，2003）等研究认为地区产业的集聚不利于经济的发展，结果可能会产生拥塞效应。

国内研究方面，柯善咨（2008）将工业集聚与城市劳动生产率进行了因果关系的分析，认为工业集聚程度和城市劳动生产率互为因果关系。范剑勇、张雁（2009）通过研究地区产业集聚对劳动生产率的影响，进一步探讨地区差异性的根源，但由于缺少证明产业集聚与地区差距的相应机制，结果并未取得实质性进展。刘海波（2009）用基尼系数衡量地区产业集聚、泰尔指数衡量地区差距，并通过回归模型得出产业集聚短期会扩大地区差距而长期则会缩小地区差距的结论。黄永兴（2011）采用长三角地区为研究对象，运用空间计量的方法分析了金融行业集聚的原因以及溢出效应，得出集聚外部性与地区劳动生产率是正向关系的结论。王良举（2013）通过采用制造业企业微观数据发现具有更高劳动生产效率的企业是就业规模更大的城市中的企业，在中国城市中存在显著的集聚经济效应；在集聚地区广泛存在能够促进生产率提高的学习效应。蔡敬梅（2013）通过计算2007—2011年我国城市化（多样化）指数和区域化（专业化）指数等指标来考察产业集聚的现象，运用空间面板计量经济模型分析产业集聚对劳动生产率的影响，结果发现：产业集聚的城市化与区域化都推动了地区劳动生产率的提高，造成了各地区劳动生产率之间的差异，但城市化效应的效果显然更明显。

（三）异质性劳动力与地区劳动生产率的关系

马歇尔指出生产发展的最大动力是知识和技能，在所有的投资中对人的投资是最有价值的。人力资本理论开创者舒尔茨在计算索洛残余时认为经济增长的源泉来自对人力资本的投资，人力资本是人具有的知识、技能、能力和体力价值的全部加总。库兹涅茨（1966）指出劳动力从效率低的农业部门转移到效率高的非农业部门所带来的结构变化对经济发展至关重要。20世纪以内生增长理论为代表的罗默、卢卡斯将理论中的人力资本分离出来，用以解释各国经济的长期差异性。人力资本决定一个地区或者国家的全要素生产率，比尔斯和科诺列（Bils & Klenow，2000）也指出，人力资本投入产生的产出效率是所有生产要素中产出效率最高的。但普里切特（Pritchett，2001）却认为人力资本要素与全要素生产率负相关，否定了人力资本要素促进全要素生产率提高的观点。

段平忠（2007）通过分析我国 1985—1990 年各地区流动人口的受教育程度，发现流动人口中的智力资本能极大地推动东中西部地区的经济增长。曲玥（2009）指出在制造业行业职工的受教育年限每提高 1 年，相应的劳动生产率就会上升 17%。如果企业职工全部由初中以下学历的职工替换成高中学历的职工，那么企业的劳动生产率将提高 24%，如果全部替换为具有大专学历的职工，那么企业的劳动生产率在此基础上可以再提高 66%。肖志勇（2010）发现我国经济增长快的省（自治区、直辖市）人力资本丰富，而经济发展慢的省（自治区、直辖市）人力资本不足，两者呈正相关关系。李中、周勤（2012）发现普通劳动力集聚不利于缩小地区收入差距，而劳动力异质性偏好负相关于地区收入差距。李德煌、夏恩君（2013）对我国人力资本进行了不同维度的测量，发现人力资本和技术进步正逐步成为影响我国经济进步的主要因素。

（四）研究述评

通过梳理现有文献，笔者发现国内外一些学者虽然对劳动力与产业的空间分布及地区劳动生产率进行了研究，但在研究不同劳动力对产业空间的影响时，学者们却得出了一致结论：高技能劳动力的流动或者异质性人力资本正向于产业集聚。而关于研究产业集聚与地区劳动生产率的观点没有统一，有些人认为产业集聚会促进地区的劳动生产率，而有些人则认为产业集聚会产生拥塞效应，不利于地区劳动生产率的提高，因此有必要进行进一步的研究与讨论。

以上文献在研究异质性劳动力时只是简单地将劳动力分为具有高技能水平的高技能劳动力和不具有高技能水平的低技能劳动力，或者分为异质性人力资本和同质性人力资本，但是并没有区分高技能劳动力之间和低技能劳动力之间的组内差异，而且研究得不够深入与全面，因此也有必要做进一步的分析研究。

劳动力异质性结构与产业集聚的内在联系以及对劳动生产率的作用机理也有待进一步的探讨，本章旨在将三者综合起来进行研究，沿着劳动力分布影响产业分布进而导致地区劳动生产率不同的主线进行分析。

基于以上分析，本章借鉴田渊和蒂斯（Tabuchi & Thisse，2002）的模型以劳动力的异质性作为切入点，在新经济地理学的框架下理论分析异质性劳动力与产业空间分布的关系，并结合新经济增长理论对地区劳动生产率影响的模型进行理论推导。最后基于 2001—2014 年我国 30 个省（市、区）（港澳台及西藏除外）的面板数据进一步实证分析它们的关系，希望为促进我国当前产业集聚和提高地区劳动生产率提供相应的政策性建议。

第二节　异质性劳动力、产业集聚对地区劳动生产率影响的机理分析

一　相关理论分析

（一）人力资本理论

经济学家舒尔茨和贝克尔最早创立人力资本理论，该理论不同于包括原材料、厂房、设备、土地、货币和其他有价证券等物质资本。人力资本则是具体体现在人身上的资本，是对生产者进行教育、职业培训等支出，在接受教育时的机会成本的总和，表现形式为蕴含于人身上的劳动与管理的技能、各种生产的知识及健康素质等存量的总和。人力资本理论包括以下四个方面：（1）在所有的资源中人力资本是最重要的资源。（2）人力资本比物质资本更能促进经济的增长。（3）人力资本的核心是通过教育的投资来提高人口质量，人力资本的再生产是一种投资而不是消费。这种投资的收益会远大于物质投资的经济效益。教育是提高人力资本最基本、最主要的方式，所以也可以把人力资本投资问题等同于教育投资问题。（4）以市场供求关系来决定教育投资，人力价格的浮动是衡量教育投资的符号。

不可否认，人力资本理论在解释劳动力质量对经济发展方面有一定的贡献，但是该理论也有一定的局限性，如：（1）人力资本理论认为受教育程度与工资收入是成正比关系，但现实中有些人可能受教育程度并不高，但是工资却很高，其中不乏有些小学毕业，甚至未上过学的人创业成功的例子，人力资本理论受到了筛选假设理论、市场分割理论的质疑。（2）人力资本理论在一定程度上夸大了教育对社会公平与收入不平等所起的作用。社会的公平与收入很大程度上也取决于国家的制度，虽然提高劳动者的受教育水平能使劳动者收入增加，但是很大程度上并不能解决收入分配不均等的问题，甚至可能导致收入分配不平等的增加，

拉大收入差距。(3)计算方法上也存在不科学性,教育领域不同于其他领域,教育领域有其自身的规律,人力资本的个人收益和社会收益率并不与受教育程度等比例变化,导致数量上的计算往往变得简单化。

(二)劳动力市场分割理论

20世纪60年代美国经济学家皮奥里和多林格尔提出劳动力的市场分割理论,该理论也被称为双重劳动力市场模型,劳动力市场的部门差异是社会和制度性因素共同作用的结果。不同人群在获得劳动力市场信息和进入劳动力市场渠道方面的差别,导致不同人群在就业部门、职位以及收入模式上存在明显差异。传统理论认为,人力资本在工资决定中起重要作用,由于人力资本投资量不同,边际产量也会不同,相应的工资也不同,而现实却并非如此,分割理论对人力资本投资做了新的解释,认为人力资本投资发挥筛选功能,只是一种信号。劳动力愿意接受教育只是为进入工资高、工作条件好、就业稳定、安全性好、管理过程规范、升迁机会多的大公司,并给雇主传达一个具有培训潜力大的信号。而那些教育程度低的劳动者则被认为培训潜力低,只能占据劳动力阶梯的末端或只能停留在普通劳动力市场上。

而中国劳动力市场形成了多重分割的特征,国内一些学者考察了我国劳动力市场,将城乡二元劳动力市场作为基本的分割形式(蔡昉等,2001),李建民(2002)将劳动力市场的分割归纳为按户籍属性的城乡分割、地区分割、部门分割、正式劳动力与从属劳动力分割四个方面。除此之外,我国还存在基于人力资本差异所形成的普通劳动力市场和人才市场,而这两个市场也存在不同的劳动管理体制,分别为针对普通劳动者的管理体制和具有干部资格的人事管理体制,形式主要存在于高技能劳动力和低技能劳动力之间。

(三)新经济地理理论

不同于以往传统的产业转移理论,以克鲁格曼(Krugman,1991)为代表的新经济地理学理论从垄断竞争和规模报酬的角度,解释了空间产业的分布,认为产业的区域分布不全是自然条件的差异,还在于完全均质空间下生活成本效应、市场接近效应和市场拥挤效应三方面效应所构成的集聚力和扩散力的相互作用。该理论认为产业集聚的重要形成机制来自于要素劳动力的自由流动,劳动力流动会使地区间的市场出现需求差异，打破地区间原有的均衡状态，推动产业集聚。另外，本地市场需求还可以体现劳动力的重要作用，企业由于考虑到较高的运输成本会更倾向于在市场需求较大的地区选址办厂，而由于企业数量的不断增加，会吸引更多的普通劳动力在此集聚，从而增加消费需求，形成生产与需求的循环累积效应，推动产业的集聚。所以在新经济地理理论中劳动力自由流动是产业集聚形成的重要前提，劳动力是市场需求的构成部分，而在产业集聚与扩散的过程中，地区劳动生产率也会发生相应的变化。

二　影响机理分析

（一）异质性劳动力对产业集聚的影响机理

1. 异质性劳动力概念界定

异质性是相对同质性而产生的词语，从人类出现起就开始伴随着人类，不管是管理学、人口学、哲学还是社会学对劳动力的研究，都离不开对异质性的研究。

西方学者西塞罗在古希腊时期就指出不同工作或职业的劳动具有差异性，任何财富的积累都离不开劳动，财富积累的过程就是劳动的过程。17世纪以后，亚当·斯密在《国富论》一书中通过比较劳动者的天生才能与后天习得，指出人类天生的才能差异远比我们想象的要小，但由于分工不同导致不同行业的专业从业人员所呈现出的技能差异很大，而这种差异不是来自于人类的职业和工作，而是取决于人类的交易倾向。同时，亚当·斯密认为，普通劳动者和技能劳动者之间工资的差异来自于行业性质的不同。学者西斯·蒙迪认为人拥有财富的差异来自于满足自己需要和欲望的技能和本领。而后马克思从生产劳动和非生产劳动方面进行了区分，并详细阐述了劳动价值的存在。在20世纪，劳动经济学逐渐独立成为一门学科，庇古在《财富与福利》中探讨了劳动力工资、工时、职业、分布、报酬的差异以及相关劳动力流动等问题，并对劳动力质量进行深入研究，着重强调了教育和培训对劳动生产率的贡献。舒尔茨作为人力资本的集大成者通过教育和科学技术对人力资本的形式进行了详细表述，这成为对异质性劳动力最直接的表述。虽然以上这些文献都未直接对异质性劳动力进行合理的定义，但都直接从劳动力的天赋、技能、生产性、所处的行业等方面说明了异质性劳动力在经济发展中不可磨灭的作用。

20 世纪 80 年代后期，随着新经济理论的飞速发展与日趋完善，一些经济学家对人力资本进行分析时开始借助数量模型，其中罗默的内生经济增长模型，卢卡斯的人力资本模型成为代表。虽然内生经济增长模型解释了人力资本对经济增长的影响，但是忽视了人力资本的积累过程，而卢卡斯则通过建立人力资本的溢出效应模型弥补了这一缺陷。

由于劳动力是社会经济活动中重要的参与者，故对劳动力本身具有异质性的研究与讨论，主要出现在经济学方法的假设中，且经济学研究方法中对劳动力的假设，开始从劳动力同质性一步步放松到劳动力异质性假设上来。比如自 20 世纪 90 年代以来，以克鲁格曼（Krugman，1991）、藤田昌久（Fujita，1988）为代表的新经济地理学派的兴起开始促使一些学者借助新经济地理学（NEG）的理论分析框架研究劳动力的异质性，从而开辟了异质型劳动力以及相关的空间经济等经济学热点问题研究的新领域。基于以上，本书界定异质性劳动力为由于受教育程度的不同而导致的劳动技能差异的劳动力。

2. 异质性劳动力对产业集聚的影响机理分析

劳动力在新经济地理学理论里充当重要角色，劳动力即是生产要素的提供者，又是产品的消费群体。在自然环境中，某地区由于自然资源的丰富、地理位置的特殊、政策的倾斜等使该地区拥有生产的优势，这样就会吸引劳动力流入该地，劳动力的流入会改变当地的劳动力市场结构，满足当地企业对劳动力的需求，这样企业可以进行规模报酬递增的生产，而流入的劳动力由于在当地工作可能也会选择在当地定居生活，从而增加对当地生产产品的消耗。当地大量劳动力的集聚会对企业的生产产生促进作用，企业面临着大的市场，会形成"本地市场效应"，此外，企业进行生产的产品在当地就可以轻易消费掉，减少向外运输的成本增加企业的利润，最终会吸引更多的企业进驻该地，更多企业的进驻与生产会形成企业产品的竞争，有利于消费者享受到更多更好的产品与服务，减少生活的成本。"生活成本效应"的形成又吸引别的地区的劳动力流入该地区，如此不停循环与往复，直至该地区企业无利可图。当该地区的企业无利润时一般有两种结局：要么进行结构的升级、要么向外搬迁或者死亡，而向外搬迁的成本很大，所以有些企业就会选择通过生产的创新来降低企业的生产成本，提高企业的生产效率，而创新又离不开具有高技术的人才。这样就会增加对高技术人才的需求，减少对低技能劳动力的使用。

劳动者个体技能的提升有助于减少个人的失业风险，适应更高级的工作，从而提高个人的生产效率，大量个人生产效率的提高会促进企业的生产效率，大量企业生产效率的提高最终会造成地区整体生产效率的上升，从而有利于当地的经济发展。反过来，当地经济的发展又会吸引更多企业的入驻，提供更多更好的就业岗位，进一步吸引高技能劳动力向该地区流动，形成循环累积的作用机制。

总之，劳动力的集聚与产业的集聚作用机制是互相推进、互相影响的，正是两者的累积循环改变着当地的劳动生产率。

（二）产业集聚对地区劳动生产率的作用机制

1. 地区劳动生产率概念界定

劳动生产率是劳动者在一特定时间内，本身所创造的劳动成果与消耗劳动的比值。劳动生产率水平反映的是生产的能力与效率，可用同一劳动在单位时间内创造的某种产品的数量或价值来计算与衡量。这一概念始于传统的制造业，因此人们把这种生产率称为"传统生产率"。劳动生产率是由社会生产力决定的，具体的决定因素有：劳动者自身工作的平均熟练程度；自然条件的不同；进行生产所需的生产资料的规模与效能；科学技术的发展程度等。此外，劳动生产率又可分为个人劳动生产率和社会劳动生产率，其中，个人劳动生产率与个人的健康水平、掌握的技术、教育的质量、个人的偏好、个人的体力等方面有关，而社会劳动生产率则是根据全社会的平均劳动效率计算出的劳动生产率。

由于本书研究的是地区劳动生产率，根据劳动生产率的定义，地区劳动生产率可被定义为：某区域的就业者在单位时间内所创造的地区产值。

2. 产业集聚对地区劳动生产率的作用机制分析

创新活动是新经济地理的增长源泉，以新的制成品种类的出现作为创新活动成果的直接体现。而事实上，创新活动也体现在既有生产工艺、技术的革新上，以效率的提升和生产率的增进作为创新活动的直接成果。经济活动的集聚不仅带来经济增长路径的根本改变，也在带动经济增长的同时提升了生产率。

此外，外部规模报酬递增是形成产业集聚的原因，而地区劳动生产率的提高是产业集聚的结果，对这一机制最好的解释就是"马歇尔效应"，它指同一个行业的大量企业集中在某一区域。马歇尔认为集聚效应主要来源于内部经济和外部经济两个方面。这里主要讨论外部经济，外部经济指由于整个行业规模和产量的增加导致个别厂商平均成本下降，收益增加。集聚效应会改变地方产业和经济活动前后向的联系，影响要素流动的方向，对行业和地区生产率产生积极的影响：首先，上下游企业的集中会由于某一产业在区域内集聚提高生产效率和专业化水平；其次，信息的交流与传播会由于产业的集聚而加快速度，有利于产业的创新和技术进步；再次，产业集聚会产生自我强化作用，产业集聚一旦形成，新建企业以及其他企业就会向该地区集中，进一步推动该地区经济的增长。

从新经济地理学理论模型可知，生产的空间集聚会产生本地市场效应、生活成本效应、市场拥挤效应三种效应。规模报酬递增的企业依据本地市场效应，选址于需求规模较大的地区，从而形成上下游产业间的垂直关联关系；而生活成本效应会引致劳动者更倾向于在产业集聚的地区生活，因为产业集聚的地区相对具有多样化的消费产品和低廉的价格，这在很大程度上能降低劳动者的时间成本和搜寻成本，本地市场效应和生活成本效应的循环累积促使产业集聚向心力不断得到加强。市场拥挤效应指伴随产业和人口的集中，产业集聚达到了最优规模，此时该地区的交通运输成本、生产厂商的劳动力成本、生活成本均不断增加，结果使得产业集聚的优势减弱。对于产业集聚的发达地区，产业集聚达到一个临界点即最优规模后，表现为劳动力要素依然源源不断流入。而对于欠发达地区，大量劳动力流出使得人口集聚低于理想水平，产业和人口分布的不匹配导致区域间经济差距不断扩大。

（三）异质性劳动力对地区劳动生产率的作用机理

地区劳动生产率是由多方面因素综合影响而决定的，其中就包括地区劳动力的数量与质量，较为关键的因素就是地区劳动力的结构与层次。劳动力作为生产的一种要素，其集中与流动会影响当地的经济发展，不同于同质性的劳动力，异质性劳动力中的高技能劳动力通过前期的教育与培训提高了自身知识和技能，增强了自身学习能力、工作能力、解决问题的能力，并掌握了新的工艺与技术，这些因素使他们在进行物质创造时能提高劳动生产率。

此外，作为要素投入的高技能劳动力还可以通过技术创新来间接地提高劳动生产率，因为高技能劳动力是知识创新和技术进步的重要源泉。伴随经济全球化的不断深入与发展，尖端技术和先进理论的传播和吸收应用离不开高技能人才。一个地区或国家高技能人才的多少与质量直接关系到自身的发展与发达的程度。知识不同于其他一般的物品，知识是具有部分非竞争性和排他性，排他性能保证高技能劳动力集聚地区的经济效益，地区非竞争性造成知识对相邻地区的外溢效应，所以高技能劳动力集聚在提高自身效率的同时也带动了相邻地区的生产效率。

个体就业者技能的提升有助于减少个人的失业风险，适应更高级的工作，从而提高个人的生产效率，大量个人生产效率的提高就会使地区整体生产效率上升，这有利于当地经济的快速发展，而当地经济的发展反过来又会提供更多更好的就业岗位，进一步吸引高技能劳动力往该地区流动，形成循环累积的作用机制。

（四）基于新经济地理学的分析框架

新经济地理学"核心—边缘"模型认为，经济活动的空间集聚和分散状态取决于"向心力"和"离心力"作用的大小，而贸易自由度是尤为关键的因素。如果贸易自由度处于很低的水平，人口与产业就会呈分散布局；当贸易自由度达到中等水平时，人口和产业在空间上会迅速集聚；当贸易自由度水平很高时，人口与产业又开始倾向于分散布局。奥塔维亚诺（Ottaviano）在新经济地理模型基础上提出了准线性模型的分析框架，有效地规避了 DCI[①] 框架存在的诸多问题，从而使模型得以简化，准线性二次效用函数表示的消费者效用如下：

$$U = \alpha \int_0^N q_i di - \frac{\beta - \delta}{2} \int_0^N q_i^2 di - \frac{\delta}{2} \left(\int_0^N q_i di \right)^2 + q_a; \alpha > 0, \beta > \delta > 0$$

$$(7\!-\!1)$$

---

① 新经济地理学的研究严重依赖迪克希特—斯蒂格利茨垄断竞争的一般均衡分析框架、冰山交易技术、演进以及计算机模拟技术框架，简称为 DCI 框架。

α 代表消费者对某种工业品的偏好程度，其中，q_i 是消费者对第 i 种工业品的消费量，$\beta > \delta$ 表示对产品多样化的偏好，q_a 是对农产品的消费量，δ 代表工业品之间替代能力的大小。首先我们考虑到劳动力流动取决于其作为消费者的效用最大化行为，消费者在预算约束下实现效用最大化，预算约束如下：

$$\int_0^N p_i\, q_i di + q_a = w + q_a^- \qquad (7—2)$$

其中，w 代表劳动者的劳动报酬，p_i 为工业品 i 的价格，q_a^- 表示消费者拥有大于零的初始财富。假设农产品价格 $p_a = 1$，因此方程中不含 p_a，从方程中我们可以发现，拥有劳动和资本的消费者可通过消费农产品和工业品的组合来获得效用，其效用最大的前提是收入和消费相等，这种情况下消费才不会超出预算。基于此，可建立拉格朗日效用函数为：

$$L = \alpha \int_0^N q_i di - \frac{\beta - \delta}{2} \int_0^N q_i^{\,2} di - \frac{\delta}{2} \left(\int_0^N q_i di \right)^2 + q_a -$$

$$\lambda \left(\int_0^N p_i\, q_i di + q_a - w - q_a^- \right) \qquad (7—3)$$

要使效用最大化，分别对 q_a、q_i 进行求偏导得：

$$\frac{\partial L}{\partial q_a} = 1 - \lambda = 0 \Leftrightarrow \lambda = 1$$

$$\frac{\partial L}{\partial q_i} = \alpha - (\beta - \delta)\, q_i - \delta \int_0^N q_i di - \lambda\, p_i = 0$$

$$\Rightarrow p_i = \alpha - (\beta - \delta)\, q_i - \delta \int_0^N q_i di \qquad (7—4)$$

式（7—4）可以看成是消费者的需求函数。

对式（7—4）两边进行积分并令 $P = \int_0^N p_i di$，$a = \alpha / [\beta + (N-1)\delta]$，$b = 1 / [\beta + (N-1)\delta]$，$c = \delta / (\beta - \delta)[\beta + (N-1)\delta]$

则需求函数可简化为：$q_i = a - (b + cN)\, p_i + cP$，将简化后的需求函数代入效用函数，可得间接效用函数：

$$V = \frac{a^2 N}{2b} - a \int_0^N p_i di + \frac{b + cN}{2} \int_0^N p_i^{\,2} di - \frac{c}{2} \left(\int_0^N p_i di \right)^2 + w + q_a^-$$

$$(7—5)$$

劳动力将根据该效用函数确定其流动方向并最终趋于稳定。

下面进行方程的均衡分析：

假设：（1）高技能劳动力在区域间可以自由流动；（2）低技能劳动力在区域间不能自由流动。存在 C 和 R 两个自然条件具有差别的地区，C 地区的高技能劳动力占比大于 R 地区高技能劳动力占比，C 地区和 R 地区低技能劳动力相等，高技能劳动力会根据自身效用的最大化进行决策。用 λ_C 表示区域 C 高技能劳动力在两地区所有高技能劳动力的占比，λ_R 表示区域 R 高技能劳动力在两地区所有高技能劳动力的占比，则 $\lambda_C + \lambda_R = 1$，那么高技能劳动力选择区域 C 的概率为：

$$P_C(\lambda_C) = \frac{exp[\,V_c(\lambda_C/E\,]}{exp[\,V_c(\lambda_C/E\,] + exp[\,V_R(\lambda_R/E\,]} \qquad (7\text{—}6)$$

我们假设劳动者受教育程度越高，劳动者的偏好就越强，一般受教育程度高的人，能力越强，能力越强对于生活与工作就会有更多的选择。在此，我们用 E 表示消费者偏好的差异程度，E 值越大消费者偏好的差异就越大，消费者作为劳动力其异质性越强，则通过计算得出影响高技能劳动力的间接效用函数：[①]

$$\Delta V = V_c(\lambda_C) - V_R(\lambda_R) = C^* \tau(\tau^* - \tau)\left(\lambda_C - \frac{1}{2}\right) \qquad (7\text{—}7)$$

$$C^* = [\,2b\varphi(3b\varphi + 3c\,C_H + cL) + c^2\,C_H(L + C_H)\,]$$

$$\frac{C_H(b\varphi + c\,C_H)}{2\,\varphi^2\,(2b\varphi + c\,C_H)^2} > 0 \qquad (7\text{—}8)$$

$$\tau^* = \frac{4a\varphi(3b\varphi + 2c\,C_H)}{2b\varphi(3b\varphi + 3c\,C_H + cL) + c^2\,C_H(L + C_H)} > 0 \qquad (7\text{—}9)$$

C_H 代表两个地区高技能劳动力的总数，L 代表两个地区低技能劳动力的总数，φ 代表每个厂商对高技能劳动力的固定需求。由以上公式可得高技能劳动力流动的动态方程为：

$$\frac{\vartheta\,\lambda_C}{\vartheta\tau} = \lambda_R\,P_C(\lambda_C) - \lambda_C\,P_R(\lambda_R) \qquad (7\text{—}10)$$

---

① 皮埃尔－菲利普·库姆斯等：《经济地理学——区域和国家一体化》，安虎森等译，中国人民大学出版社 2011 年版，第 161 页。

当 $\dfrac{\vartheta \lambda_C}{\vartheta \tau} > 0$ 时，表示高技能劳动力向区域 C 流动的比较多，$\dfrac{\vartheta \lambda_C}{\vartheta \tau} < 0$ 表示高技能劳动力更倾向于向区域 R 流动，流动的均衡条件为：

$$\frac{\vartheta \lambda_C}{\vartheta \tau} = \lambda_R P_C(\lambda_C) - \lambda_C P_R(\lambda_R) = 0 \qquad (7—11)$$

将式（7—11）代入式（7—6）得：

$$\lambda_R exp\left[V_c(\lambda_C/E)\right] = \lambda_C exp\left[V_R(\lambda_R/E)\right] \qquad (7—12)$$

对式子两边取对数并进行化简与推导，可得下式：

$$\log \lambda_R + V_C(\lambda_C/E) = \log \lambda_C + V_R(\lambda_R/E) \Leftrightarrow \log \lambda_R - \log \lambda_C + V_C(\lambda_C/E) -$$

$$V_R(\lambda_R/E) \Leftrightarrow \log \frac{\lambda_R}{\lambda_C} + \Delta V_C(\lambda_C/E) = 0 \Leftrightarrow V_c(\lambda_C) - E\log \frac{\lambda_C}{\lambda_R} = 0$$

$$(7—13)$$

因此高技能劳动力的流动均衡等价于：

$$F(\lambda_C, \tau) = V_C(\lambda_C) - \mu\log \frac{\lambda_C}{\lambda_R} =$$

$$C^* \tau (\tau^* - \tau)(\lambda_C - \frac{1}{2}) - E\log \frac{\lambda_C}{\lambda_R} = 0 \qquad (7—14)$$

产业的空间分布伴随着高技能劳动力的流动，形成两种均衡状态：

第一种，产业空间分布是完全分散。当 $\lambda_C = \dfrac{1}{2}$ 时，$F(\lambda_C, \tau) = 0$ 恒成立，此时函数是凸函数，因此对于所有的 $\lambda_C \in \left(0, \dfrac{1}{2}\right)$，$\lambda_C \in \left(\dfrac{1}{2}, 1\right)$ 至少存在一个非对称的均衡，且此时 $\dfrac{\vartheta F}{\vartheta \lambda_C} = C^* \tau (\tau^* - \tau) - 4E$，如果 $C^* \tau (\tau^* - \tau) \leqslant 4E$，$\partial F\left(\dfrac{1}{2}, \tau\right) / \partial \lambda_C \leqslant 0$，$\lambda_C = \dfrac{1}{2}$ 是稳定均衡解，如果 $C^* \tau (\tau^* - \tau) \geqslant 4E$，$\partial F\left(\dfrac{1}{2}, \tau\right) / \partial \lambda_C \geqslant 0$ 则 $\lambda_C = \dfrac{1}{2}$ 不是稳定均衡解，因此如果 E 足够大即劳动力的异质性足够强，就能形成对称的均衡稳定结构，产业空间结构将完全分散。

第二种，产业会部分集聚或者分散。当 $E = E^* \dfrac{C^*(\tau^*)^2}{16}$ 时，式（7—14）的判别式等于零，如果异质性比较小，即 $E < E^*$ 时，$C^* \tau (\tau^* - \tau) - 4E = 0$

有两个根：τ_1^*，$\tau_2^* = \dfrac{\tau^*}{2} \pm \sqrt{\ }$，易证 $0 < \tau_1^* \leqslant \left(\dfrac{\tau_1^* + \tau_2^*}{2}\right) = \dfrac{\tau^*}{2} \leqslant \tau_2^* < \tau^*$，若 $\tau > \tau_2^*$，产业分散，若 $\tau_1^* < \tau < \tau_2^*$ 产业部分集聚，当异质性足够大即 E 达到 $\dfrac{C^*(\tau^*)^2}{16}$ 时再次开始分散，之后分散加剧。

我们再来讨论企业的生产行为，C 区域的某一厂商 j，该厂商进行生产时使用数量为 L_m 单位的低技能劳动力，L_n 单位的高技能劳动力，我们假设低技能劳动力数量是高技能劳动力数量的 ν 倍，即 $L_m = \nu L_n$，厂商使用的总劳动力 $L_j = L_m + L_n$，厂商的生产函数为：

$$y_j = A_j (L_j)^\eta K_j^{1-\eta} \tag{7—15}$$

A_j 为技术水平，k_j 为其他投入品的数量，则厂商的利润为：

$$\pi_j = \sum_R p_{jR} y_{jR} - W_j L_j - r_j K_j \tag{7—16}$$

其中，p_{jR} 是扣除中间产品边际成本后的区域 C 的出厂价格，y_{jR} 是出口到区域 R 的产品的数量，W_j 是高技能劳动力和低技能劳动力的平均工资率，r_j 是扣除劳动和中间产品后的其他投入的成本，因此厂商的利润函数重新写成如下形式：

$$\pi_j = p_j y_j - W_j L_j - r_j K_j \tag{7—17}$$

其中，$p_j = \sum_R p_{jR}\left(\dfrac{y_{jR}}{y_j}\right)$，是扣除中间产品成本后的产品的平均价值。对厂商利润最大化运用一阶条件，可以得到：

$$W_j = \eta p_j A_j \left(\dfrac{K_j}{L_j}\right)^{1-\eta} \quad r_j = (1-\eta) p_j A_j \left(\dfrac{K_j}{L_j}\right)^{-\eta}$$

$$\frac{p_j y_j}{L_n} = (\nu + 1)(1 - \eta)^{\frac{1-\eta}{\eta}} \left(\frac{p_j A_j}{r_j^{1-\eta}}\right)^{\frac{1}{\eta}} \tag{7—18}$$

$$\frac{p_j y_j}{L_m} = \frac{(\nu + 1)}{\nu}(1 - \eta)^{\frac{1-\eta}{\eta}} \left(\frac{p_j A_j}{r_j^{1-\eta}}\right)^{\frac{1}{\eta}} \tag{7—19}$$

地区劳动生产率是该地区所有企业的生产率的总和，若地区企业各数为 n，则地区劳动生产率为：

$$P = n\frac{p_j y_j}{L_m} = n\frac{(\nu + 1)}{\nu}(1 - \eta)^{\frac{1-\eta}{\eta}} \left(\frac{p_j A_j}{r_j^{1-\eta}}\right)^{\frac{1}{\eta}} \tag{7—20}$$

由此可见，劳动力异质性能引起经济空间分布的变化，异质性越强，产业越分散，$\dfrac{C^*(\tau^*)^2}{16}$ 是产业开始向外分散的临界点。根据生产函数对地区劳动生产率的理论推导，发现劳动力异质越强，产业越分散，产业越分散则地区劳动生产率就会越低；地区劳动力之间的异质性越大，地区劳动生产率就会越高，两者呈正方向的关系；产业集聚正向于地区劳动生产率。

第三节　异质性劳动力、产业集聚对地区劳动生产率影响的实证分析

一　主要研究对象的测算与分析

（一）高低技能劳动力就业者比例的变化趋势

在我国目前的教育背景下，企业在招人时，唯文凭、唯学历现象仍然非常严重，对于很多大的企业、机构、单位来说，学历无疑是一个硬性指标，因此衡量劳动力技能的高低时，若从人力资本的角度来衡量，其中的关键因素还是受教育程度。这是目前在我国现实情况下相对较好的测量指标，考虑到大学专科是高等教育和普通教育的分界线，我们将受教育程度为大专以上的劳动力称为高技能劳动力，将受教育程度高中以下的称为低技能劳动力。由于我国各地区之间劳动力的禀赋差别比较大，各地区经济发展的不平衡以及人的偏好的原因，造成了各地区就业高低技能劳动力也有很大的差别。

为了更好地分析我国各地区就业人员的高低技能劳动力的分布情况，本书沿用我国 2000 年制定"西部大开发"时的分类标准，将全国各地区分为东部、中部、西部三大区域，分析三大区域高技能和低技能就业人员的变动趋势（原始数据来源于 2002—2015 年《中国劳动统计年鉴》），分别如图 7—1、图 7—2 所示。

从图 7—1 中可以看到 2001—2014 年东部、中部、西部就业人员中高技能劳动力占比均具有上升趋势，其中东部地区上升速度最快，中西部地区上升基本趋同，这说明：（1）高技能劳动力还是倾向于沿海发达地区，这是因为沿海地区经济发达，能提供更多更好的就业岗位，资源也

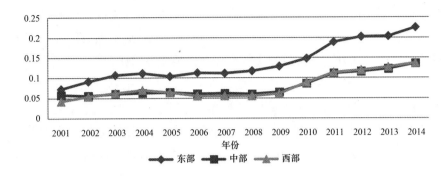

图7—1　2001—2014年东中西部高技能劳动力就业者比例的变化

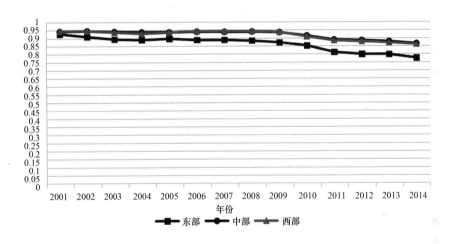

图7—2　2001—2014年东中西部低技能劳动力就业者比例的变化

较多，所以对高技能劳动力具有很强的吸引力；（2）中西部地区在2001—2009年，就业者中高技能劳动力变化并不是太明显，2009年之后所占比例开始迅速上升，这可能是因为由于2008年世界经济危机的波及，使得东部地区经济出现不景气，对东部地区的出口产生了很大的负面影响，而我国东部地区的发展主要还是靠出口拉动。同时，一方面，技能型劳动力的生活成本又高，所以，高技能劳动力开始向生活成本相对低的中西部地区流动，另一方面，由于出口的不景气，我国开始通过加大对国内基础设施的投资来拉动经济的增长，也增加了对技能型人才的需求。将东部、中部、西部地区综合来看，我国就业人员中高技能劳动力所占比例整体偏低，就算是就业人员中高技能劳动力所占比例最高的东部地区在 2014 年才达到了 3.5%，因此要使我国产业顺利升级和经济持续稳定发展，提升就业人员的受教育程度仍是必要的任务。

图 7—2 是我国东部、中部、西部地区就业人员中低技能劳动力就业人员的比例变化，从图中可以发现东部、中部、西部地区低技能劳动力总体呈下降的趋势。而东部地区低技能劳动力的下降可能是因为随着东部地区经济的发展、产业的转移与升级导致东部对低技能劳动力的需求降低，从而导致劳动力的回流，而中西部地区一直是劳动力输出的区域，在东部地区低技能劳动力就业逐渐减少的情况下仍然处于下降的趋势，这可能是两方面的原因：一是由于经济的发展和人们意识的改变，现在抚养一个孩子要投入的成本比以往大得多，很多家庭都是独生子女家庭，而这些独生子女现在都已开始步入社会成为了劳动力，使得相比以前劳动力的总数出现了下降；二是因为近年来随着教育的普及和大众化，就业人员的受教育水平有了提高，人们观念上开始有了很大改变，现在的社会竞争非常激烈，人们渴望通过学习来提升自身的综合竞争力，所以也导致整体低技能劳动力的比例偏低。

（二）异质性劳动力人力资本基尼系数与劳动力异质性结构

本章虽然将劳动力分为了高技能劳动力和低技能劳动力，但是高技能劳动力和低技能劳动力内部之间也不是完全相同的，高技能组内也有严格的高低之分，同样低技能组内也有高低之分，为了探究两组高低技能劳动力组内的差距，我们借鉴基尼系数来进行测度。此外，劳动力集聚度是反映某一地区劳动力空间分布的变量，具体测度时借鉴托马斯（Thomas，2003）的人力资本集聚度的测定方法，以就业人数的各教育层次作为权重，用平均受教育年限来计算人力资本的基尼系数，其测度公式如下：

$$G = \frac{1}{2\varphi} \sum_{i=0}^{n} \sum_{j=0}^{m} |T_{x_i} - T_{x_j}| \, n_i \, n_j \qquad (7\text{—}21)$$

φ 为相对应人口的平均受教育年限，n_i、n_j 分别用来代表既定教育层次的人口份额。T_{x_i}、T_{x_j} 分别代表不同教育层次的平均累积受教育年限，x_i 为教育层次 i 的平均受教育年限。

我们借鉴罗勇、王亚等（2013）的方法将受教育层次划分为七类，分别为：未上过学（$i=0$）、小学（$i=1$）、初中（$i=2$）、高中（$i=3$）、大专（$i=4$）、本科（$i=5$）和研究生（$i=6$）。这七类平均受教育年限为：$x_0=0$，$x_1=6$，$x_2=3$，$x_3=3$，$x_4=3$，$x_5=4$，$x_6=3$。通过平均累积受教育和平均受教育年限的关系得到这七类教育层次的平均累积受教育年限分别为：$T_{x,0}=0$，$T_{x,1}=6$，$T_{x,2}=9$，$T_{x,3}=12$，$T_{x,4}=15$，$T_{x,5}=16$，$T_{x,6}=15+x_{45}\left(x_{45}=\dfrac{3n_4+4n_5}{n_4+n_5}\right)$。

基于此，将就业者中受教育程度为大学专科以上和以下的比重分别代入式（7—21），计算出高技能劳动力的基尼系数和低技能劳动力的基尼系数分别为：

$$HP = \frac{(n_4+n_5+n_6)(3n_5n_6+3n_4n_6+x_{45}n_4n_5+4n_3n_5+3n_3n_4)}{3n_4+4n_5+(3+x_{45})n_6}$$

$$\tag{7—22}$$

$$LP = (n_0+n_1+n_2+n_3)\left(n_0+\frac{n_1n_2+n_2n_3+2n_1n_3}{2n_1+3n_2+4n_3}\right) \tag{7—23}$$

关于劳动力异质性（E）的测度，考虑到数据的完整性和获得性，本书借鉴刘渝琳等（2014）的测算思想，将劳动力异质性用受教育程度为大专（含大专）以上学历劳动力人力资本存量/高中以下（含高中）劳动力人力资本存量来衡量，大专以上就业人口的人力资本存量＝就业总人口数×（大专人口数×15＋大学本科及以上学历人口数×16）/抽样调查的总人力资本存量；高中以下就业人口人力资本存量＝就业人口数量×（高中学历的劳动力数量×12＋初中学历的劳动力数量×9＋小学学历劳动者数量×6）/抽样调查的总人力资本存量。

为了更进一步对比分析全国各地区高低技能劳动力之间的分布与差异的现状，我们以2014年为例，分别分析我国内地30个省（市、区）（港澳台、西藏除外）高低技能劳动力的地区集聚度与地区高低技能劳动力差异化程度。

由图7—3可以看出，河南、湖北、江西、重庆、四川、安徽、云南、青海、甘肃、贵州、宁夏这些地区就业的低技能劳动力基尼系数高于平均水平，这说明这些地区低技能劳动力之间在受教育程度方面存在很大差别，由于这些省（市、区）地理位置特殊，人口基数比较大，而

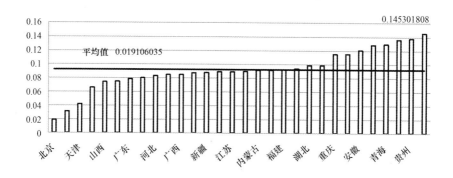

图7—3 2014年全国30个省（市、区）低技能劳动力基尼系数

教育资源又相对匮乏，所以造成在基础受教育程度方面差别很大。其中不平等最高的宁夏大概是最低的北京的7.6倍，这说明目前我国西部教育仍然很落后，要想提高整体国民的文化素质还应加大对西部地区教育的支持力度。

由图7—4可以看出，我国30个省（市、区）之间就业的高技能劳动力之间差别较大的是北京、天津、上海、陕西、浙江、广东等这些经济较发达的省（市、区），由图7—1我们已经知道我国目前高技能劳动力主要集中于东部沿海地区，但是区域之间高技能劳动力之间的差别也是很大的，比如基尼系数最大的北京大约是西部地区高技能基尼系数最小的贵州的15倍。随着东部地区经济的发展，高学历人才流向东部虽然合理，但是受教育程度为大专以上的各个阶段的人才都流向东部，而留下一些低技能劳动力在中西部，这样会造成全国范围人才资源的不合理利用，东部会出现人才的拥挤，而中西部又会出现人才的匮乏，最终会造成东部与西部地区的发展差距越来越大，我国也难以实现地区之间的协调发展。

为了将高技能劳动力和低技能劳动力进行组间比较，我们将全国30个省（市、区）的地区劳动力异质性结构表示在图7—5中。

从图7—5中，可以发现北京、上海地区的劳动力异质性结构大于1，这说明在北京、上海就业人员的受教育程度为大专以上的人均人力资本存量大于受教育程度大专以下的人均人力资本存量，因为这两个地区是我国城市最发达的地区，对高技能劳动力的需求最大，而且高技能劳动

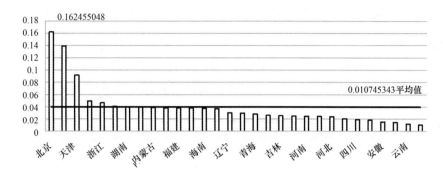

图 7—4　2014 年全国 30 个省（市、区）高技能劳动力基尼系数

力在此也可以获得好的发展空间和就业机会，所以造成我国大量的受教育程度高的劳动力向该地区流动与集聚；其余省（区）的劳动力异质性都是小于 1 的，甚至大多数还是小于 0.5，这再次说明了我国目前的就业人员整体受教育程度偏低。

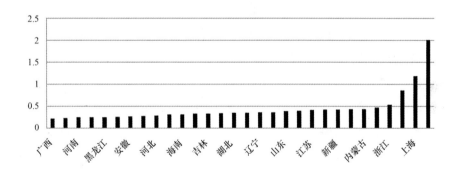

图 7—5　2014 年全国 30 个省（区）异质性劳动力结构

（三）产业集聚度测度与分析

目前学术界对产业集聚的测算方法主要有：集中度、区位熵、赫芬达尔－赫希曼指数、空间基尼系数、E－G 指数、DO 指数等，综合这些方法的优缺点，考虑到数据的可获得性和操作性，不同于本书第六章关于产业集聚度的测度方法，本章将采用产业集中度来测量我国 30 个省（市、区）（港澳台、西藏除外）2001—2014 年 20 个两位数制造业行业的产业集聚度，并分成东部、中部、西部三大区域分别进行分析，如图7—6至图7—8所示。

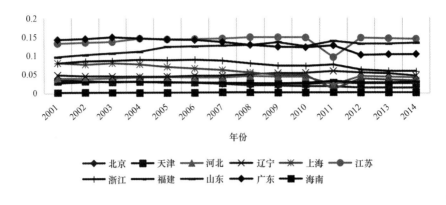

图7—6　2001—2014年东部地区制造业产业集中度

从东部地区产业集中度的表7—6中可以看出，北京、天津、上海、浙江的产业有向外转移的趋势但是并不明显，其中广东和上海稍微明显一点，而辽宁、山东处于上升的趋势，其余省份也有微小的上升，在东部省份中集中度下降最快的广东省，集中度由2001年的0.132下降到2014年的0.103，总体下降了21.96%，这说明广东省的部分制造业开始向外进行转移；而东部地区的山东省，制造业的集中度则由2001年的0.097上升到2014年的0.133，上升了37.1%，这说明产业在进行转移时首先开始向邻近的地域进行转移，但是在2011年的时候出现了明显的断层现象。一方面，由于本章的生产集中度是由产业的产值计算出来的，而东部地区是我国制造业产品出口的主要地区，2011年正值国际经济危机的峰值，世界各国都陷于经济危机的泥潭，从而不利于我国的出口，东部地区规模生产的成本加大，导致了东部地区产业产值下降；另一方面由于我国出口受阻，国家开始鼓励内销，企业基于自身利润最大化的考虑，开始向人口资源相对丰富的中西部地区投资建厂，但是该地区原有的产业仍然有一部分在该地区集聚并没有向外转移，自2012年起，我国制造业的产值开始有所上升。

如图7—7所示，对于中部地区而言，生产集中度从2001—2014年几乎都是处于上升的趋势，其中上升最明显的是河南省，由2001年的0.037上

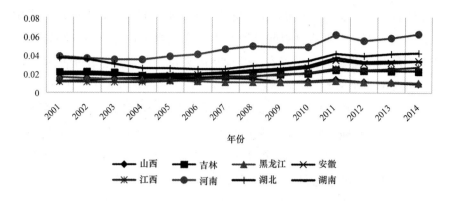

图 7—7 2001—2014 年中部地区制造业产业集中度

升到 2014 年的 0.062，上升了 67.57%，其中中部地区整体从 2004 年开始明显上升，这可能是因为国家 2004 年提出要进行中部崛起的战略，导致了国家资金和政策的倾斜以及外资的投入，从而使得中部地区成为承接产业转移的重要地，从而促进了产业在该地区的集聚。相对于东部地区 2011 年制造业产值的下降，2011 年中部地区产业产值并未减少，反而有增加，这是由于中部地区是我国人口较集中的地区，2008 年的金融危机导致我国东部地区出口锐减，势必影响流向东部地区的劳动力的数量，而中部地区劳动力丰富的资源开始发挥作用，造成中部地区企业生产制造业产品相对成本较低，市场需求增大，所以制造业产值反而上升。

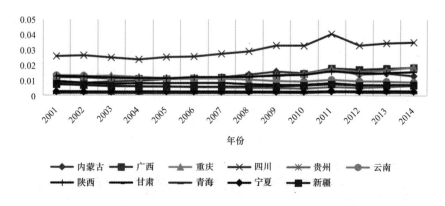

图 7—8 2001—2014 年西部地区制造业产业集中度

如图 7—8 所示，西部地区和中部地区的发展趋势相似，四川省是最明显的省份，产业集中很快。四川省劳动力资源丰富，而制造业的集中与发展，一个最重要的要素就是劳动力，这说明企业在进行区位选择时劳动力仍然是重要的考虑因素，但是整体来说，西部地区产业集中的规模并没有中部地区大。

通过以上分析发现，虽然东部地区的产业开始向外转移，但是东部地区周边和中西部地区的产业集中变化并不是很大，这主要是因为随着我国经济的飞速发展，劳动力成本逐步提高，企业生产时要支付的员工工资相应增加，从而影响了利润，导致东部地区有一部分产业转向了国外。

（四）地区劳动生产率的测算与特征分析

地区劳动生产率是指某一地区一定时期内劳动者创造的劳动成果与劳动投入量的比值。单位时间内一定量的劳动者生产的劳动成果越多，劳动生产率就越高，基于此，我们以 2000 年为基期，用某地区平减之后的实际 GDP 与地区就业人数之比来衡量该地区的劳动生产率，表 7—1 所示的是我国东部、中部和西部地区的劳动生产率增长率及其差距。

表 7—1　　我国东部、中部和西部地区劳动生产率增长率及差距

年份	劳动生产率增长率（％）			差距值		
	东部	中部	西部	东与中	东与西	中与西
2001	9.1	9.0	7.7	0.1	1.4	1.3
2002	10.0	8.8	9.4	1.3	0.6	-0.7
2003	10.7	9.3	11.4	1.4	-0.6	-2.0
2004	10.2	11.1	11.8	-0.9	-1.6	-0.7
2005	10.5	10.6	14.1	-0.2	-3.7	-3.5
2006	11.8	11.6	12.3	0.3	-0.5	-0.8
2007	11.2	12.8	14.1	-1.7	-2.9	-1.3
2008	9.3	11.3	11.4	-2.0	-2.1	-0.1
2009	8.3	10.5	12.0	-2.1	-3.7	-1.5
2010	10.2	11.9	13.0	-1.7	-2.8	-1.1
2011	8.4	10.9	12.2	-2.6	-3.9	-1.3

续表

年份	劳动生产率增长率（%）			差距值		
	东部	中部	西部	东与中	东与西	中与西
2012	7.7	9.4	12.1	−1.8	−4.4	−2.7
2013	6.7	7.9	8.8	−1.2	−2.1	−0.9
2014	6.8	7.6	7.5	−0.9	−0.8	0.1

由表7—1可以看出，我国东部、中部和西部地区在2001—2007年劳动生产率几乎都是处于上升阶段，东部在2006年达到11.8%的最大值，中部在2007年达到12.8%的最大值，西部在2007年达到14.1%的最大值，但在2010年之后上升幅度开始有所下降。比较2001—2014年，东部与中部、东部与西部、中部与西部的数据，可以发现，虽然我国东部、中部和西部地区劳动生产率都在增长，但是西部地区增长的最快，西部地区曾达到14.1%的速度，其次是中部地区，最后是东部地区。东部与中部的差距在2011年达到2.6%的最大值，东部与西部的差距在2012年达到4.4%的最大值，中部与西部的差距在2005年达到3.5%的最大值。

为什么高技能劳动力大多都集中在东部地区，而东部地区的劳动生产率增长率反而没有中西部地区高呢？合理的解释是东部地区的发展模式主要是对外开放型或出口导向型，主要依赖国外市场的扩张与国外市场的需求，会受到国外经济动荡的影响。自从2008年经济危机以来，世界经济发展缓慢，甚至一些国家的经济出现了倒退的现象，而我国中西部地区的发展主要是内需扩大型和资源支持型的，受国际经济危机的冲击比东部地区要小。此外，我国实施的西部大开发战略、东北老工业基地振兴战略以及中部崛起等战略的积极成效也逐渐开始显现。

二 实证分析

（一）模型构建

本章基于新经济学理论的数理推导，发现劳动力异质性是产业集聚的重要影响因素，并且异质性越强，产业越分散，为了检验该结论是否符合我国的实际情况，本节建立简单的关于产业集聚度和劳动力异质性的计量模型：

$$CR_{it} = \beta_0 + \beta_1 E_{it} + \delta_{it} \qquad (7\text{—}24)$$

其中 CR_{it} 为 i 地区 t 时的产业集中度，E_{it} 代表 i 地区 t 时劳动力的异质性，δ_{it} 为随机扰动项。

由于产业集聚是一个不断变化的过程，因此产业集聚对地区劳动生产率的影响也应是一个动态的过程。此外我们还面临着内生性的问题，许多地区固有的影响地区劳动生产率的因素会与产业集聚共同发挥作用，Baldwin & Okubo 认为"新新经济地理学引入了企业异质性，而异质性的存在会强化企业的自我选择效应，结果导致生产率较高的企业向中心地区进驻，造成该区域平均生产率的提高；而生产率低的企业会逐步扩散至外围地区，不利于当地生产率的提高"。这从另一个方面使产业集聚的研究面临严重的内生性问题，因此为了克服内生性问题，本书采用广义矩估计的方法进行分析。所以建立含有一阶滞后的动态模型：

$$\ln(P_{it}) = \beta_0 \ln(P_{it-1}) + \beta_1 LP_{it} + \beta_2 HP_{it} +$$
$$\beta_3 E_{it} + \beta_4 CR_{it} + \beta_5 V_{it} + u_t + \varepsilon_{it} \qquad (7\text{—}25)$$

其中 P_{it} 表示 i 地区 t 时的劳动生产率，P_{it-1} 表示 i 地区 $t-1$ 时的劳动生产率，由于地区劳动生产率的数值比较大，考虑到计算的方便性和数据的平稳性，从而对其取对数。LP_{it} 代表 i 地区 t 时低技能劳动力基尼系数，HP_{it} 代表 i 地区 t 时高技能劳动力基尼系数，E_{it} 代表 i 地区 t 时劳动力的异质性，CR_{it} 为 i 地区 t 时的产业集中度，V_{it} 为控制变量，u_t 为不可观测项，ε_{it} 为随机扰动项。

（二）变量选取与数据来源

1. 核心解释变量

本分析模型的核心变量为低技能劳动力基尼系数 LP，高技能劳动力基尼系数 HP，劳动力异质性 E，产业集中度 CR，这些变量的计算与测度方法前文已经做过分析，故在此不再赘述。

2. 控制变量

本章的研究思路是沿着劳动力影响产业集聚并最终影响地区劳动生产率的思路展开的，因此在选择相关的核心解释变量时也是沿着这一思路。但是除了劳动力这一因素可以影响地区劳动生产率，还有一些其他因素很大程度上可以影响地区劳动生产率，为此，模型中加入以下控制变量。

（1）对外开放度（OPEN）。对外开放度是指一个国家或地区经济对外开放的程度，一个地区对外开放度越高，那么该地区越有利于知识、技能、劳动力等在地区间流动，越有利于吸引国外企业在该地入驻，国外企业在当地的入驻会带来先进的技术和管理经验，从而有利于当地劳动生产率的提高。我们选取各地区出口总额占地区 GDP 的比重来衡量对外开放度，由于我国统计的进出口总额是以美元为单位的，因此通过年末汇率换算成以元为单位的总额再除以各地区的 GDP 作为代理变量。

（2）市场潜能（MR）。新经济地理学的"制造业前向联系和后向联系"使得厂商倾向于向人口集中的地方建厂，这样不仅可以扩大市场规模而且可以减少厂商的运输成本从而获得较大的利润，地区厂商利润的增加会造成地区劳动生产率的提高。因此，市场规模也是影响地区劳动生产率的一个重要因素，我们借鉴金煜（2006）等的研究方法，以各地区 GDP 占全国 GDP 的比重作为衡量市场规模的指标。

（3）税收（TAX）。在各地区建厂和生产都离不开政府的支持和帮助，政府的政策，如税收政策、产业政策等，都是影响企业布局时需要考虑的重要因素。税收主要体现在税收竞争方面，政府可以利用各种税收减免的优惠手段来吸引企业进驻本地，企业以利润最大化作为自己生产的目的，其中税收是影响企业剩余利润的重要因素。企业倾向于选择有税收优惠的地区布局与生产，我们选取各地区的宏观税负作为代理变量，用税负水平占该地区 GDP 的比重来衡量。

（4）贸易自由度（φ）。贸易自由度是新经济地理学里的重要概念，它反映的是两个地区进行贸易的难易程度。国内外总体上对贸易自由度的研究与测量可分为直接测量（如，关税占 GDP 的比例、贸易额占 GDP 的比例等）和间接测量（如，交通设施的规模、通信业务的规模等）。考虑到新经济地理学中普遍使用交通设施的规模来测量，本模型分析中也采用交通规模这一指标。基础设施的完善能给企业提供更多便利的交通运输条件，而贸易的自由也有助于降低原材料和商品运输过程中的成本和风险，这样就会吸引大量的企业进入该地区，大量企业的入驻会带动当地劳动力的就业，最终会提高当地的劳动生产率水平，安虎森（2006）也指出，提高贸易自由度可促进产业活动集聚从而影响地区劳动生产率。因此我们借鉴高云虹、符迪贤（2015）的研究方法，用各地区的公路、铁路、航道之和与各地区国土面积之比作为贸易自由度的代理变量（单位：百公里）。

（5）财政支出（CZ）。财政支出是政府为满足公共物品和服务的需要而对资金的分配，地区基础设施建设、流动资金支出、地质勘探支出、国家物资储备支出、工业交通部门的资金支出等是财政支出的重要部分，这些支出能对区域经济的扩张起到明显的作用。本节选取各省（市、区）财政支出占地区 GDP 的比重来表示财政支出的程度。

各变量的描述性统计分析如表 7—2 所示。

表 7—2　　　　　　　　　主要变量的描述性统计分析

变量	均值	最小值	最大值	标准差	观测值
地区劳动生产率（P）	10.2949	8.5976	11.8762	0.6514	421
高技能劳动力基尼系数（HP）	0.1379	0.0191	0.3553	0.0565	421
低技能劳动力基尼系数（LP）	0.0213	0.001	0.1672	0.0254	421
劳动力异质性（E）	0.7061	0.1644	5.5105	0.6366	421
产业集聚度（CR）	0.0333	0.0012	0.1489	0.0374	421
对外开放度（OPEN）	3.2828	0.3572	17.2148	4.0567	421
市场潜能（MR）	0.0333	0.0027	0.1143	0.0257	421
地区政策（TAX）	0.0694	0.0300	0.1810	0.0277	421
贸易自由度（φ）	0.0741	0.0035	0.2690	0.0519	421
财政支出（CZ）	0.2212	0.0109	1.0454	0.1574	421

3. 数据来源

本书计算的数据都是宏观数据，计算高低技能劳动力基尼系数和劳动力异质性结构的原始数据，来源于 2002—2015 年的《中国劳动统计年鉴》，计算产业集聚的原始数据来源于 2002—2015 年的《中国工业经济年鉴》，计算利率的数据来源于外汇管理局，其他数据均来源于《中国统计年鉴》和各省（市、区）《统计年鉴》。

（三）模型回归结果及分析

1. 方程（7—24）的回归结果

面板数据的静态分析有混合效应、固定效应、随机效应三种模型，固定效应类似于标准回归，能直接估计得到。随机效应不是直接估计，而是从它们的方差和协方差估计值中总结而来。随机效应以随机截距或者随机系数的形式呈现，数据的组织结构可能包括嵌套分组的多重水平。而混合效应则是综合了固定效应和随机效应，为了研究的准确性和可靠性，本书用这三种模型进行回归并进行对比，如表7—3所示。

表7—3　　　　　　　　　方程（7—24）的回归结果

变量	（混合效应）	（固定效应）	（随机效应）
C	0.0367	0.0367	0.0367
E	-0.0130***	-0.0130***	-0.0129***
	(0.0027)	(0.0027)	(0.0027)

注：括号内是标准差，*、**、***分别表示在10%、5%、1%统计水平显著。

从以上的混合效应、固定效应、随机效应回归结果可以发现：无论哪种效应，劳动力异质性E前面的系数均为负数，这说明劳动力异质性的增强是不利于产业集聚的，这和前面基于新经济地理学进行的数理推导得出的结论一致，即：劳动力异质性越强，产业越分散。

2. 方程（7—25）的回归结果

动态面板数据模型由于存在被解释变量的滞后项作为解释变量，导致传统参数估计方法在估计时存在有偏和非一致性，GMM估计方法可以很好地解决这个问题，另外使用动态面板也可以很好地解决可能存在的内生性问题。我们运用Stata12.0分析软件采用系统GMM估计方法对方程（7—25）进行如下回归，回归结果为表7—4所示。

表7—4　　　　　　　　　方程（7—25）动态面板回归结果

变量	模型（1）	模型（2）	模型（3）	模型（4）	模型（5）
P（-1）	0.9882***	0.9935***	0.9930***	0.9926***	0.9872***
	(0.0029)	(0.0045)	(0.0068)	(0.0072)	(0.0069)
HP		-0.5562***	-0.6482***	-0.6596***	-1.9963***
		(0.0635)	(0.1016)	(0.1011)	(0.2997)

变量	模型（1）	模型（2）	模型（3）	模型（4）	模型（5）
LP			-0.0948 (0.0698)	-0.0987 (0.070)	-0.2091 ** (0.0906)
CR				-0.2911 ** (0.1189)	-0.2216 * (0.1214)
E					0.1360 *** (0.0199)
OPEN	0.0039 *** (0.0008)	0.0042 *** (0.0006)	0.0041 *** (0.0006)	0.0042 *** (0.0005)	0.0044 *** (0.0006)
MR	-1.1516 *** (0.3652)	-1.5831 *** (0.2952)	-1.7890 *** (0.3476)	-0.9905 ** (0.4093)	-0.8505 (1.0847)
TAX	-1.8117 *** (0.0978)	-1.4534 *** (0.1359)	-1.4133 *** (0.1284)	-1.3042 *** (0.1327)	-1.3043 *** (0.1831)
φ	0.4089 *** (0.0412)	0.2789 *** (0.0572)	0.3097 *** (0.0630)	0.2957 *** (0.0728)	0.2698 *** (0.0908)
CZ	0.2440 *** (0.0273)	0.2145 *** (0.0290)	0.1924 *** (0.0330)	0.1680 *** (0.0343)	0.1639 *** (0.0393)
AR（1）	0.0052	0.0051	0.0047	0.0042	0.0040
AR（2）	0.4323	0.1913	0.2448	0.3033	0.2535
Sargan（检验 p）	1	1	1	1	1
N（样本）	390	390	390	390	390

注：括号内是标准差，*、**、*** 分别表示在10%、5%、1%统计水平显著。

3. 结果分析

固定控制变量，逐个加入核心变量，发现加入劳动力异质性 E 之前 HP、LP 前的系数变化不大，加入劳动力异质性之后 HP、LP 前的系数的大小有一定的变化，但是其余核心变量的系数符号和显著性变化不大，说明模型（5）的稳定性较好，我们以模型（5）的回归结果为基础进行分析。模型（5）的回归结果显示，前期的劳动生产率对当期具有正向影响，并在1%的水平下显著。这是因为企业一旦在某一地区集聚，不会短时间内改变，企业生产的各种要素也不会出现大的变化，造成了地区企业生产率不会有大的变化。如果当期企业生产的产品销售良好，企业获得一定的利润，那么对下期企业的再生产会起到促进作用，从而会造成该地区劳动生产率的提高，前期的获利生产会对当期产生"示范效应"。

在劳动力异质性的前提下，高技能劳动力基尼系数对地区劳动生产率是负向影响，且在1%的水平下显著。高技能劳动力基尼系数增加0.1（因为基尼系数取值范围为：0—1），会导致地区劳动生产率下降19.9%，这说明高技能劳动力之间的基尼系数对地区劳动生产率影响很大。高技能劳动力基尼系数越大，说明高技能劳动力之间差距越大，技术和知识只掌握在一小部分劳动者手中，在高技能劳动者组内两极分化严重，这些组内的高技能劳动者共同工作时，由于知识、认知等差别较大，如果企业需要高技能的劳动力进行研发，那么不可避免地要承担更高的物质成本，就算高技能劳动力有了创新的产品，由于企业生产规模的限制和资金的不足，也难以将创新产品用于生产，从而不利于地区劳动生产率的提高。因此高技能劳动基尼系数对地区劳动生产率会起到阻碍作用。

在劳动力异质性的前提下，低技能劳动力基尼系数对地区劳动生产率具有负向影响，且在5%的水平下显著。低技能劳动力基尼系数增加0.1（因为基尼系数取值范围为：0—1），引起地区劳动生产率平均下降2.091%，低技能劳动力基尼系数越大，说明低技能劳动力之间受教育程度不均衡。目前我国的低技能劳动力充裕，经济增长仍然是粗放型增长即劳动密集型增长，劳动密集型企业面临着巨大的转型压力，企业劳动生产率的下降，影响了地区劳动生产率的提高。与高技能劳动力基尼系数进行对比，低技能劳动力基尼系数对地区劳动生产率的影响远低于高技能劳动基尼系数对地区劳动生产率的影响，可以说高技能劳动力对地区劳动生产率的弹性较大，这也验证了人力资本理论中劳动力技能越高，生产效率越高的结论。

产业集中度对地区劳动生产率是负向影响，并在10%的水平下显著。产业的集中使得更多的企业在该地入驻，并吸引大量的生产要素向该地区集聚，但是当要素集聚的数量超过最优的生产规模时就会形成要素拥挤，企业的生产效率就会降低，企业在该地区进行生产的成本会增大，利润微薄甚至亏损，此时一部分企业会通过向外转移来增加边际效率，而这一现象在东部地区表现得更为明显。近年来东部地区由于土地、租金、工资的上涨，更多的企业开始梯度向外转移，劳动力也开始向中西部地区回流，所以产业集中和要素的集聚必须在合理的范围内才能提高地区的劳动生产率，否则反而会造成拥挤效应阻碍地区劳动生产率的提高。

地区劳动力异质性对地区劳动生产率有正向影响并且在1%的水平下显著。异质性人力资本每提高一个单位，会引起地区劳动生产率平均上升13.60%，这和前文的新经济地理理论推导结论是吻合的。地区劳动力异质性，本书是用高技能劳动力和低技能劳动力人均人力资本存量之比来表示，地区异质性人力资本越高，说明该地区就业人员的平均人力资本存量越高，就业人员的人力资本存量越高，越不利于制造业在该地区集聚。但是该地区平均人力资本存量高，说明该地区人才集聚，具有很强的创新特征，可能高科技产业比较多，而高科技产业的效率是数倍于传统行业的。由于本书研究的地区劳动生产率不仅包括制造业还包括其他行业，所以虽然该地区不利于劳动密集型产业的集聚，但是地区劳动生产率也会比较高。

对外开放度对地区劳动生产率的影响是正的，并在1%的水平内显著，对外开放度上升一个单位，引起地区劳动生产率平均上升0.44%。这是因为地区的对外开放使得地区能够通过吸引外资和利用先进的技术，弥补当地发展的劣势，提升当地的竞争力，使得本地区与外部的交流与联系变得更加紧密。地区具有优势的产业生产的产品通过对外销售来取得更大的收益，当地的企业也会有更大的利润空间，通过学习先进的管理方法和技术从而提升企业的生产效率，最终有利于当地劳动生产率的提高。

市场潜能对地区劳动生产率是负向影响但不显著。虽然企业倾向于市场规模大的地区建厂，但是市场规模越大，企业生产时搜寻生产要素的成本也越大，结果会造成企业利润的下降并不利于当地劳动生产率的提高。此外随着经济的发展和各地区基础设施建设的大力实施，交通运输成本降低，企业并不需要一定将生产放在市场规模大的地区，企业可以选择靠近这些地区，只要运输成本小于企业对生产资料的搜寻成本。

宏观税负水平对地区劳动生产率具有负向影响且在1%的水平下显著。税负水平对地区劳动生产率影响较大，宏观税负的增加势必会增加企业的负担，企业需要缴纳更多的税费，从而使得企业面临更高的生产成本，进一步压缩企业的利润空间，造成企业生产效率的降低，最终不利于地区劳动生产率的提高。

贸易自由度对地区劳动生产率在1%的水平下具有显著正向影响，贸易自由度提高一个单位会导致地区劳动生产率弹性平均上升26.98%，贸易自由度越大，相应地，该地区生产资料的流动性就越强，企业也就更容易获得生产资料，从而降低企业的生产成本，企业生产成本的降低势必会增加企业的利润，提高企业生产效率并最终导致地区劳动生产率的提高。

财政支出对地区劳动生产率具有正向影响，并在1%的水平下显著，财政支出增加一个单位会引起地区劳动生产率上升16.39%。政府将财政支出用于基础设施的建设和公益项目的投资，这些都会拉动当地经济的发展。此外，政府的财政支出还包括政府的转移支付和政府购买，政府的转移支付能补贴企业的生产和增加居民的收入，刺激居民消费，政府的购买会增加需求，这些行为都会导致企业扩大再生产，拉动地区经济的增长，带动地区劳动生产率的提高。

第四节　小结

本章沿着劳动力作用于产业，并影响地区劳动生产率的路线，梳理了国内外相关研究文献，将异质性劳动力分为高技能劳动力和低技能劳动力，然后从理论方面阐释了异质性劳动力以及劳动力异质性结构对地区产业集聚的影响。在此基础上研究劳动力作用于劳动生产率的机制，并在新经济地理学的框架下进行了数理推导，最后为了检验数理推导是否符合我国的实际情况，本章建立了计量经济模型，借助Stata14.0计量软件进行了实证分析。研究结论如下：

第一，劳动力与地区产业集聚的循环累积效应会造成地区劳动生产率的不同，地区高技能劳动力之间的基尼系数和低技能劳动力之间的基尼系数越大，越不利于地区产业的集聚，不利于地区劳动生产率的提高，高技能劳动力基尼系数对地区劳动生产率的负影响要远大于低技能劳动力基尼系数对地区劳动生产率产生的负影响。

第二，劳动力异质性能引起经济的空间分布，异质性越强，产业越分散，产业越分散则地区劳动生产率就会越低；$\dfrac{C^*(\tau^*)^2}{16}$ 是产业开始向外分散的临界点；劳动力异质性结构即地区劳动力的人力资本存量与地区劳动生产率呈正相关。

第三，高技能劳动力基尼系数、低技能劳动力基尼系数、产业集聚度均对地区劳动生产率是负向影响，高技能劳动力基尼系数的影响率远大于低技能劳动力的影响率；因为要素拥挤的关系，地区产业的集聚不利于地区劳动生产率的提高。而前期的地区劳动生产率、劳动力异质性结构、对外开放度、贸易自由度、财政支出均对地区劳动生产率具有正向促进作用，虽然市场潜能对劳动生产率的提高起到阻碍作用，但作用并不显著，而地区税负水平却在很大程度上阻碍地区劳动生产率的提高。

第八章

劳动力流动、产业转移对
区域收入差距的影响

第一节　问题的提出及相关文献综述

一　问题的提出

改革开放以来，中国经济实现了持续快速增长，但区域经济不平衡发展的基本格局尚未发生根本改变。中国的基尼系数从 1978 年的 0.18 不断上升到 2008 年的 0.491，2015 年全国居民收入基尼系数为 0.462，超过国际公认的 0.4 贫富差距警戒线。经济不平衡发展的同时，劳动力在地区间、城乡间的流动也已成为常态。根据中国统计局数据，自 1978 年实行对外开放政策以后，我国劳动力流动规模快速增长，1990 年我国劳动力流动规模为 1983 万人，到 2000 年达到 14439 万人，而到 2015 年达到 2.94 亿人，较 2000 年增长 104%，约为 1990 年的 14.8 倍。在逐渐融入世界经济发展步伐的背景下，形成了我国新的区域空间分工格局，劳动力流动的方向也由原来的内陆地区流向沿海地区转向了就地流动或流向中西部地区，出现回流趋势。劳动力的流动不仅通过影响区域间劳动力资源的配置来影响区域收入，同时通过影响要素成本对产业区位选择产生重要影响。

进入 20 世纪 80 年代以来，在世界新技术革命浪潮的冲击下，为适应改革开放的新形势和区域经济协调发展的需求，我国开始了推动产业转移的探索和实践。我国东部沿海区域利用地域上的有利条件，抓住产业转移的机遇，承接和发展了大量以劳动密集型产业为主的加工工业，从而有力地推动了当地经济发展，也成为拉动我国经济增长的重要力量。随着产业发展的进一步推进，部分行业出现了产能过剩，东部地区劳动力成本和土地租金的不断上涨，造成东部地区部分行业的比较优势逐渐丧失，出现了资源配置效率低下、产业效益损失等问题，并在一定程度上呈现向其他成本优势更明显地区转移的态势。

如今，东部沿海地区已完成资本原始积累，开始走产业升级转型之路，必然带来新一轮的产业转移。各级政府也大力出台相关政策以缓解区域的不平衡发展，可见两者对于缩小区域差距都具有战略性的作用。鉴于我国当前经济增长已进入"新常态"阶段，劳动力流动、产业转移也出现了新趋势和新情况，对我国劳动力流动、产业转移与区域收入差距进行重新审视和研究，正确认识和评价三者之间的内在联系，对提高我国区域资源整合效率以及促进区域协调发展具有重要意义。

二 相关研究综述

以下主要就产业转移、劳动力流动和区域经济差距关系的研究进行综述。

（一）产业转移与地区差距

从理论上看，产业在不同地区之间的转移，对于欠发达地区而言，会通过产业转移的要素集聚效应、技术外溢效应以及产业升级效应等，带动欠发达地区的发展进而实现区域协调发展，产业转移具有熨平地区差距的经济效应。然而，产业转移过程中又会带来什么样的负向效应？产业转移过程中转移地与承接地之间差异化的利益诉求是否会导致区域间产业转移的中断，进而导致区域协调发展的进程被阻断？

在产业转移与地区差距研究的层面，国外经典产业转移模型尽管并未直接论述产业转移与地区差距的内在关系，但基本较为一致地认为产业转移熨平了国家间抑或地区间的差距（赤松要，1935；弗农，1966；小岛清，1978；邓宁，1993）。国内大多数学者也认为产业的梯度转移是实现区域协调发展的必由之路（戴宏伟，2008；张少军、刘志彪，2009；张辽，2013）。然而，也有学者基于产业转移理论与区域经济理论应用的约束条件视角，分析论证了产业梯度转移对于我国区域协调发展的失灵问题，认为通过产业梯度转移使东部发达地区带动相对落后的中西部地区经济发展格局并未形成。也有学者研究认为，我国东部沿海地区劳动密集型产业向中西部地区的转移以及劳动力相伴随的回流，不仅为东部沿海地区的资源配置与产业升级提供了条件，而且为中西部地区产业扩张与优化带来了机会，进而形成区域协同发展效应（傅允生，2013）。除此以外，也有学者基于产业转移对欠发达地区同时带来一些负向效应，进而认为产业转移对区域协调发展具有不确定性（刘力，2008；郭丽，2008）。

（二）劳动力流动与地区差距

国内外在劳动力流动对地区差距影响的研究上目前仍无定论。概括起来，主要存在三种观点：缩小论、拉大论、折中论。其中，新古典经济学构成了"缩小论"的主要代表；而新经济地理学则构成了"拉大论"的核心范式；折中论则主要是基于跨国数据与国内区域数据进行经验研究，结果表明劳动力流动对地区差距的经济效应具有不确定性（樊士德，2014）。

国内外有关劳动力流动与地区差距的已有研究中，劳动力流动在一定程度上缩小了地区差距这一论点占据主导地位。传统经济理论尤其是新古典经济理论偏向认为劳动力流动带来了地区经济差距的收敛。尽管Lewis（1954）、Fei and Ranis（1961）、Todaro（1969）等提出的经典劳动力流动模型并未直接涉及劳动力流动与地区差距的内在关系，但无一例外地蕴含着劳动力流动缩小城乡与地区差距的含义。国内大部分学者也认同劳动力流动缩小地区差距的观点，认为劳动力流动可以有效地缩小地区、城乡之间的差异，因此促进劳动力流动隐含平衡区域、城乡发展差距的政策含义（李实、赵人伟，1999；刘强，2001；樊纲，2005；刘学军、赵耀辉，2009）。在直接的研究中，有学者还发现，由于政策扭曲，造成劳动力流动对地区差距呈现先拉大后缩小特征，未来其作用空间还较大（王小鲁、樊纲，2004；段平忠、刘传江，2005；沈坤荣、唐文健，2006）。

但是，新经济地理学基于不同于新古典经济学的另一种范式，对劳动力流动熨平地区与城乡收入差距的观点提出了质疑，认为劳动力流动并不会带来地区经济趋同，相反扩大了区域间差距（Barro & Sala-i-Martin，1991）。基于我国劳动力大规模流动与不断扩大的地区发展差距抑或城乡差距同时并存的典型化特征，国内部分学者的实证研究验证了这一事实（杨云彦，2003；孙自铎，2004；蔡昉，2005；钟笑寒，2006；樊士德，2014；蔡武、吴国兵、朱荃，2013；彭文慧，2014）。当然，也有研究认为劳动力流动既可能扩大地区差距，也可能缩小区域差距，因而最终的经济效应并不确定。埃图罗史基（Etsuro Shioji，2001）基于有的国家劳动力流动促进了区域经济趋同而有的国家人口迁移则拉大了地区差距的经验事实，认为劳动力流动并不一定能带来区域收敛，并将传统理论与经验上的冲突称之为"迁移之谜"。

（三）劳动力流动与产业转移

劳动力流动与产业转移既存在相互间的内在逻辑联系，又存在一定的差异。产业转移一般承载着劳动力、资本和技术等要素在内的流动和空间动态组合与集聚，而劳动力流动并不一定意味着产业转移的发生。概括起来，国内外关于劳动力流动与产业转移的关系的研究有如下三种：

（1）产业转移决定了劳动力的流向。新经济地理学指出由于企业内部规模报酬递增、交通成本及知识的溢出和外部性，发达地区企业不愿改变区位进而形成较大的市场规模，也就决定了劳动力向该地集聚。因此，相关研究者认为产业转移和产业集聚决定了劳动力要素流动，尤其是决定了其流动趋向，产业转移改变了劳动力流动的空间选择，将主要由跨区域转移向就地转移转变（郑江淮、高彦彦，2009；陈建军，2009）。

（2）劳动力流动决定了产业转移。对产业转移决定劳动力流动的论点，一些学者提出了质疑，并指出劳动力流动决定了产业转移。部分学者认为劳动力流动阻碍了产业转移（罗浩，2003；吴安，2004），其内在机制在于长期以来大规模的劳动力区际流动延缓了东部沿海地区的劳动力成本上升时间表，进而促使东部地区劳动密集型产业外移压力，最终使其在东部形成产业转移黏性（魏敏，2004）。但有学者并不认同劳动力流动是阻碍产业区域转移的根本诱因，认为是多重因素造成了产业转移规模的潜在不足（山社武、刘志勇、张德生，2010）。也有研究认为劳动力流动方向决定了产业转移的方向与趋势（刘新争，2012；苏华、赵梦园、万劭琨，2013）。

（3）劳动力流动与产业转移二者互为因果。一些学者指出，劳动力流动与产业转移并非单方面的关系，而是互为因果、互为促进的关系（范剑勇、王立军、沈林洁，2004）。近几年出现了以产业转移和劳动力回流为主要特征的"双转移"，外出劳动回流是市场比较利益变化形势下农民工的理性选择，是农村劳动力流动的一个重大转折（辜胜阻等，2013），尤其是新生代农民工已成为劳动力市场的主要力量，这一群体的空间流动选择决定了未来中国农村劳动力的空间分布格局，对中西部地区承接产业转移以及区域经济发展具有重要影响（彭长生、杨国才，2014）。因此，国内产业转移与劳动力回流成效如何，通过产业转移与劳动力流动形成国内地区经济发展的协同效应，将会促进国内产业转型升级与区域经济协调发展（傅允生，2013）。

综观国内外学者对劳动力流动、产业转移及区域经济差距的研究，发现三者之间存在相互影响的机制。我国作为经济转型时期的发展中国家，劳动力流动有其独特性，国内学者对流动劳动力的特征、劳动力流动的决定因素、劳动力流动对产业转移及地区收入差距的影响等方面进行了深入研究。就劳动力流动与区域经济差距关系而言，学界主要存在着缩小论、拉大论和折中论三种论点：缩小论主要是基于新古典经济理论，而扩大论则主要为新经济地理学的范式。在劳动力流动与产业转移方面，对劳动力和产业转移关系的研究几乎均为定性研究，研究者由于依据的理论不同、研究视角不同和切入点不同，得到了不同甚至相反的结论。另外，目前对劳动力流动和产业转移关系的研究缺乏定量分析。在产业转移与区域协调发展方面，认为产业转移促进了区域协调发展的观点占据了主导地位，然而近年来也受到了一定的质疑，主要集中在产业转移理论以及区域经济理论严格的约束条件与现实的不一致性等方面。

总体而言，国内外相关研究为劳动力流动趋向、产业区际转移以及区域协调发展等领域的理论研究与政策制定奠定了较为坚实的基础。然而针对中国劳动力流动与产业转移的现实，有关劳动力流动、产业转移与区域经济差距关系的研究还存在一些缺憾。区域经济差距是我国近年来经济学界研究的一个热点问题，研究文献众多，其中不乏从产业转移、劳动力流动的视角进行研究。然而现有研究在新古典经济理论框架下研究，假定劳动力要素外生化，仅限于探讨产业转移、劳动力流动与区域经济差距两两之间的研究，鲜有将劳动力流动、产业转移与区域经济差距三者之间的关系建立在同一框架内进行系统研究，对劳动力流动、产业转移和区域经济差距的传导机理的系统性分析也比较欠缺。

本章正是以此为切入点，在分析劳动力流动、产业转移与区域收入差距三者之间相互作用机理的基础上，通过构建面板联立方程模型，对劳动力流动、产业转移和区域收入差距三者之间的内在关系进行实证研究。

第二节　劳动力流动、产业转移对区域收入差距影响的机理

基于劳动力流动理论、产业转移理论以及区域差距理论，结合国内外有关劳动力流动、产业转移与区域收入差距的相关研究，发现这三者之间存在着相互作用机理。

一　劳动力流动与区域收入差距的相互影响机理

一般认为，区域收入差距的缩小可以依靠三条主要路径：一是利用经济增长趋同，通过加快落后区域的经济发展来缩小与发达区域的差距；二是通过劳动力、资本等生产要素在区域间的流动来缩小收入差距；三是通过专业化分工，发挥落后区域的比较优势以提高落后区域的要素报酬率来缩小差距。其中，劳动力的流动主要是通过对区域间要素报酬的影响来缓解区域差距，不管对流入地区还是流出地区的经济发展和收入差距都会产生影响。从"推—拉"理论的角度出发，我们可以认为发达区域较高的工资收入和较优质的生活质量形成的"拉力"和欠发达区域较低的工资收入形成的"推力"是引起大规模的劳动力跨区域流动的重要因素。劳动力流动与区域收入差距之间的相互作用主要通过以下四个方面来表现：本地市场效应、生活成本效应、市场拥挤效应和收益与成本的比较。

（一）本地市场效应

劳动力从一个地区大量流向另一个地区，往往会带动其他生产要素的迁移，使得迁入地的市场规模变大而迁出地的市场规模变小，引起地区市场规模的动态变化。这种市场规模的差距随着劳动力的流动不断扩

大，使得该区域产生规模经济，以及运输成本等贸易成本的节约，大量企业就会倾向于转移到该地区，从而形成产业集聚，即存在"本地市场效应"。形成产业集聚的地区就会成为经济发展水平高于周边地区的中心区域，并且该地区的收入水平也会显著高于其他区域，对区域间的收入差距产生重要影响。

（二）市场拥挤效应

市场拥挤效应主要是指劳动力的大量流动并集聚在某一地区，降低了企业的生产要素成本，会加快大量企业向该地区的转移与集聚。而当该地区劳动力流入规模不断扩大，企业的集聚程度过高时，竞争强度就会加大，企业生产成本就会提高，企业收益就会下降。而企业为了获得收益，一种方法是降低劳动力的工资，也就是说，劳动力的流动降低了劳动力流入区域的相对收入，而提高了流出地区的相对收入。另一种方法是向竞争程度较弱的周边地区转移从而避免因争夺市场导致企业成本的升高，拉动当地经济发展，带动当地收入的增长。

（三）生活成本效应

当某一地区具备了本地市场效应后，进一步地，将会产生生活成本效应，即生产活动和企业在某一地区的集聚，使得该地区的产品种类和数量增多，从而降低该地区的相对价格指数，劳动力往往就会流向这些地区，因为这会降低劳动力找寻工作的搜寻成本和机会成本，也就意味着本地生活成本的降低和实际工资水平的提高。通常实际收入水平高的地区对劳动力更具吸引力，而实际收入水平低的地区吸引力则相对较弱。

（四）收益与成本比较

一方面，区域之间收入差距的扩大会使得区域间居民消费水平不断拉大，再加上政府在基础设施建设和教育投资上多偏向经济发达区域，使得经济发达区域的劳动力享有更多的公共基础设施建设和福利，这毋庸置疑会吸引大量的劳动力迁往经济发达区域。另一方面，劳动力的流动成本也是影响其是否进行迁移的重要因素。这包括在异地生活的生活成本、心理成本、失业风险等。因此，劳动力进行迁移决策时面临着收益与成本的比较，只有当迁移后产生的收益高于迁移的成本时，劳动力才会选择迁移。

二 产业转移与区域收入差距的相互影响机理

要实现区域间经济的协调发展，产业发展是至关重要的支撑。无论是欠发达区域实现经济的跨越式发展，还是发达地区实现经济的可持续发展，都需要依托产业的发展。充分利用产业转移的带动作用，不仅能发挥欠发达地区的比较优势，培育内生发展力，而且能够推动发达地区的经济结构升级和经济发展方式转型，从而达到缩小区域发展差距，实现区域协调发展的目标。无论是产业转出区还是产业承接地，产业转移都能对当地的经济发展产生深远影响，进而影响区域差距。一般来说，区域发展水平的高低又与区域收入的高低呈正相关关系，即拥有较高经济发展水平的区域的收入水平也往往较高。因此，产业转移影响着区域发展差距，而区域发展差距又与区域收入差距紧密相连。反过来看，经济发展水平越高，区域收入越高，其劳动力成本也会越高，从而影响产业转移成本，进而对产业的转移规模和转移方向产生影响。随着产业转移进程的推进和产业结构的优化升级，越来越多的企业开始走改革创新的路径，劳动力成本已经不再是企业是否选择转移的主要影响因素。

（一）要素注入效应

根据索洛的经济增长理论，由于欠发达国家或地区的人均资本存量较低，从而导致人均产出水平低下。如果一个经济体的人均资本存量增加，则经济就会收敛于一条拥有更高人均产出水平的均衡增长路径。当该经济体的技术能得到持续进步，人均产出还会持续提高，从而提高人民的生活质量。一个地区资本存量的多寡，是投资过程的结果，是影响该地区经济发展的基本因素。由于欠发达国家或区域的自有资本存量缺乏且资本积累速度缓慢，因此外来资本就对欠发达国家或区域的经济增长具有举足轻重的作用。承接外部产业是接受外来资本流入的重要方式，承接从发达国家或区域转移来的产业能够使欠发达区域或国家迅速积累资本，在一定程度上弥补了经济发展所面临的资本缺口，为这些地区的经济发展提供动力。通过承接外来产业，一方面能够充分利用外部产业带来的资本、技术等生产要素，有利于发挥本地的要素资源禀赋优势；另一方面吸收消化外部产业先进的技术和管理理念，提高生产效率，优化自身的生产模式。因此，对于资本稀缺、生产技术水平较低的经济体来说，产业转移对这些地区经济发展造成的最直接影响就是劳动力、技术和资本等要素的注入。

（二）技术溢出效应

技术进步是促进经济发展的一个关键性内生因素。对欠发达国家或地区而言，由于缺乏相应的人才和资金支持，技术原创较为困难，因此承接产业转移过程中技术的吸收就成为实现技术进步的主要途径。产业转移的溢出效应来源于技术的示范和竞争效应以及人才流动效应。技术的示范和竞争效应是指当某一转移企业具有比同行业企业更先进的技术时，这一转移企业就会成为该行业中新技术传播的源头，当地的同行业企业通过与该企业进行生产交易关联活动就能获得新技术带来的收益，促进自身生产率的提高。技术的竞争效应是指由于某一转移企业的进入使得同行业企业面临更激烈的竞争，使得这些企业竞相学习与创新这一转移企业的技术，从而提高自身生产率。人才流动效应主要是指转移企业转入后培养当地的管理和技术人员，当这些人员被当地同行业企业雇用以后，就会把在转移企业中学到的技术知识扩散出去，从而提高这些企业的经济效益。

（三）产业空心化

所谓产业空心化的现象主要是指由于对外直接投资的快速增长，以制造业为中心的大量人力物力转移到区域外部，使得本区域的传统制造业与第三产业之间的比例失调，产业衰退，影响本区域的经济发展。对于产业转出地而言，区域外投资增长率高于区域内投资的增长率，使得区域内产业大规模向外转移，主要表现为以制造业为代表的第二产业占GDP的比重大幅度下降，而第三产业比重迅速上升，超过第一、第二产业，造成产业空心化，带来的最直接后果就是产业转出区域的内部物质需求严重依赖其他区域进口的供求结构，使得该产业转出区域的内部供给力与需求力严重不平衡，最终影响区域经济的持续发展。但是，产业转移是否会导致产业空心化还主要取决于产业转入与产业移出的相对变化。

三　劳动力流动与产业转移的相互影响机理

劳动力作为企业生产的基础要素，其在区域间的流动对产业的发展具有非常重要的作用。劳动力在区域间的流动不仅是区域间经济联系的重要纽带，也是影响区域间资源配置的重要机制。劳动力进行迁移的因素有很多，归纳起来主要包括社会经济因素和个人因素，其中社会经济因素包括地区工资水平、就业机会、生活成本等，个人因素包括家庭因素、个人发展预期等。从本质上来看，追求经济利益的最大化是导致劳动力流动的主要因素。劳动力这一生产要素的跨区域流动不仅对个人有着重要的影响，而且对整个社会发展和产业的发展都存在着重要的影响。劳动力流动与产业转移之间的相互作用主要通过以下三个方面来表现：要素成本、区位选择和报酬收入。

（一）要素成本

劳动力作为企业生产经营过程中必不可少的一种生产要素，是企业成本的重要组成部分。一方面，欠发达地区存在的大量剩余劳动力，使得市场上的劳动力资源供过于求，从而降低了劳动力的边际收益，降低了企业的用人成本。对于一些需要大量劳动力企业来说，尤其是劳动密集型企业，这种低成本的劳动力是一种极大的吸引力。从而，部分企业就会选择转移到拥有更多劳动力要素的地区，引发企业的转移。另一方面，大量劳动力不断涌入发达地区不仅能够改变劳动力供给的基本规模，而且能够改变流入地人力资本的结构。劳动力具有异质性，相对于普通劳动力而言，高技能劳动力的流入，能够提供更多高素质劳动力，从而推动先进技术的发展，提高生产率，进而提高该地区的经济发展。同时，由于高技术人才与先进技术的集聚，将会吸引资本及其他生产要素在这个地区集聚，而资本和其他生产要素的增加必将吸引更多的高素质人才，从而形成一个良性循环，优化地区的产业结构。同时产业转移到某一区域，尤其是劳动密集型产业的转移，也会对劳动力的流动方向产生影响。

（二）区位选择

劳动力除了会通过影响要素成本对产业转移产生影响，还会通过企业区位选择来影响产业转移。劳动力向某一地区的流动和集聚，必然也会带动资本、技术等其他生产要素向这一地区的流动，对企业的区位选择产生影响。资本密集型产业主要依靠资本这一要素来决定企业的区位选择，技术密集型产业主要依靠技术这一要素来决定企业的区位选择，劳动力密集型产业则主要依靠劳动力这一要素来决定企业的区位选择。

(三) 报酬收入

传统的经济理论表明，产业转向何处，往往会导致要素也向该处集中。劳动力进行是否迁移决策时是基于利益最大化的角度来考虑的，只有当迁移产生的收益高于迁移的成本时，劳动力才会选择迁移。一般来说，劳动力的流动方向主要是从第一产业流向第二产业，第二产业所提供的报酬收入远远高于从事第一产业得到的产出。而以制造业为主的第二产业发生转移，势必会影响到劳动力所获得的收入，也会影响劳动力的流动方向。

综上所述，劳动力流动、产业转移与区域收入差距三者之间存在着相互作用的影响机理，即劳动力流动通过本地市场效应、生活成本效应和市场拥挤效应影响区域收入差距，区域收入差距通过收益与成本的比较影响劳动力流动；产业转移通过要素注入效应、技术溢出效应和产业空心化影响区域收入差距；劳动力流动通过要素成本和区位选择影响产业转移，产业转移通过报酬收入影响劳动力的流动。

第三节　劳动力流动、产业转移对区域
收入差距的影响分析

一　我国区域收入差距的趋势特征

(一) 区域收入差距的测度方法

收入差距的衡量分为绝对收入差距和相对收入差距，其中绝对收入差距的衡量主要有人均 GDP 水平和 GDP 增长率，相对收入差距的衡量则包括变异系数、洛伦茨曲线、基尼系数、Theil 熵值指数、Atkinson 指数等。

变异系数是采用标准差方法分析收入差距离散化的方法，但这种方法忽视了各区域的重要性不一致问题。洛伦茨曲线是通过将收入和人口五等分，并将每一等分的人口所拥有的收入百分比累计起来计算得出的曲线，该曲线越向下方弯曲表明收入越不平等。基尼系数是在洛伦茨曲线的基础上发展而来的。泰尔熵指数则是由信息理论中的熵概念发展计算得出的。Atkinson 指数是在测度收入分配不平等中明显带有社会福利水平的指数。

赵千惠 (2014) 通过 GDP 增长率和人均 GDP 两个绝对指标来比较中

国东部、中部和西部的经济发展水平以反映三大区域间的经济差距。李芬（2008）首先采用人均 GDP 近似地反映个地区居民的实际收入，并运用泰尔指数对各地区差距进行了衡量。陈昌兵（2007）首先利用参数计算公式分别计算城镇居民、农村居民和城乡居民收入差距的基尼系数，然后利用非参数模型，采用密度函数估计法对城镇居民、农村居民和城乡居民收入的基尼系数进行了演变的分析，得出相应的变化特征。郭平和彭妮娅等（2009）在基尼系数的基础上，提出了等基尼系数线和平均增长点的概念来共同衡量居民收入分配差距状况，这一方法弥补了基尼系数在构造和使用范围上的局限。洪兴建（2010）从多个方面探讨了基于分组数据的样本基尼系数的取值范围，并在此基础上给出了相应的估算公式。王淑娟和王筘旭等（2015）将新疆分为了北疆、南疆和东疆地区，采用以 GDP 加权的泰尔指数来衡量区域间差距和区域内差距。曹子坚和马晓丽（2008）选取了熵值指数来测度甘肃省区域收入差距的变动情况。而郑宇梅（2011）则以熵值指数为基础进行了拓展，使用 MLD 指数作为测度湖南省区域收入差距的主要指标，同时对 MLD 指数分解以测度两个时点上的差距变动量。

为了更全面地反映我国区域收入差距的情况，本书选取了绝对收入差距的人均实际 GDP 和人均实际 GDP 增长率，以及相对收入差距的变异系数和泰尔指数来衡量。利用各省（市、区）GDP 的数据，并通过 GDP 指数将环比数据转变为以 2000 年为基年的定基数据，在此基础上除以各省（市、区）的人口数，从而得到人均实际 GDP。

人均实际 GDP 增长率则是在各省（市、区）人均实际 GDP 的基础上，用本年的数据减去上一年数据的差除以上一年的数据得到的。具体公式如下：

$$Gi,t = \frac{(Yi,t - Yi,t-1)}{Yi,t-1} \times 100\% \qquad (8-1)$$

其中，$G_{i,t}$ 为 i 地区 t 年的人均实际 GDP 增长率，$Y_{i,t}$ 为 i 地区 t 年人均实际 GDP，$Y_{i,t-1}$ 为 i 地区 $t-1$ 年的人均实际 GDP。

变异系数是采用标准差方法分析收入差距离散化的方法，本书在此基础上把各地区的人口数作为权重，考察了各地区人口规模的影响。具体公式如下：

$$CV = \frac{S}{\overline{Y}} = \frac{\sqrt{\frac{1}{n}\sum_{i=1}^{n}(Yi - \overline{Y})^2 \cdot \frac{Pi}{P}}}{\overline{Y}} \qquad (8—2)$$

CV 为变异系数，S 为标准差，$\overline{Y}$ 为各区域的人均实际 GDP 的平均值，Y_i 为 i 区域的人均实际 GDP，P_i 为 i 区域的人口数，P 为全国的人口数，n 为样本数。CV 的值越大，表明收入差距越大。

泰尔指数是在熵的概念上发展而来的，不仅能够测度总的经济差距，而且能够分解为区域间差距和区域内差距。泰尔指数总差距公式表示为：

$$TarT = \sum_{j=1}^{N}(y_j/Y) \times \log\left[\frac{(y_j/Y)}{(x_j/X)}\right] \qquad (8—3)$$

其中，y_j 是区域内 j 省（市、区）的实际 GDP，N 是省（市、区）总数，x_j 是区域内 j 省（市、区）的人口，Y、X 分别是全国的实际 GDP 与总人口。泰尔指数数值越大，说明收入差距也越大。进一步对泰尔指数进行分解，以衡量区域之间及区域内部的差距。

令 $TarR$ 代表区域间泰尔指数，表示八大经济区之间的收入差距，$TarI$ 代表区域内泰尔指数，表示八大经济区各区域内部的收入差距，其分解方程如下：

$$TarT = TarR + TarI \qquad (8-4)$$

$$TarR = \sum_{i=1}^{8}\left[(Y_i/Y) \times \log\frac{(Y_i/Y)}{(X_i/X)}\right] \qquad (8—5)$$

$$TarI = \sum_{i=1}^{8}TarI_i \qquad (8—6)$$

$$TarI_i = (Y_i/Y) \times \sum_{j=1}^{r}\left[(y_j/Y_i) * \log\frac{(y_j/Y_i)}{(x_j/X_i)}\right] \qquad (8—7)$$

其中，Y、X 分别是全国的实际 GDP 与总人口，Y_i、X_i 分别表示第 i 个区域的实际 GDP 与人口规模，y_j、x_j 分别为 i 区域 j 省（市、区）的实际 GDP 与人口规模。

（二）我国区域收入差距的特征及趋势

1. 绝对收入差距分析

地区收入差距是指各地区居民实际收入水平的差距，本节首先采用人均国民生产总值近似地反映各地区居民的实际收入。考虑到价格因素的影响，我们使用人均实际 GDP 来考察八大区域间的收入差距。

测度结果如图 8—1 所示，从八大区域来看，区域间的绝对收入差距随时间呈逐渐扩大趋势，而相对差距则大体上呈现缓慢下降趋势。同时随着时间推移，逐步出现三大阵营分化的趋势：京津区域和东部沿海区域的高收入阵营，南部沿海区域、东北区域和东部沿海区域的中等收入阵营，以及中部区域、西北区域和西南区域的低收入阵营。不难看出，中国区域的收入呈现出由沿海区域向内陆区域递减的现象。

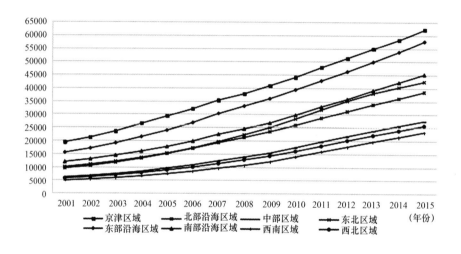

图 8—1　2001—2015 年我国八大区域人均实际 GDP

2001—2015 年，京津区域、东部沿海区域、南部沿海区域的收入分别增长了 3.21 倍、3.75 倍和 3.80 倍，东北区域和北部沿海区域的收入分别增长了 4.26 倍和 4.06 倍。而位于我国内陆的中部区域收入增长了 4.50 倍，西北区域收入增长了 4.54 倍，西南区域收入增长了 4.80 倍。可以发现，区域收入的增长趋势与区域绝对收入的递减趋势相反，也就是说内部地区的收入绝对水平较低，但是收入增长水平却较高。

图 8—2 显示的是以上一年为基年测算出的我国 2001—2015 年八大区

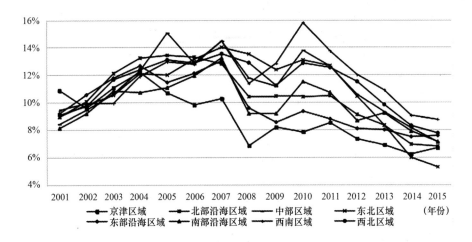

图 8—2　2001—2015 年我国八大区域人均实际 GDP 增长率

域人均实际 GDP 增长率的情况。从整体上看，各大区域的人均实际 GDP 增长大体上呈现先上升后下降的趋势。在同一时期，收入水平较低的西南区域、中部区域和西北区域的增长率明显高于收入水平较高的京津区域和东部沿海区域。2001—2010 年各大区域人均实际 GDP 的增长率水平和差距都呈波动扩大趋势，2010 年增长率差距达到顶峰，然而增长率水平和差距呈逐渐下降和缩小趋势。

2. 相对收入差距分析

（1）变异系数法

根据变异系数的公式，并加入各区域的人口数作为权重，计算出了区域之间的差距，也就是各区域与全国平均收入水平的差距。

从图 8—3 中可以看出，总体而言，2001—2015 年的加权变异系数呈波动上升趋势，即八大区域之间的收入差距呈扩大趋势。这与以人均实际 GDP 衡量的绝对收入差距的结论一致。

（2）泰尔指数法

根据泰尔指数的公式可以分别计算出区域间泰尔指数和区域内泰尔指数，并计算出区域间泰尔指数和区域内泰尔指数对总体泰尔指数的贡献，具体测算结果如表 8—1 所示。

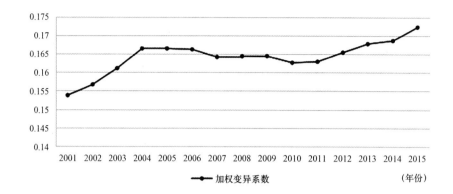

图8—3 2001—2015年加权变异系数

表8—1 2001—2015年我国八大区域收入差距的总体测度及其分解

年份	泰尔指数			贡献率	
	区域总体（TarT）	区域间（TarR）	区域内（TarI）	区域间	区域内
2001	0.1742	0.1657	0.0085	0.9514	0.0486
2002	0.1788	0.1703	0.0086	0.9521	0.0479
2003	0.1862	0.1769	0.0093	0.9499	0.0501
2004	0.1958	0.1850	0.0108	0.9451	0.0549
2005	0.1976	0.1853	0.0122	0.9381	0.0619
2006	0.1996	0.1864	0.0131	0.9343	0.0657
2007	0.1978	0.1845	0.0132	0.9330	0.0670
2008	0.2006	0.1864	0.0142	0.9291	0.0709
2009	0.2037	0.1880	0.0157	0.9231	0.0769
2010	0.2023	0.1866	0.0158	0.9222	0.0778
2011	0.2023	0.1865	0.0158	0.9218	0.0782
2012	0.2038	0.1878	0.0159	0.9219	0.0781
2013	0.2048	0.1890	0.0158	0.9228	0.0772
2014	0.2047	0.1882	0.0165	0.9196	0.0804
2015	0.2072	0.1903	0.0170	0.9181	0.0819

从表8—1中的数据可以看出，2001—2015年，中国区域收入差距的总体泰尔指数从0.1742上升为0.2072，呈现逐渐上升趋势，虽然在2010

年和 2011 年有所回落，但总体来看，波动幅度不大，说明 2001 年以来，中国区域收入差距问题并未得到实质性缓解，反而有逐渐扩大的趋势。通过分解后的泰尔指数可以看出，区域内泰尔指数由 0.0085 上升到 0.0170，呈逐年上升趋势，区域内收入差距的泰尔指数对总体泰尔指数的贡献度较低但呈现上升趋势，2015 年达到最高值 8.19%。而区域间泰尔指数由 0.1657 上升到 0.1903，对总体泰尔指数的贡献率较高但呈下降趋势，2001 年区域总体收入差距的 95.14% 来自区域间的差距，而到 2015 年其贡献率下降到 91.81%。区域间收入差距的贡献率远高于区域内收入差距的贡献率，说明我国区域收入差距的变动主要由区域间收入差距的变动而引起。

　　进一步根据区域内泰尔指数的公式（8—7）计算八大区域内部收入差距，将区域内收入差距分解为八大区域的内部收入差距，结果如图 8—4 所示。

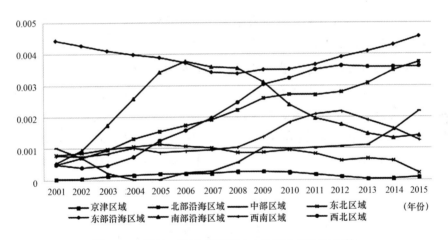

图8—4　2001—2015 年我国八大区域内部泰尔指数

原始数据来源：国家统计局：历年中国统计年鉴。

　　从图 8—4 中可以看出，东部沿海区域的内部收入差距呈先下降后上升的趋势，而南部沿海区域的内部收入差距则呈先上升后下降的趋势。北部沿海区域和西北区域内的差距呈上升趋势，且上升幅度较大，西南区域和中部区域内的差距呈波动上升趋势，但上升幅度不大。东北区域和京津区域内部的差距比较稳定，出现小幅下降趋势。总体而言，2000年，东部沿海区域的内部差距构成了总的区域内差距，而在2015年，东部沿海区域、北部沿海区域和西北区域内部差距占了总体区域内部差距的较大比重。

二 劳动力流动、产业转移与区域收入差距的实证分析

区域经济的不平衡发展历来是我国各级政府及广大学者十分关注的问题，诸多学者通过大量研究发现促进劳动力流动及调整产业转移的步伐是缩小区域差距的有效措施。在经济不平衡发展的同时，中国剩余劳动力在区域间、城乡间、行业间的流动进程明显加快，究其原因有很多，其中区域发展所导致的收入差距是其重要的原因之一。同时由于近些年产业向内陆区域的转移使得劳动力的迁移方向出现了新趋势，而产业转移一方面带动中西部地区的经济发展，有利于缩小区域差距，另一方面也对劳动力的流动和区域分布产生影响。

从本书前面章节关于劳动力流动、产业转移及区域收入差距的趋势分析中可以看出，我国劳动力流动方向主要由经济欠发达的中西部内陆区域流向经济发达的东部沿海区域。但在2010年以后，劳动力流动的速度和规模放缓，劳动力出现了回流，实现了本地就业，使得一些人口流入大省出现了负流入现象。产业转移也已经出现了由沿海发达区域向中部区域乃至西部区域转移的态势，这与劳动力的流动方向具有一定的一致性。与此同时，八大区域间的绝对收入差距呈扩大趋势，而内部地区的收入增长水平却高于沿海地区的增长率，这与产业转移向内陆地区的转移有着一定的关系。结合三者之间的机理分析，可以初步分析劳动力流动与产业转移之间存在一个相互的正向影响关系，区域收入差距对劳动力的流动也为正向影响，而劳动力的流动则有利于区域收入差距的缩小，产业转移的流动会协调区域经济发展。可见，劳动力、产业转移与区域收入差距构成了相互影响相互制约的复杂系统，传统的单方程模型可能无法确切地反映这种相互依存关系，而联立方程模型则能够更好地说明变量之间存在的内在关系。

基于此，本节借鉴瓦尔德基什和努南坎普（Waldkirch & Nunnenka-mp，2009）的分析框架，采用 CES 生产函数推导出理论模型，构建联立

方程模型，并结合我国 2001—2015 年相关数据实证研究劳动力流动、产业转移与区域收入差距之间的关系，以期从劳动力流动和产业转移视角探索提高我国区域资源整合效率以及缓解区域收入差距的途径和措施。

（一）理论基础

本节参考瓦尔德基什和努南坎普（Waldkirch & Nunnenkamp，2009）的分析框架，采用 CES 生产函数推导出理论模型，首先求出劳动力需求函数，然后以此模型为基础，构建联立方程模型。

根据 CES 生产函数，假设一个地区的厂商生产函数为：

$$Y = A \left[\varepsilon_1 K^{-\rho} + \varepsilon_2 L^{-\rho} \right]^{-\frac{m}{\rho}} \tag{8—8}$$

其中，K 为资本，L 为劳动力，A 为生产效率；ε_1、ε_2 为份额参数，ρ 为替代参数；m 为规模报酬参数。

假设 C 为资本价格，W 为劳动力价格，则厂商利润函数为：

$$\pi = P \cdot A \left[\varepsilon_1 K^{-\rho} + \varepsilon_2 L^{-\rho} \right]^{-\frac{m}{\rho}} - (K \cdot C + L \cdot W) \tag{8—9}$$

同时，假定市场处于完全竞争状态下，利用利润最大化的条件，可以得出：

$$K = \left(\frac{\varepsilon_2 C}{\varepsilon_1 W} \right)^{-\rho-1} L \tag{8—10}$$

将式（8—10）代入式（8—8）中，整理得：

$$Y = A \left\{ L^{-\rho} \left[\varepsilon_1 \left(\frac{\varepsilon_2 C}{\varepsilon_1 W} \right)^{\rho^2+\rho} + \varepsilon_2 \right] \right\}^{-\frac{m}{\rho}} \tag{8—11}$$

产业在区域间的转移一般都承载着劳动力、资本和技术等要素的流动或集聚，影响劳动力的生产率，从而影响劳动力的需求量，并且这种影响的作用效果会随着时间发生变化。因此，令：

$$A = Be^T \cdot IT^\lambda \tag{8—12}$$

其中，IT 为产业转移程度，T 为时间趋势。将式（8—12）代入式（8—11），并取对数，求出劳动力需求函数为：

$$\ln L = -\frac{1}{m} \ln B - \frac{\lambda}{m} \ln IT - \frac{1}{m} T + \frac{1}{\rho} \ln \left[\varepsilon_1 \left(\frac{\varepsilon_2 C}{\varepsilon_1 W} \right)^{\rho^2+\rho} + \varepsilon_2 \right] + \frac{1}{m} \ln Y \tag{8—13}$$

令，$\theta_1 = \frac{1}{\rho} \cdot \ln \left[\varepsilon_1 \left(\frac{\varepsilon_2 C}{\varepsilon_1 W} \right)^{\rho^2+\rho} + \varepsilon_2 \right]$

$$\theta_1 \approx (\rho + 1) \ln(\frac{\varepsilon_1}{\varepsilon_2}) + (\rho + 1) \ln(\frac{W}{C})$$

因此，劳动力决定方程为：

$$\ln L_t = \alpha_0 + \alpha_1 T + \alpha_2 \ln IT_t + \alpha_3 \ln(\frac{W}{C}) + \alpha_4 \ln GDP_t + \delta_t \quad (8—14)$$

由于资产的价格（C）难以衡量，因此设为常数，则式（8—14）变为：

$$\ln L_t = \alpha_0 + \alpha_1 T + \alpha_2 \ln IT_t + \alpha_3 \ln WAGE + \alpha_4 \ln GDP_t + \delta_t \quad (8—15)$$

该模型反映了产业转移、时间趋势、工资水平及经济发展与劳动力需求的关系。下文以该模型为基础，构建联立方程模型。

（二）联立方程模型构建

1. 劳动力流动方程

由于区域差距的存在，劳动力不断在区域间、产业间进行迁移以取得更高的报酬。从经济层面上来看，区域经济发展的不平衡是影响劳动力迁移决策的主要因素（高国力，1995；王秀芝，2007），区域之间的工资差也会引起劳动力的流动（李实，1997）。从社会层面上来看，生态差异、资源禀赋差异、地理交通差异和就业状况差异都会影响劳动力的流动（黄瑞，2014）。郭东杰、王晓庆（2015）扩展了人口迁移的"推—拉"理论，构建了开放经济条件下中国劳动力流动模型，发现对外贸易、FDI弱化了本地劳动力迁出倾向。从个人层面上来看，赵永亮、李昕（2009）认为收益与成本之间的权衡比较是劳动力迁移最根本的动因，韩青（2000）发现预期收入以及教育水平都会对个人决定是否流动产生影响。

由式（8—15）可以看出产业转移、收入水平、工资收入均是影响劳动力流动的因素。同时，综合前人的研究并考虑到数据的可获得性，本文选取区域差距、产业转移、教育水平、流动成本、城镇失业率、工资差和城市化水平等可以量化的因素，构建劳动力流动方程，时间因素 T 为常数，并对各变量取对数，得：

$$\ln H_{it} = \beta_0 + \beta_1 \ln PGDP_{it} + \beta_2 \ln IT_{it} + \beta_3 \ln EDU_{it} + \beta_4 \ln CE_{it}$$

$$+ \beta_5 \ln UR_{it} + \beta_6 \ln WAGE1_{it} + \beta_7 \ln UL_{it} + \varepsilon$$

$$(8—16)$$

2. 产业转移方程

产业转移指在不同经济发展水平下产业空间分布的变化。这种空间分布的变化包括两个方面，一是产业活动在地理位置上的迁移所带来的空间分布变化，二是由产业自身规模的增加或减少所带来的变动（覃成林等，2013）。关于产业转移的影响因素，丁建军（2011）总结了三类影响产业转移的机制，分别为区域要素迁移模型、产业垂直关联模型和要素累积驱动模型。其中区域要素迁移模型将产业转移归结于生产要素（如劳动力、人力资本和物质资本等）的流动，产业垂直关联模型则认为中心—外围地区的工资差距的扩大导致了产业转移，而要素积累驱动模型则认为产业转移是不同地区产业份额此消彼长的过程。从宏观角度来讲，政府的政策引导和地区经济发展的差异都是产业转移发生的动因。从中观角度来讲，产业结构的优化调整同样会导致产业在不同区域间转移。从微观角度来讲，降低生产成本、寻求利益最大化是产业转移的根本动因。除此之外，空间区位条件、区域资源条件、要素成本和区域市场发展程度等都会影响产业转移（王建峰，2012；张继焦，2011）。因此，构建产业转移的影响因素方程，同样对各变量取对数，得：

$$\ln IT_{it} = \lambda_0 + \lambda_1 \ln H_{it} + \lambda_2 \ln GR_{it} + \lambda_3 \ln FDI_{it} + \lambda_4 \ln TF_{it}$$
$$+ \lambda_5 \ln WAGE2_{it} + \lambda_6 \ln MS_{it} + \lambda_7 \ln TC_{it} + \eta \tag{8—17}$$

3. 区域收入差距方程

影响区域收入差距的因素是多方面的，王秀芝、尹继东（2007）总结了关于影响区域收入差距的因素，概括地说，政府的政策、生产要素的流动、市场化进程情况、资源禀赋、教育投入等因素都是影响收入差距的重要因素。姚枝仲（2003）证明了在市场条件下，劳动力总是从边际劳动生产率低的地区流向高的地区，有助于提高劳动力资源的利用率，即劳动力流动有利于缩小地区差距。杨竹莘（2014）运用面板数据模型，分析了三次产业就业对区域收入差距的影响，发现产业结构的变动时影响我国区域经济增长和地区收入差距的主要因素。王小鲁、樊纲（2004）探究了中国区域差距的影响因素，发现政府转移支付、劳动力迁移、人力资本、市场化程度、城市化程度都是影响地区差距的重要原因。同时地区收入差距的不断扩大也会反过来影响劳动力不断向经济发达地区流动（李晶、汤琼峰，2006；樊士德、沈坤荣，2014）。发达地区的经济高速发展，地区收入也不断提高，吸引着劳动力的流入，而劳动力的过多流入则会导致土地资源的紧张，以及不断上升的劳动力成本的上升，使得许多东部地区的产业不断向中西部地区转移。综合前人关于区域收入差距的研究，本书选取产业转移、劳动力流动、政府支出、教育水平、贸易自由度、制造业份额和城市化水平等可以量化的因素，构建区域收入差距的方程，并对各变量取对数，得：

$$\ln PGDP_{it} = \alpha_0 + \alpha_1 \ln IT_{it} + \alpha_2 \ln H_{it} + \alpha_3 \ln GR_{it} + \alpha_4 \ln EDU_{it}$$

$$+ \alpha_5 \ln TF_{it} + \alpha_6 \ln MS_{it} + \alpha_7 \ln UL_{it} + \delta$$

$$(8—18)$$

至此，式（8—16）至式（8—18）构成了本章分析的劳动力流动、产业转移与区域收入差距的联立方程模型。在上述模型中，H 为劳动力流动规模；$PGDP$ 为以人均实际 GDP 衡量的收入差距；IT 为产业转移率；EDU 为地区人力资本；$WAGE1$ 为地区平均工资；$WAGE2$ 为制造业工人平均工资；UL 为城市化水平；GR 为政府财政支出；FDI 为外商直接投资；TC 为政府间的税收竞争；CE 为消费支出比，用以衡量劳动力的流动成本；UR 为城镇失业率，反映就业机会；TF 为贸易自由度，以反映市场的发展；MS 为制造业份额，以衡量地区的产业结构。下标中，$i=1$，$2\cdots,8$，表示八大区域，$t=2001$，2001，$\cdots$，2015，表示年份。

（三）指标说明与数据来源

表 8—2 为联立方程模型分析中所有变量的定义解释与描述性统计分析。以人均实际 PGDP 来表征八大区域的经济发展程度，进一步反映区域间收入差距。而劳动力流动变量，则参考林理升等（2006）的方法，从每个区域的人口总变动中剔除相应的由自然增长所导致的人口变化，从而得到人口的净变动规模，并在人口净变动规模中剔除小于 15 周岁和大于 65 周岁的非劳动人口，得到劳动力净流动规模的估算值，在人口净变动规模的基础上乘以 90% 作为劳动力净流动的替代变量（段平忠，2013）；产业转移变量的测度，本书在冯根福等（2010）的测度方法上，运用产业转移相对规模公式，利用第二产业增加值数据测算出各区域的产业转移系数；平均受教育水平的测度方法是将受教育情况分为文盲半

文盲、小学、初中、高中、大专及以上，受教育年限分别为 0、6、9、12 及 16 年，将各受教育水平人口占比乘以各自的受教育年限，最终相加得到该区域的平均受教育水平。

表 8—2　　　　　　　　　　变量定义与描述性统计

变量	定义	均值	最大值	最小值	标准差
PGDP	收入差距，用人均实际 GDP 来衡量（万元）	2.342	6.204	0.485	1.360
H	劳动力流动，用人口总变动剔除自然增长所导致的人口变化来衡量（%）	0.792	9.590	−11.325	2.882
IT	产业转移，用产业相对规模系数衡量（%）	0.000	1.388	−1.450	13.809
GR	政府财政支出指数，用各区域政府财政支出占该区域的 GDP 比重衡量（%）	16.643	31.495	8.141	5.489
EDU	平均受教育水平（年）	8.076	10.758	5.439	1.088
TF	贸易自由度，用该区域的高速公路里程数与土地面积之比衡量（%）	1.996	7.516	0.033	1.864
MS	产业结构，用该区域第二产业增加值占该区域 GDP 的比重衡量（%）	47.385	56.540	30.963	5.559
UL	城市化水平，用该区域城镇人口与总人口的比值衡量（%）	52.934	84.570	26.877	15.024
WAGE1	地区平均工资（万元）	3.283	9.574	0.837	1.896
WAGE2	制造业工人平均工资（万元）	2.840	8.043	0.743	1.635
CE	消费支出比，用该区域居民人均消费支出占平均工资比来衡量（%）	38.266	53.763	18.256	7.824
UR	城镇失业率，用城镇的登记失业率来衡量（%）	3.542	5.067	2.400	0.553
FDI	外商直接投资（亿元）	1315.481	4040.872	59.380	1009.926
TC	政府间的税收竞争，采用税收收入占 GDP 的比重来衡量（%）	7.535	14.770	4.048	2.678

注：为了消除异方差，在实证分析时对所有变量取对数。

所有原始数据均来自于 2002—2016 年历年的《中国统计年鉴》《中国工业统计年鉴》和《中国工业经济统计年鉴》，时间跨度为 15 年，每

个年度的数据涵盖中国内地 30 个省（自治区、直辖市），相关变量数据
经整理计算得出。

（四）实证结果及分析

1. 平稳性检验

为了保证模型估计的有效性，避免"伪回归"，在实证研究前有必要
对变量进行平稳性的单位根检验。本节采用相同根单位根 LLC 检验和不
同根单位根 Fisher-ADF 检验，结果如表 8—3 所示。由表 8—3 可知，经
检验模型中的所有变量都在 5% 的显著性水平下拒绝了存在单位根的原假
设，表明各变量是平稳的。

表 8—3 单位根检验结果

变量	检验形式	LLC 检验	P 值	ADF 检验	P 值	结论
lnPGDP	(c, 0, 1)	− 12. 1329	0. 0000	70. 0305	0. 0000	平稳
lnIT	(c, 0, 2)	− 4. 1520	0. 0000	38. 6355	0. 0012	平稳
lnH	(c, 0, 2)	− 2. 3043	0. 0106	42. 4219	0. 0003	平稳
lnGR	(0, 0, 2)	− 7. 3189	0. 0000	65. 8000	0. 0000	平稳
lnEDU	(c, 0, 2)	− 4. 8478	0. 0000	35. 1542	0. 0038	平稳
lnTF	(c, 0, 2)	− 7. 8283	0. 0000	50. 6854	0. 0000	平稳
lnMS	(c, t, 1)	− 7. 4785	0. 0000	53. 5031	0. 0000	平稳
lnUL	(0, 0, 0)	− 31. 9538	0. 0000	147. 4880	0. 0000	平稳
lnWAGE1	(c, 0, 1)	− 5. 5959	0. 0000	36. 8043	0. 0022	平稳
lnWAGE2	(c, 0, 0)	− 5. 1032	0. 0000	42. 0905	0. 0004	平稳
lnCE	(c, 0, 0)	− 10. 8220	0. 0000	72. 7710	0. 0000	平稳
lnUR	(c, t, 2)	− 2. 5119	0. 0060	28. 1370	0. 0304	平稳
lnFDI	(c, 0, 0)	− 6. 0665	0. 0000	50. 5717	0. 0000	平稳
lnTC	(c, t, 2)	− 3. 5660	0. 0002	29. 9060	0. 0185	平稳

2. 面板联立方程模型估计结果

联立方程组描述的是经济变量之间相互的因果关系，即某一经济变
量决定着其他经济变量，反过来也要受这些经济变量的影响，变量之间
互为因果。因此，联立方程模型比单一经济方程更能全面真实地反映变
量之间的关系。但是运用联立方程组进行估算前，存在判别方程组的可

识别性问题。只有方程组是可识别的，才能进一步对方程组进行模型估算。识别联立方程组的条件有两个，即阶条件和秩条件。

假设某一方程组中包含有 N 个内生变量和 K 个外生变量，第 i 个方程中包含有 Ni 个内生变量和 Ki 个外生变量，则识别的阶条件如下：

$$K - Ki \geqslant Ni - 1$$

若 $K - Ki = Ni - 1$，则方程 i 为恰好识别；

若 $K - Ki > Ni - 1$，则方程 i 为过度识别；

若 $K - Ki < Ni - 1$，则方程 i 为不可识别。

阶条件仅仅是方程组识别的必要条件，即不满足阶条件一定不能被识别，满足阶条件不一定能被识别。

方程组可识别的充要条件是秩条件，即在具有 N 个方程的联立方程组中，该方程被斥变量结构参数矩阵的秩为 $N-1$，则该方程组可知别。

根据联立方程模型的秩条件和阶条件，本章的联立方程方程组为过度识别。由于在联立方程模型中，一些变量在某一方程中作为解释变量，而在另一方程中作为被解释变量，这会导致解释变量与随机干扰项之间存在相关关系，违背了最小二乘估计的无偏性和一致性假定，即联立性偏误。因此可选用二阶段最小二乘法（2SLS）和三阶段最小二乘法（3SLS）。考虑到不同方程之间存在的相关性，3SLS 的系统估计方法比 2SLS 逐个估计方程更为有效，因此本文利用 Eviews 8.0 软件，采用 3SLS 方法对联立方程进行估计。

（1）区域收入差距方程的分析

表 8—4 是劳动力流动、产业转移与区域收入差距联立方程的估计结果。从回归结果上看，区域收入差距方程中，产业转移和劳动力流动的系数分别为 -0.2290 和 -0.2375，说明产业转移对区域收入差距具有负向影响，即产业转移规模每提高 1% 使区域收入差距缩小 0.2290%。而劳动力流动每提高 1% 使区域收入差距缩小 0.2284%。产业转移的系数为负但并不显著，这可能是因为目前区域之间还没有出现大规模的转移，从而对区域收入差距缩小的作用还未显现（刘红光、王运平等，2014）。劳动力流动对区域收入差距的影响为负，说明两者呈反向变化，即在其他条件不变情况下，劳动力流动对抑制区域收入差距的扩大具有显著作用。政府财政支出（ln-GR）的系数为 0.7122，并且在 1% 的显著性水平下显著，说明政府财政支

出每增加1%，就会导致区域收入差距扩大0.7122%。这是因为我国财政支出存在着偏向性，即政府投向经济发达地区的财政支出远高于欠发达地区，因此，我国现行的公共财政政策反而会扩大收入差距（靳卫东，2006）。贸易自由度（lnTF）和城市化水平（lnUL）的系数均为正，说明贸易自由度和城市化水平的提高均会显著扩大区域收入差距。最后，平均受教育水平（lnEDU）和产业结构（lnMS）的系数为负，说明平均受教育水平和产业结构的增加会缩小区域差距，其中平均受教育水平对区域收入差距的影响在10%的显著性水平下显著。

表8—4　　　　　　　　　面板联立方程模型估计结果

变量	lnPGDP	lnH	lnIT
lnPGDP		6.0293 ***	
		(6.4178)	
lnIT	-0.2290	0.7936 **	
	(-1.5302)	(2.1858)	
lnH	-0.2375 ***		0.5841 ***
	(-6.1428)		(5.7473)
lnGR	0.7122 ***		-2.2981 ***
	(6.6654)		(-4.1650)
lnEDU	-1.3000 *	-2.4210	
	(-1.2761)	(-1.0456)	
lnTF	0.2501 ***		-0.6475 **
	(6.2299)		(-3.6410)
lnMS	-0.5759		2.0237 **
	(-1.4757)		(2.0300)
lnUL	2.1160 ***	10.1771 ***	
	(6.6242)	(7.2038)	
lnWAGE1		2.6527 ***	
		(3.2279)	
lnWAGE2			1.7901 ***
			(5.8958)
lnCE		-0.0251	
		(-0.0217)	

变量	lnPGDP	lnH	lnIT
lnUR		−2.6971* (−1.8284)	
lnFDI			0.1379 (0.8595)
lnTC			−1.7077*** (−3.8463)
CONSTANT	7.0464*** (4.1564)	4.1130 (0.6125)	−17.2697*** (−4.5678)
R2	0.6084	0.2451	−0.1241
ΔR²	0.5839	0.1979	−0.1943

注：P<0.1，*；P<0.05，**；P<0.01，***；括号内的为 t 值。由于存在工具变量，在 3SLS 回归情况下，TSS 不一定等于 RSS + ESS，因此，R^2 可能出现负数。

（2）劳动力流动方程的分析

如表8—4 所示，在劳动力流动方程中，区域收入差距和产业转移的系数分别为6.0293 和0.7936，并且分别在1% 和5% 的显著性水平下通过了检验，表明区域收入差距和产业转移对劳动力流动的影响均为正。且通过系数可知，区域收入差距每扩大 1 个百分比，劳动力流动率就会提高 6.0293 个百分比，而产业转移规模每扩大 1 个百分比，劳动力的流动率则会提高 0.7936 个百分比。区域收入差距的扩大使得高收入地区加大了对剩余劳动力的吸引，促使大量劳动力流向这些区域以寻求更高品质的生活。同时，由于部分劳动力密集型产业为降低成本而不断向中西部地区的转移为中西部地区提供了大量的就业机会，劳动力的流动趋势出现回流。lnUL 和 lnWAGE1 的系数显著为正，说明城市化水平和地区平均工资与劳动力流动呈正相关，即加快了劳动力的流动。城市化水平和地区平均工资的提高加大了沿海发达地区对剩余劳动力的吸引，促使劳动力流向发达地区以寻求更高的工资收入。城镇失业率（lnUR）对劳动力流动呈负向影响，这表明城镇失业率的提高会阻碍劳动力的迁移。这不难理解，城镇地区失业率提高，剩余劳动力在城市寻找工作的机会减少，离乡背井的成本上升，许多劳动力转变观念，实现就地就业。

（3）产业转移方程的分析

如表8—4所示，在产业转移方程中，劳动力流动变量的系数为0.5841，表明劳动力的跨区域流动在1%的显著性水平下有利于产业转移规模的扩大，即劳动力流动率每提高1%，产业转移规模就会扩大0.5841%。农村劳动力出现的回流态势，为中西部地区吸引产业的转入提供了劳动力、技术信息等生产要素的优势，从而产生了这种产业与劳动力的"双转移"现象。产业结构（lnMS）和制造业平均工资（lnWAGE2）分别在5%和1%的显著性水平下有利于产业转移规模的扩大，而政府的财政支出（lnGR）和贸易自由度（lnTF）分别在1%和5%的显著性水平下会阻碍产业转移。产业结构的变化，即区域中第二产业所占比重提高，使得产业间的竞争加剧，企业为了寻求"利益最大化"，往往会转移至其他地区以降低成本，开拓市场。政府财政支出的增加有利于企业生产成本降低，而这种成本的降低使产业产生黏性，阻碍产业转移。lnFDI的系数为正，说明外商直接投资的增加会扩大产业转移规模，但是这种影响并不显著。同样，lnTC的系数为负，说明政府间税收竞争的加剧会显著阻碍产业的向外转移。

综合上述分析可以看出，劳动力流动、产业转移与区域收入差距三者之间确实存在相互作用的内在关系。就两者之间的相互关系来看，产业转移会缩小区域收入差距，但是这种影响还不显著，也就是说产业转移还并未起到促进区域经济协调发展的作用；区域收入差距是影响劳动力在区域间流动的重要因素，而劳动力流动抑制了区域收入差距的扩大；劳动力流动对产业转移具有正向作用，产业转移也有利于劳动力的迁移。从三者之间的关系来看，区域收入差距的拉大会推动劳动力的跨区域流动，而劳动力的流动会进一步促进产业转移，产业转移规模的增大将会缩小区域间的收入差距。劳动力流动与产业转移之间存在正向的相互强化关系，两者都会在一定程度上有助于缩小区域间的收入差距。

3. 稳健性检验

为了进一步检验联立方程模型估计结果的稳定性和可信度，本节采用不同衡量指标和不同估计方法进行稳健性检验。表8—5中方程A是在不改变估计方法的前提下，以各省（市、区）分行业的产业转移相对规模加总得到的区域产业转移相对规模来代替原来直接用区域第二产业增加值计算的产业转移相对系数。方程 B 是在不改变衡量指标的前提下，采用 2SLS 进行稳健性检验。

表 8—5　　　　　　　　面板联立方程模型稳健性检验

变量	方程 A			方程 B		
	lnPGDP	lnH	lnIT	lnPGDP	lnH	lnIT
lnPGDP		7.9858 ***			5.7167 ***	
		(6.4176)			(5.5359)	
lnIT	−0.1763	1.2495 ***		−0.2494	0.6642 **	
	(−0.7437)	(3.7560)		(−0.9834)	(2.4745)	
lnH	−0.1676 ***		0.4474 ***	−0.2193 ***		0.2751 **
	(−4.0500)		(3.6256)	(−4.0494)		(2.2162)
lnGR	0.5541 ***		−0.4689	0.7590 ***		−0.3956
	(5.8150)		(−1.1595)	(5.6769)		(−0.5139)
lnEDU	−1.3590 *	−5.1801 **		−2.7668 ***	−6.8040 **	
	(−1.7976)	(−2.1771)		(−2.6447)	(−2.4671)	
lnTF	0.1638 ***		0.2353 *	0.4025 ***		−0.4496 **
	(4.6967)		(1.8039)	(6.9767)		(−1.9707)
lnMS	−0.1009		0.1068	−1.1397 *		2.2349 *
	(−0.3869)		(0.1755)	(−1.9515)		(1.8437)
lnUL	2.1012 ***	12.9744 ***		2.3217 ***	10.3724 ***	
	(5.4828)	(6.6056)		(4.9883)	(6.8002)	
lnWAGE1		3.4818 ***			3.6423 ***	
		(4.1692)			(3.4098)	
lnWAGE2			1.0397 ***			−0.3431
			(3.7108)			(−0.6687)
lnCE		0.8181			1.5001	
		(1.4105)			(0.8967)	
lnUR		−2.2232 ***			−3.9620 *	
		(−3.3005)			(−1.9024)	
lnFDI			0.1796 *			0.4961 **
			(1.6904)			(2.0553)

变量	方程 A			方程 B		
	lnPGDP	lnH	lnIT	lnPGDP	lnH	lnIT
lnTC			− 2. 5989 ***			− 1. 0509 *
			(− 4. 7511)			(− 1. 7481)
CONSTANT	6. 7849 ***	16. 9871 **	− 14. 0150 ***	10. 8030 ***	8. 5747	− 17. 0425 ***
	(3. 4256)	(2. 3886)	(− 5. 7098)	(4. 2232)	(1. 0295)	(− 3. 3973)
R²	0. 6929	− 0. 3627	− 0. 1343	0. 6650	0. 3625	0. 1919
ΔR²	0. 6737	− 0. 4479	− 0. 2052	0. 6441	0. 3227	0. 1414

注：$P < 0.1$，*；$P < 0.05$，**；$P < 0.01$，***；括号内的为 t 值。由于存在工具变量，在 3SLS 回归情况下，TSS 不一定等于 RSS + ESS，因此，R^2 可能出现负数。

由表 8—5 结果可知，在方程 A 中，劳动力流动方程中的产业转移变量（lnIT）和城镇失业率变量（lnUR）的显著性分别由原来的 5% 变为了 1% 和原来的 10% 变为了 1%，但其符号都没有改变。受教育水平变量（lnEDU）由原来的不显著变为了在 5% 的显著性水平下显著影响劳动力流动，且这种影响是会显著抑制劳动力的流动；在产业转移过程中，政府财政支出（lnGR）和制造业结构（lnMS）对产业转移的影响由原来的显著变为了不显著，外商直接投资（lnFDI）由原来的不显著变为了在 10% 的显著性水平下显著，贸易自由度（lnTF）由原来的显著抑制产业转移变为了有利于产业转移规模的扩大。

在方程 B 中，收入差距方程中受教育水平（lnEDU）的提高会在 1% 的显著性水平下缩小区域收入差距，同时制造业结构（lnMS）的变化也会缩小区域收入差距；劳动力流动方程中受教育水平（lnEDU）的提高会抑制劳动力的迁移；在产业转移方程中，政府财政支出（lnGR）和制造业平均工资（lnWAGE2）对产业转移不会产生显著影响，而外商直接投资（lnFDI）的提高会显著扩大产业转移规模。产业结构（lnMS）和政府间的税收竞争（lnTC）分别由原来的在 5% 和 1% 的显著性水平下显著变为了在 10% 的显著性水平下显著。

总体而言，不管是采用不同衡量指标还是采用不同估计方法进行稳健性检验，劳动力流动、产业转移和区域收入差距变量的系数和显著性均没有出现较大改变，即说明劳动力流动、产业转移与区域收入差距之间确实存在相互作用的关系。此外，除少数变量外，不同方程中的其他变量的符号和显著性均未发生较大变动。因此，从整体上来看，3SLS 方法对联立方程组的估计结果是稳健的。

第四节　小结

本章在总结已有文献所做贡献的基础上，指出了现有研究的不足，并运用联立方程模型将劳动力流动、产业转移与区域收入差距放入了同一个系统框架内进行分析研究。通过研究发现，劳动力流动与产业转移之间存在一个循环累积的相互强化作用，如图 8—5 所示：

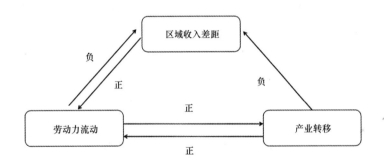

图 8—5　劳动力流动、产业转移与区域收入差距的关系

一方面区域收入差距的拉大有利于劳动力的跨区域流动，而劳动力的流动会进一步促进产业转移，但是产业转移对区域间的收入差距的缩小作用还未显现；另一方面产业转移有利于劳动力的迁移，劳动力的迁移又缩小了区域收入差距。

劳动力流动通过市场拥挤效应和本地市场效应的作用会缩小区域间的收入差距，而区域收入差距则会因为生活成本效应的作用使得收入高的地区较收入低的地区有更大的吸引力，促进劳动力的流动，这与本章机理分析的结论相符。在本章的机理分析中，由于要素注入效应、技术溢出效应和产业空心化效应，产业转移规模的增加会缩小区域收入差距，而实证分析的结果虽为负，但却不显著。纵观国内关于产业转移与区域收入差距的相关文献，发现学者对产业转移能够缩小区域收入差距，促进区域协调发展的观点都持赞成态度，但对这种影响发生作用的时间还具有争议。一些学者利用现有数据进行实证分析得出结果认为中国目前的产业转移现状已经发生作用，正在逐步缩小区域间的差距（张文武，2012），而一些学者则认为目前我国的产业转移在整体上还不存在大规模转移，且这种小范围的转移主要是劳动密集型和资源密集型为主，大量的技术和资金密集型产业仍集聚在发达地区，因此这种对区域收入差距的缩小作用还未显现（雒海潮、苗长虹，等 2014；刘红光、王运平等，2014）。因此，可以认为本章的实证结果与之并不相悖。就劳动力流动与产业转移之间的关系而言，由于劳动力流向某一地区而形成的集聚使得企业的要素成本降低以及劳动力的这种流动带动的资本、技术等其他生产要素的流动，这都会使得产业进行转移。而相对于第一产业，拥有较高报酬收入的第二产业对劳动力也产生了极大的吸引力。

此外，政府财政支出的增加、贸易自由度和城市化水平的提高在一定程度上导致区域收入差距扩大；城市化水平的提高和地区平均工资的增加会促进大量剩余劳动力向外迁移，但是城镇失业率的提高会阻碍劳动力的迁移；产业结构和制造业平均工资的增加有利于产业的区际转移，而政府的财政支出和贸易自由度的提高会阻碍产业转移。

第九章

人口流动、老龄化对城乡收入
差距的影响

由于目前我国的二元经济结构还没有被完全打破，因此，城乡经济发展不平衡现象依然存在，其带来的最显著的问题就是城乡间居民收入依然存在较大的差距。这也是在各国的发展历程中一直困扰着许多国家的一大难题，中国亦是如此。然而，随着工业化的不断发展，大批量的农村人口背井离乡向城镇地区迁移，为城镇地区带来了大量的劳动力资源及消费需求，拉动了城镇经济增长的同时也增加了农村居民的工资收入，而对于留守在农村地区的原有的居民，因为当地人口的减少，可以分享更多的资源，同时其经营性收入也会因此而提高。尽管人口流动带来了利好，但人口流动具有年龄的选择性，即年轻人口外流严重，造成了农村地区老龄化程度加重，甚至出现了当前"城乡倒置"的局面。因此本章研究的主要内容是我国大量人口流动和农村老龄化的背景，将会对我国城乡收入差距产生怎样的影响，并在理论分析和实证分析的基础上，就如何进一步缩小我国当前城乡收入差距水平提出可行的对策及建议。

第一节　研究背景及相关文献综述

一　研究背景

（一）人口流动规模逐步扩大

改革开放以来，我国现代化、工业化及城市化进程加速，再加上户籍制度的放松，使得我国城乡二元经济结构逐渐被打破，为大规模人口流动提供了政策上的支持。然而，大规模的人口流动在释放了一部分农村剩余劳动力的同时，也逐渐对我国区域人口的结构与分布带来了影响，引起劳动力市场供需的变化、区域经济结构与区域人口结构的变化。农村居民城镇化和农民工外出去城市地区打工是人口流动的两种主要模式。其中农村居民城镇化是指物质资本水平或人力资本水平较高的农村居民通过买房、升学以及参加就业等方式获得了城市户口以及永久性居住权的过程；农民工务工是指在不改变当前农村户口的前提下，离开居住地去城市地区务工的现象。对于大规模人口流动带来的影响，一方面，人口流动让劳动力要素在市场的支配下发挥最大效应，对地区间、城乡间的收入分配产生影响；另一方面，大规模的人口流动改变了地区的劳动力供需以及地区的人口结构。根据国家卫生计生委流动人口司发布的《中国流动人口发展报告 2016》，2015 年我国流动人口规模占总人口的比例为 18%，总规模约 2.47 亿人，平均每 6 个中国人中，就有 1 人为流动人口。其中，农业转移人口占到流动人口的大部分比例，且 2016 年流动人口的平均年龄为 29.3 岁，基于人口流动具有年龄的选择性会导致大量年轻人口从农村流动至城市，造成了农村地区劳动力的空心化与人口年龄结构的老龄化。

（二）农村人口老龄化日趋严重

当前我国农村地区人口老龄化程度与老龄化的发展速度都超越了城市地区，这主要是因为每年大规模农村人口迁移至城市地区，且这部分人口相对较年轻，2016 年的流动人口平均年龄仅为 29.3 岁。显然人口流动在年龄上有选择性，即农村地区越年轻的人口越偏好流动至城市地区，如此一来就会使农村地区老龄人口占比变高，城市地区年轻人口占比变高，最后就导致了农村人口老龄化程度高于城市人口老龄化的现象。2000 年的"五普"人口数据中，我国城镇地区与农村地区 60 岁及以上人口占总人口的比例分别为 9.7% 和 11.0%，此时的城乡间的老龄化水平差距还不是很大，但到了 2010 年的"六普"人口数据中，我国城镇地区与农村地区 60 岁及以上人口占总人口的比例分别上升为 11.7% 和 15.0%，相比 10 年前的"五普"数据，城乡间的老龄化水平差距拉大，从相差 1.3 个百分点上升至 3.3 个百分点。可见农村地区的老龄化水平不仅高于城市，而且农村地区的老龄化发展速度亦高于城市。农村地区老龄化水平的日益严重，可能会抑制农村地区的经济发展以及农村居民收入的增长，也有可能拉大我国城乡间的收入差距。

（三）城乡收入差距依然存在

由于我国二元经济结构还没有被完全打破，城乡间收入依然存在着一定的差距。从 2007 年开始中国城镇居民和农村居民人均收入之间的泰尔指数不断减小，已经由 2007 年的 0.1367 下降到 2014 年的 0.1046。从我国城乡收入差距的总体变化来看，我国当前正处于城乡间收入差距不断缩小的阶段，这与我国政策偏向性以及户籍制度改革有关，政策加大对农村地区的扶持，可以提高农村居民生产积极性，提高经营性收入；户籍制度的改革，有利于人口在城乡间自由流动，让剩余劳动力资源得到更有效的配置，从而对城乡乃至于整个社会都是利好。尽管城乡收入差距呈现出不断减小的趋势，但若用城乡收入比来衡量城乡收入差距，城乡间的收入仍然有近 3 倍的差距，个别省（市、区）远超这个比例，如新疆城镇居民和农村居民人均收入比达到了 9 倍，可见欠发达省（市、区）的城乡收入差距依然比较严重。

二　相关文献综述

（一）城乡收入差距的影响因素

国外学者最早对收入分配不平等进行研究的是库兹涅茨（1955），他认为随着经济发展水平的不断增长，城乡之间的收入差距会呈现出先不断上升，达到一峰值后又下降的趋势，整个趋势如一条倒“U”型的曲线。经济发展初期如发展中国家，尽管国民收入都在不断增长，但这些发展中国家的收入差距却在不断扩大；当发展中国家经过不断发展成为发达国家后，收入差距会呈现出不断缩小趋势。阿德尔曼（Adelman，1973）也利用数据分析验证了倒 U 型假说。瑟库勒（Sicular，2007）对我国城乡收入差距水平进行了测度，发现城乡间存在较大的收入差距，通过控制居民的家庭特征变量，对城乡收入差距的影响因素进行分析后发现居民的职业以及受教育程度是重要影响因素。苏碧伟（Biwei Su，2013）也对上述影响因素进行了更深层次的分析，发现受教育程度对于高收入人群的收入的影响会更加显著，作用也更明显，而技能对于较低收入人群的收入影响会更加显著。

国内学者从研究我国实际国情出发，对城乡收入差距的影响因素做出了众多的研究与实证，大体可归为以下几点：

1. 户籍制度

户籍壁垒存在于城乡之间，使得城乡地区各自拥有不同资源配置制度，并且让重要的劳动力这一生产要素和资源无法自由流通。早在1997年，我国国家计委经济研究所课题组就已经得出户籍制度是导致城乡收入差距变大的一项重要因素。杨天宇（2005）认为由于户籍制度的限制造成农民工无法去城市正规部门就业，只能去非正规部门就业，从而只能获得较低的收入。陈讯等（2007）通过分析1985—2003年的城镇化与城乡收入差距相关数据，并运用计量分析方法，实证得出户籍制度的存在确实使得城镇化扩大，进而造成了城乡收入差距的扩大的结论。陈维涛等（2012）通过实证分析得出拥有本地户籍的居民相比外地户籍居民享有更多的机会获得一个收入高的岗位，以及享受更优的福利待遇的结论。万海远等（2013）亦通过实证，得出了户籍制度的存在使得外地户籍人口在择业时被歧视，因而收入较低的结论。

2. 政策偏向性

国内也有学者研究政策偏向性对城乡收入差距的影响，其中政策偏向性包括政策偏向的教育制度，政策偏向的税收制度，政策偏向的社会福利和社会保障制度等。在此类视角的文献中，赵人伟等（1999）提出了"政策惯性"，即政府有意压低农产品价格，以补给城镇居民，并给予城镇居民更多的补贴政策。蔡昉等（2005）也曾在文章中提出我国政策偏向性最终导致了城乡收入的不平等，而后又由于市场的选择，使得资源配置严重倾向于城镇地区，进一步造成了城乡收入差距的拉大。陈钊等（2004）以及郭飞（2011）都认为地方政府也会颁布一些对城镇地区经济发展有利好的政策，却忽略了农村地区的经济发展，造成城乡经济发展严重不平衡，城乡收入差距不断扩大。武小龙等（2014）首先对城乡收入差距的影响因素进行了理论分析，并在理论分析的基础上，通过实证分析研究了城乡间收入差距的影响因素，得出政策偏向性对城乡收入差距具有重要影响的结论。学者们发现政策大多偏向于城市，因此城市偏向制度成为造成城乡间收入差距的一项重要因素。

3. 城市化水平

由于城市偏向制度得到了广泛研究，学者们又对其进行了延伸，认为我国城市化进程对城乡收入差距有一定的影响。对于影响的方向，部分学者认为城市化水平提高可以缩小城乡收入差距，例如苏雪串（2002）认为我国城市化进程相对于工业化进程较慢，城市化的滞后有可能导致城乡收入差距的扩大。杨继瑞等（2005）以及罗必良（2013）持有相同的观点。另一部分学者持有相反的态度，王争等（2004）通过构建二元经济模型，并通过实证分析发现城市化进程扩大了城乡收入差距。蒿建华（2012）在对陕西省的城市化以及城乡收入差距相关数据进行实证分析后，发现城市化对城乡收入差距具有长期的正效应。当然也有学者认为城市化与城乡收入差距的关系不是单纯的线性关系，认为两者间存在倒 U 型关系。赵煮（2014）通过实证分析测出了倒 U 型的城市化率的拐点为 35%，即当城市化率小于 35% 时，城市化进程对城乡收入差距是拉大作用，当城市化率大于 35% 时，城市化进程对城乡收入差距是抑制作用。近期文献中支持倒 U 型假说的学者也越来越多。

（二）人口流动与城乡收入差距

近年来不少学者开始研究人口流动对城乡收入差距的作用机理，蔡昉（2005）就人口流动为何没有缩小城乡收入差距给出了解释，认为主要由于"常驻流动人口"这一人群的收入无法获得精准数据，造成低估了这类人群的收入，使得城乡收入差距也因此被扩大了。他通过对 1% 人口进行抽样调查，使调查数据精确获得了被低估的那部分人群收入后，实证研究发现城乡收入差距相较于之前观测的确实有所减小。张义博（2012）对城乡收入差距的影响因素进行了系统分析，尝试将人口流动因素和财政因素综合纳入模型之中后发现人口流动对城乡收入的差距影响在统计上是不显著的。吴忠涛（2013）基于托达罗人口迁移模型，发现城乡间巨大的收入差距是农村劳动力进城寻求更高的生活水平的强大动力，并对城乡预期收入差距和农村人口迁移的时间序列数据进行了回归分析，实证结果表明：城乡预期收入差距对农村迁移人口数量的回归结果为正且显著，说明城乡预期收入差距是推动农村人口迁移的重要力量。华小全（2014）利用 1996—2011 年数据分析发现人口流动对城乡收入差距的作用是拉大的，这恰好与梅新想（2016）的结论相反，劳动力流动可以提高农村工资性收入，从而缩小该地区的城乡收入差距。可见学者们在人口流动对城乡收入差距作用方向上依然存在争议。

（三）人口老龄化与城乡收入差距

研究老龄化与城乡收入差距方面的文献相对较少，方大春（2015）根据2000—2012年中国内地31个省（自治区、直辖市）的数据来研究城市化、老龄化和城乡收入差距之间的关系，并得出城市化和人口老龄化拉大了城乡收入差距，但西部地区不明显。同样，季晓旭（2016）以2002—2014年我国省际面板数据为基础，通过聚类分析后建立动态面板模型，研究房价、老龄化程度对我国区域城乡收入差距的直接影响与交互影响，发现房价上涨、老龄化程度加重会导致城乡收入差距拉大。两位学者的研究都指出老龄化对城乡收入差距是一种正影响，个别区域可能会有例外。

（四）人口流动与老龄化

研究人口流动对城乡老龄化差距的影响方面，刘昌平（2008）研究人口迁移对城乡收入差距的影响时发现，农村地区人口迁移会加重农村地区的人口老龄化，并缓解城市地区的人口老龄化。邹湘江（2013）认为，我国城市化的进程不断加快加重了农村人口老龄化程度，因为人口流动具有年龄选择性，即年轻人口比年老人口更倾向于离开农村前往城市地区；年轻的流动人口随时间的流逝而不断更新，使整个流动人口群体的平均年龄保持年轻状态，年轻人口大量迁移，使得农村地区的人口年龄结构发生老化，因此老龄化程度全面超越城市。

研究人口流动对地区老龄化影响方面，方丰（2010）指出，大规模外来人口流动至广东省，造成广东省老龄化程度相对较低，人口老龄化存在地区发展不平衡现象，流动人口对广东省老龄化程度造成的弱化影响。易莹莹（2015）通过研究人口流动对西部地区的重庆市人口老龄化的影响发现，尽管重庆处于西部地区，但由于人口流出数量要大于人口流入数量，人口净流量为负，因此当地人口老龄化速度加快。

研究老龄化对人口流动的影响方面，明瑟（1978）发现了个体的年龄与个体流动偏好性之间存在着倒U型关系。年轻人口更具有流动的偏好性，而老龄人口的流动性相对年轻人口较低。其中心理成本，如"安土重迁"和"落叶归根"会影响人口流动。同样，家庭的养老模式也影响着人口流动，年轻人需要花更多时间陪伴和照顾老人，从而降低了年轻人的流动性。因此，老龄化水平一定程度上也会影响人口流动。

（五）文献述评

当前对人口流动、老龄化以及城乡收入差距方面的研究成果可谓汗牛充栋。首先，在城乡收入差距的影响因素方面，研究者们提出了户籍制度、政策偏向性以及城市化等。其次，在研究人口流动对城乡收入差距的影响作用时，部分学者认为是扩大的，另一部分学者如蔡昉认为，由于现有数据统计口径有问题，因此人口流动对城乡收入差距有缩小效应。越来越多的学者也参与到这个问题的研究与讨论中，因此，人口流动对城乡收入差距的作用还没有一个完全的定论，具有一定的研究价值。再次，人口老龄化对城乡收入差距的影响，学者们的意见大多相同，认为人口老龄化对城乡收入差距具有正向影响。最后，人口老龄化会受到人口流动的影响，在后期老龄化又会抑制人口流动，因此，人口流动与老龄化的联合作用对城乡收入差距是何种影响，学者们没有提及，因此本书在研究人口流动、老龄化对城乡收入差距的基础上，将人口流动与老龄化的交互项也加入到模型当中，研究人口流动与老龄化的联合作用对城乡收入差距的影响关系。

第二节　人口流动、老龄化对城乡收入差距的影响机理

一　相关理论回顾

（一）收入差距相关理论

收入差距有一个经典理论就是库兹涅茨提出的倒 U 型假说，即随着经济的不断发展，收入差距会呈现出先扩大后缩小的变化趋势。库兹涅茨通过美国、德国、英国等几个国家的有关数据，验证了他提出的假说，这些国家经济发展较发达的区域的收入差距相对经济欠发达地区的收入差距要低。并且库兹涅茨发现，处于发展中的国家的收入差距相比发达国家的收入差距要高。后续很多学者也通过截面数据证实了库兹涅茨的倒 U 型假说。因此库兹涅茨假说备受经济学界的推崇，它解释了一些欠发达国家的经济增长较快，但收入差距反而变大的原因。因此对于发展

中国家来说，不能盲目将 GDP 和经济增长速度作为首要发展目标，因为这可能引发更大的收入差距，引发社会分配不均等问题。因此，需要政府在推进经济发展的同时，合理地调节收入分配制度，才能使经济发展又快又稳，在经济发展的同时也改善了收入分配不均的状况。

（二）人口流动相关理论

托达罗（1969）将发展中国家农村部门大量人口向城市部门转移以及城市部门较高失业率这两个并存的现象结合新古典主义思想提出了托达罗理论即人口流动模型。该模型进一步修正和完善了刘易斯模型，对发展中国家大规模农业部门人口迁移至城市部门的现象的解释更加符合这些国家的实际情况。模型的另外一个显著优点，就是能够解释城市失业率与乡—城人口流动并存的原因。托达罗认为农村人口向城市转移主要的驱动力是预期收入最大化，而这必然受到城市地区的就业率和失业率的影响。对于如何解决城市地区的严重失业率，托达罗主张限制农村人口的迁移，以控制城市人口的大量增加。同样，托达罗模型也存在缺陷，就是模型假定发展中国家农业部门不存在剩余劳动力，即农业部门的劳动边际生产率始终大于零，这与许多现实情况是不符的。在解决城市地区失业率方面，如果只是限制人口的迁移，并没有真正解决问题，只是牺牲了农业部门地区的劳动生产率以及就业，来保障城市地区人口的就业，在一定程度上反而会加大城乡收入差距。

（三）人口结构相关理论

人口转变理论最早由人口学家朗德里（1909）在《人口学概论》中提出，该理论对欧洲人口结构的转变过程进行了描述，后来经过经济学家汤普逊对该理论进行了完善，并由诺特思坦（1945）将"人口转变"引入该理论。人口转变理论，主要试图对一些发达国家的人口结构变动情况进行解释。该理论认为，随着经济水平的不断发展，以及医疗生活条件的不断改善，一个国家的出生率和死亡率大致会经历三个阶段：高出生率与高死亡率、低死亡率与高出生率以及低死亡率与低出生率。这种转变的原因主要是由于随着工业化与现代化的发展带来了制造业、农业及医疗卫生事业的技术进步。由此改善了居民的生活环境与健康水平，因而死亡率随着经济发展会出现下降趋势。而生育率的下降会滞后于死亡率的下降，原因是生育率并不受技术进步的影响，它受社会文化、心理以及国家制度的影响。比如社会需要花一些时间去确认死亡率降低的事实，以更新社会对低生育率的认识，更多的人会接受低生育率的观念，整个社会的生育率就因此降低了。当然如果国家颁布政策与制度来降低生育率，比如我国的计划生育政策，也可以有效降低整个社会的生育率。一旦出现生育率的下降，人口增长将变得缓慢，甚至某些发达国家出现了负增长的情形。低出生率与低死亡率导致的结果就是人口寿命变长，老龄人口占总人口的比重会增大，引发人口老龄化现象。人口转变理论很好地解释了在一国经济发展过程中，人口结构发生转变的内在因素以及转变趋势，揭示了人口结构的动态转变与经济发展、产业发展、社会进步、技术进步等因素的相互关系，为更好地分析人口结构提供了理论支持。

二 人口流动对城乡收入差距的影响机理

（一）人口流动对城乡收入差距的影响路径分析

新中国成立伊始，在计划经济与市场经济这两种经济体制选择中，我国走上了计划经济并优先发展重工业的道路，对于农业发展政府长期处于忽视状态，因此严重的政策偏向性制约了农业部门经济的发展。1978 年改革开放，我国出现了新的经济发展模式，部分人口开始流动，为劳动力过剩地区解放了一部分劳动力。在 20 世纪末，一方面我国逐步建立起社会主义市场经济体制，另一方面户籍政策的松动，为大规模的人口流动提供了政策基础。大规模人口流动给我国社会与经济的发展带来了重大影响及变化，首先大量剩余劳动力从农村地区流动至城市地区，不仅为农村地区释放了剩余劳动力，也为城市地区的现代化和工业化的发展提供了廉价的劳动力，另外大量外来人口流入到城市地区，为城市地区带来巨大的消费需求，刺激了房地产行业的发展，对城市地区的餐饮业及商业消费也带来了可观的利润，促进了城市地区的经济发展。

既然人口流动对社会经济产生了如此多的影响，那么人口流动又是通过何种途径作用于城乡两地的居民收入，人口流动对城乡间收入差距又是何种影响，扩大了还是缩小了？根据相关的理论以及已有的研究成果，结合我国实际发展情况，人口流动水平对城乡收入差距的影响路径有以下五个方面，具体如图 9—1 所示。

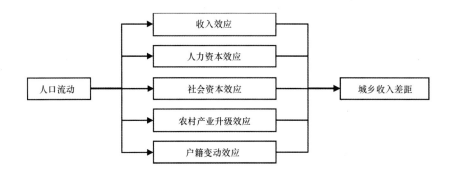

图9—1　人口流动对城乡收入差距影响路径分析框架图

1. 收入效应

人口流动可以为农村地区带来收入效应。人口流动打破了劳动力这一生产要素无法自由流动的限制，劳动力这一生产要素在市场制度的配置下发挥最大效用，从而提高了农村地区的劳动生产率，增加了农村地区劳动者的收入。主要带来两部分收入的增加，农村地区劳动力外流获得的工资性收入增加以及留守农村的居民经营性收入的增加。

如图9—2所示，大量的农村剩余劳动力从种植业转移出来从事非农业生产，他们从农产品的供给者变成农产品的需求者，对农产品的需求增加，需求曲线D向右上方移动到D'；同时由于劳动力的转移造成了农产品供给的减少，农产品的供给曲线S向左上方移动到S'，S'与D'相交于P'点，形成新的均衡点，可以发现价格P上升到了P'，显然农民的经营性收入增加了。

农村人口的流动还有利于实现农业规模经济，提高劳动生产率，促进农民增收。在人口流动之前，农村地区存有大量的剩余劳动力，形成了人多地少的局面，田地被众多人口分割成一小块一小块的，很难利用现代化的机械从事大规模的农业生产。农民只能在零碎的土地上从事小规模粗放型生产方式，由于大量剩余劳动力的存在，造成了劳动力的边际生产力降低，甚至为负值。通过人口流动释放了农村地区剩余的劳动力，不仅可以提高农业的劳动生产率，增加农民的经营性收入，劳动力得到更有效的配置，而且农民在城市务工也可以增加其工资性收入，并降低城市居民的平均工资率。如图9—3所示，由于大量廉价的劳动力从外部流入，劳动力供给增加，造成供给曲线 S 向外移动到 S'，与劳动力需求曲线相交至 W' 点，城市地区的平均工资率会从 W 下降至 W'。从而会一定程度上减小城市居民的平均收入，缩小城乡收入之间的差距。

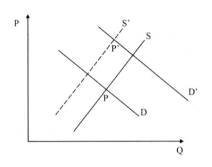 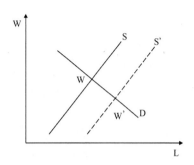

图9—2　市场农产品价格变动情况　　**图9—3　城市劳动力市场工资变动情况**

2. 人力资本效应

人口流动促进了农村地区人力资本的积累。当第一批农村剩余劳动力转移至城市并获得了工作，其身份也将从农业劳动者转变为第二产业或第三产业劳动者，这一转变必定伴随着学习相应技能的过程，因此人口流动增加了这第一批人群的人力资本；紧接着，这批人群的收入也就是物质资本，必将有一部分回流至农村地区，比如打款给自己身在农村的家人们，有了这些物质资本的投入可以让子女受到更好的教育，进一步积累人力资本；当然最先一批流动人群在外面积累成熟的经验，凭借着自身人力资本与物质资本回乡创业，兴办乡镇企业和商业，对当地农村居民进行相关培训，又可以积累人力资本。农村劳动力外流主要依附于其自身的社会网络关系，在亲朋好友的介绍下才进城找工作的占比达到60%。这样第二批、第三批……越来越多的人口反复流出与回流，从人力资本角度来说，这是人力资本不断积累的过程。农村地区通过人口流动积累了人力资本，进而有助于农村居民收入的增长，农村居民收入的增长也就有助于缩小城乡间收入的差距。

3. 社会资本效应

社会资本是由社会学家提出的，被学者们认为是人力资本与物质资本之外的另一种影响经济活动与收入绩效的资本形式。社会资本主要强调人与人之间在社会中网络关系的重要性，它在具有"熟人"效应的社会与市场中影响着参与者的经济活动。比如影响参与者获得市场信息、就业机会、投资机会等事项，并最终影响参与者的绩效。学者们研究发现，社会资本具有收入效应，主要体现在可以提高家庭的非农经营收入，以及外出务工的工资性收入上。人口流动突破了我国户籍制度的限制，在大规模人口流动出现之前，农村地区的人口流动性很低，农村居民的社会资本相对匮乏，关系网也很简单，大多仅限于自己身边的亲戚与朋友，因此他们的经济活动也较为单一，大多从事农业生产。而当大规模人口流动后，可发现农村居民的经济活动变得多样化，他们的关系网随着不断流动也逐渐扩大，开始利用自己的关系网即社会资本来获得信息，从而影响自己的经济活动，提高自身的收入绩效。人口流动促进了农村地区社会资本的积累，社会资本有助于提高农村家庭收入，从而有助于缩小城乡收入差距。

4. 农村产业升级效应

一部分人口从农村地区流动至城市地区，对于剩下的一部分人来说，人均土地面积增加，使得土地的大规模经营成为可能，提高农村地区劳动边际生产率的同时，也达到规模效应，减少了成本，随之收入水平得到提高。这种大规模的农业生产对于农村产业是一种升级，不仅仅如此，在外务工的流动人口，也会将物质资本反哺农村，从而可以购买更先进的农用设施设备，增加产量、降低成本，进一步对农村地区产业及经济进行升级。另外，人力资本回流后兴办乡镇企业，对于以往传统的农业经营来说，也会带来农村产业的多元化。同时，这些乡镇企业会进一步吸引一批劳动力，这使人均土地面积又进一步得到增加，两者相互促进，良性循环。农村地区经济形成了产业升级效应，提高农村地区居民经营性收入的同时，又增加了其工资性收入。农村地区居民收入得到增长，有助于缩小城乡间收入差距。

5. 户籍变动效应

人口流动往往会伴随着户籍变动，即一部分流动人口会变更自己的户籍，比如从农村户籍变动至城镇户籍。往往是较年轻、受过高等教育和享有较高收入的人群才会主动从农村转移至城市，因此，这些人群的户籍变动会对迁出地的经济和收入水平造成较大影响。很多农村地区年轻人口越来越少，劳动力严重不足，剩下的是老人和小孩，没有经济实力和动力去城市生存，这无疑会对城乡收入差距造成影响。

（二）人口流动与城乡收入差距的关系假说

基于以上的理论分析，人口流动通过收入效应、人力资本效应、社会资本效应、农业产业升级效应以及户籍变动效应来影响城乡收入差距，且这几条路径总体对城乡收入差距有缩小的作用。首先，收入效应增加了农村地区居民的经营性收入和工资性收入，有助于缩小城乡收入差距；其次人力资本和社会资本效应也有助于农村地区居民的收入增长，有助于缩小城乡收入差距；农业产业升级效应有助于农村地区经济的发展，也有助于缩小城乡收入差距；尽管户籍变动效应可以带来城乡收入差距的扩大，但总体来考虑，人口流动对城乡收入差距的缩小效应要大于扩大效应。基于此，本节提出如下研究假说：

假说一：人口流动对城乡收入差距的影响是缩小效应。

三 老龄化对城乡收入差距的影响机理

（一）老龄化对劳动供给的影响

从长远发展来分析，人口老龄化促使劳动力增长速度放缓，劳动力占总人口中的比例不断下降，导致劳动供给规模日益缩小。很多人往往认为农村的人口老龄化比例要低于城市，但事实恰恰相反，多数地区的农村人口老龄化现象已超过了城市。农村人口的老龄化减少了农村劳动力的供给，使得农村劳动力不再是无限供给，刘易斯拐点的到来也制约了农村人口经济的发展，从而降低了农村人口的平均收入，拉大了城乡收入差距。

（二）老龄化对劳动生产率的影响

年龄结构的变化与劳动生产率的变化呈倒 U 型关系，所以个体劳动者的生产率在生命周期前半部分会随着年龄的增长而增加，当到达一定的峰值时又会随着年龄的增长而下降。因此老龄人口的增多将会影响这类人群的劳动生产率，如果老龄人口占比过大，就会拉低整个地区的劳动生产率。劳动生产率的定义是指在一定时期内劳动者所创造的某种产品与其付出相应的劳动消耗量之间的比值，亦可以用单位时间内劳动者生产出的某种产品的数量来表示，单位时间内劳动者生产出来的产品数量越多，则代表该劳动者的劳动生产率越高。因此在技术水平不变的前提下，如果老龄人口占比过多有可能降低该地区的劳动生产率，进而影响单位时间的产出，最终降低该地区的平均收入，从而拉大了城乡收入之间的差距。

（三）老龄化与城乡收入差距的关系假说

如图9—4所示，老龄化主要通过影响劳动供给与劳动生产率从而影响城乡收入差距，基于以上的理论分析，本节提出假说二。

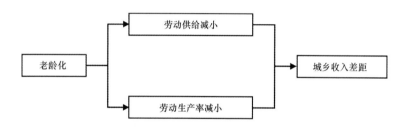

图9—4　对城乡收入差距影响分析框架图

假说二：人口老龄化对城乡收入差距的影响是扩大效应。

四　人口流动与老龄化的交互作用对城乡收入差距的影响机理

（一）人口流动对老龄化的影响分析

一般一个地区的老龄化影响因素有三个，生育率水平、死亡率水平以及人口迁移。在没有人口迁移的情况下，一个地区老龄化只受到该地区自然增长率的影响。人口流动对一地区老龄化的影响，主要在于人口流动改变了当地的人口结构。以往的研究发现，年轻人口相对于老年人口更具有流动性，大部分年轻人口从农村地区流出至城市地区，从而导致农村地区人口老龄化程度不断加剧，且这种年龄的选择性让流动人口的平均年龄保持在一个较年轻的水平，使得城市地区的老龄化得到了缓解，却加重了农村地区的老龄化。

（二）老龄化对人口流动的影响分析

年龄与人口流动之间存在着倒U型关系。相对于年轻人口，老龄人口的流动性偏低。其中心理成本，如老年人落叶归根的思想会影响着个体流动的偏好。同样，家庭的养老模式也影响着人口流动，年轻人需要花更多时间陪伴和照顾老人，从而减弱年轻人的流动性。因此，老龄化水平一定程度上也会影响人口流动。

（三）人口流动、老龄化对城乡收入差距的共同影响

若假说一与假说二均成立，我们可以得出以下推导：

（1）人口流动对老龄化是正向作用，老龄化对城乡收入差距是正向作用，因此人口流动通过老龄化对城乡收入差距也是正向作用。

（2）老龄化对人口流动是负向作用，人口流动对城乡收入差距是负向作用，因此老龄化通过人口流动对城乡收入差距为正向作用。

基于以上假说关系及推导，本节提出第三个假说：

假说三：人口流动与老龄化的交互影响对城乡收入差距具有扩大效应。

五 分析框架

根据前文的理论分析，人口流动对城乡收入差距通过收入效应、人力资本效应、社会资本效应、农业产业升级效应以及户籍变动效应具有直接作用，老龄化对城乡收入差距通过劳动力供给效应与劳动生产率效应也有直接作用，而人口流动与老龄化又是相互影响关系。因此，本章在人口流动对城乡收入差距影响的分析框架基础上，基于我国农村人口老龄化日益严重的现实背景，将老龄化因素加入该分析框架，具体分析人口流动、老龄化及其交互项对城乡收入差距的影响，构建如图9—5所示的分析框架。

首先，人口流动对城乡收入差距有直接影响作用，通过前文的理论分析的五种路径：收入效应、人力资本效应、社会资本效应、农业产业升级效应及户籍变动效应；其次，老龄化通过影响劳动力供给与劳动力生产率进而影响城乡收入差距；最后，人口流动与老龄化是相互影响的关系，因此框架中列出了人口流动、老龄化联合作用，以讨论人口流动、老龄化对城乡收入差距的交互效应。

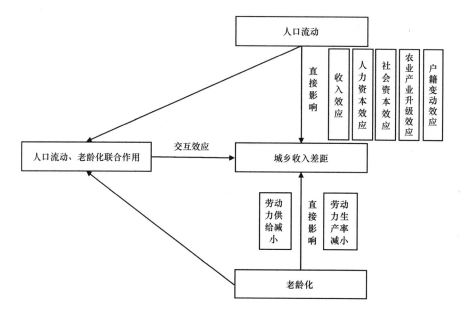

图9—5 人口流动、老龄化与城乡收入差距分析框架图

第三节 人口流动、老龄化对城乡收入差距影响的实证分析

一 人口流动、老龄化与城乡收入差距的发展现状

（一）我国城乡收入差距发展现状

1. 城乡收入差距的总体变化

由于我国二元经济结构还没有被完全打破，城乡间收入依然存在着一定的差距，而对于这个差距的测度，学者们提出了各种各样的指标，我们通过查阅相关文献以及相关报告发现，收入差距的测度指标主要分为三种：收入比、基尼系数和泰尔指数，其中收入比是指城镇居民人均可支配收入与农村居民人均纯收入的比值，此比值没有很好地考虑到城镇地区和乡村地区在人口规模上的差异；基尼系数一般用于衡量国家间收入分配的平等性；泰尔指数一般用于衡量地区间的收入差距，其利用信息理论中的熵概念来衡量两个地区间的收入不平等，且既考虑到收入层面，又考虑到了人口规模层面，因此，本书使用泰尔指数测算城乡收入差距的水平。

　　表9—1是经计算得出的1979年至2014年出的各省市城乡之间的泰尔指数，用于衡量各省市的城乡收入差距。

表9—1　　　　　　　　1979—2014年我国城乡间收入泰尔指数

年份	泰尔指数	年份	泰尔指数	年份	泰尔指数
1979	0.0807	1991	0.0800	2003	0.1301
1980	0.0885	1992	0.0882	2004	0.1308
1981	0.0651	1993	0.1048	2005	0.1321
1982	0.0462	1994	0.1043	2006	0.1343
1983	0.0370	1995	0.0939	2007	0.1376
1984	0.0391	1996	0.0768	2008	0.1368
1985	0.0384	1997	0.0729	2009	0.1370
1986	0.0584	1998	0.0758	2010	0.1284
1987	0.0585	1999	0.0865	2011	0.1206
1988	0.0545	2000	0.0954	2012	0.1166
1989	0.0686	2001	0.1040	2013	0.1105
1990	0.0677	2002	0.1208	2014	0.1046

　　数据来源：国家统计局：历年中国统计年鉴。

　　为了更直观地展示我国城乡间收入差距的变化趋势，将表9—1可视化处理成图9—6，从图中我们可以清晰地看到1979—2014年我国城乡间泰尔指数的波动情况，根据折线图的波动情况可将我国在此期间的城乡间的收入差距变化分为5个阶段。

　　（1）1980—1983年城乡收入差距缩小阶段

　　这一时期的城乡收入差距处于快速减小阶段，短短的4年时间，城乡泰尔指数就从0.0885下降到了0.0370，下降幅度高达58.2%。此次城乡收入差距急剧下降的原因主要有两点，一方面是由于我国继续贯彻特色社会主义经济，推行家庭联产承包责任制，极大地提高了农民的生产积极性，农产品的产量相比往年大增；另一方面，国家为了扶持农村经济，提高了农副产品的收购价格，又进一步提高了农民的经营性收入。而同期的城市地区并没有出现较大的扶持政策，城市地区相对农村地区经济增速放缓，因而这一时期的城乡收入差距出现急剧的缩小趋势。

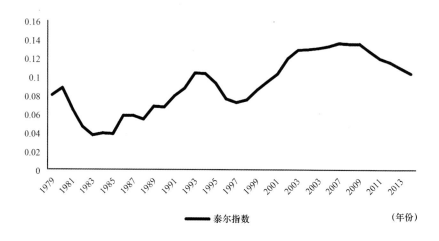

图9—6　1979—2014 年我国城乡间泰尔指数变动趋势

（2）1984—1994 年城乡收入差距扩大阶段

这一时期的城乡收入差距从 0.0391 增长至 0.1043，造成城乡收入差距拉大的原因主要是我国在 1985 年全面实施国有企业改革和工资制度改革，城市地区重新成为国家重点发展对象，这两大改革提高了国企的生命力，让管理层和工人重新恢复了工作积极性，企业的效率、管理层的动力、工人的劳动生产率都得到了大大提高，城市居民的收入也随之提高。而同期的农村地区由于改革热潮退去，农村地区居民收入增长速度放缓，因此城乡收入差距逐渐拉大。

（3）1995—1997 年城乡收入差距短暂缩小阶段

这一时期城乡收入差距的回落主要受到两方面的影响，一方面国家为了防止经济泡沫，因此采用了紧缩的货币政策对经济进行降温；另一方面国家再次大幅提高了农副产品的收购价格，农村居民得益于农副产品价格的提高，收入再次得到增长。受此两方面的双重影响，我国在这一阶段城乡收入差距出现回落。

（4）1998—2006 年城乡收入差距加速扩大阶段

1998 年起，我国以三大经济政策刺激我国的经济发展，经济实现软着陆。同时城市化与工业化的进程也相对加快，大规模农村人口开始流动至城市，城市地区居民收入得益于政策红利与人口红利的双重红利影响而增速提高。而1998年以后的农产品价格有所下降，造成了农村居民收入的减少。因此，城乡收入差距重新开始拉大。

（5）2007—2014年城乡收入差距缩小阶段

这一时间段，国家重新开始重视"三农"问题，颁布了取消农业税、增加农村居民的转移性收入、对参与种植业的农民实行直接补贴、对购买农用大型机械给予补贴等一系列惠农政策，从图9—7中也可以看到农村居民的转移性收入在2008年有明显的提高。从农村家庭收入的结构比例变动可以看出，工资性收入的比例越来越高，而家庭经营收入的比重呈不断下降趋势，可见人口流动带来的工资性收入的增长对缩小城乡收入差距的作用也是明显的。

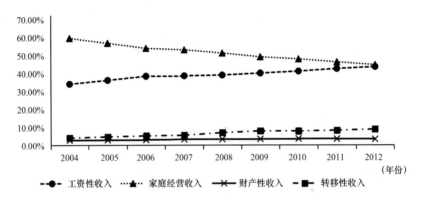

图9—7　2004—2012年农村家庭收入来源占比

数据来源：国家统计局：历年中国统计年鉴。

从我国城乡收入差距的总体变化来看，我国当前正处于城乡间收入差距不断缩小的阶段，这与我国政策偏向性以及户籍制度改革有关，政策加大对农村地区的扶持，可以提高农村居民生产积极性，提高其经营性收入；户籍制度的改革，有利于人口在城乡间流动，让剩余劳动力资源得到更有效的配置，从而对城乡乃至于整个社会都是利好。

2. 城乡收入差距的地区差异

由于城乡收入差距具有区域性，即各个地区的城乡收入差距的发展与现状都具有各自的特色，因此本章按照区域经济学中对我国经济区域的划分方法，将中国31个省（市、区）（港澳台除外）划分成了东部地区、中部地区、西部地区和东北部地区，具体包括的省（市、区）如表9—2所示。

表9—2 **中国经济区域划分**

区域	包括的省市范围
东部地区	北京、天津、河北、上海、江苏、浙江、福建、山东、广东、海南
中部地区	山西、安徽、江西、河南、湖北、湖南
西部地区	内蒙古、广西、重庆、四川、贵州、云南、西藏、陕西、甘肃、青海、宁夏、新疆
东北部地区	辽宁、吉林、黑龙江

其中东部地区包括10个省市，中部地区包括6个省，西部地区包括12个省市区，东北部地区包括3个省。图9—8为2005—2014年期间东、中、西及东北部地区城乡收入差距泰尔指数情况。

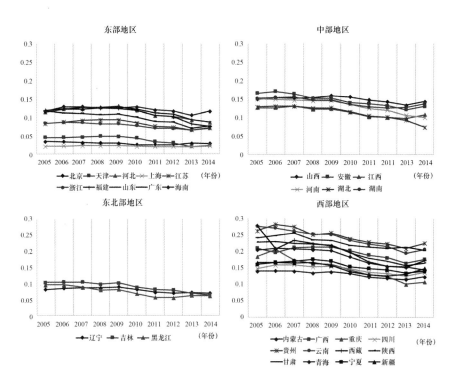

图9—8 2005—2014年我国东、中、西及东北部地区
城乡收入差距泰尔指数（不含港澳台地区）

由于四张图表的纵坐标均相同，所以可以很直观地看出各个区域的差别，首先是东部地区，东部地区城乡收入差距水平与中部和西部地区城乡收入差距水平对比可发现，东部地区城乡收入差距相对较小，且东部地区中城乡收入差距最大的海南省的泰尔指数也未超过0.15。而反观西部地区，城乡收入差距最小的是内蒙古，其泰尔指数为0.1—0.15之间；城乡收入差距最大的是贵州省，其泰尔指数超过了0.25。中部地区的各省份相差不大，泰尔指数均在0.15左右，明显高于东部地区，但低于西部地区。东北部地区三个省份的泰尔指数在0.05—0.1之间，低于中部地区。最终可以得出这样的结论：城乡收入差距从小到大的排名为东部、东北部、中部、西部，即经济越发达的地区城乡收入差距相对较小，而经济水平欠发达地区如西部，其城乡收入差距会相对较大。

3. 城乡收入差距的变化趋势

上文已经分析了城乡收入差距的总体变化及区域之间的差异，用泰尔指数衡量的城乡收入差距经历了5个阶段的变化，目前呈现出缩小的趋势。除了泰尔指数，城乡收入差距还可以用城乡收入比来衡量，表9—3列出了2005—2014年城乡居民收入的变化情况。期间城乡收入名义比的峰值为3.33，最小值为2014年的2.97，也呈现出缩小的趋势。

表9—3　　　　　2004—2014年我国城乡居民收入变化情况

年份	名义收入（元）		名义增长速度		名义比
	城镇	农村	城镇	农村	
2005	10493	3254.9	—	—	3.22
2006	11759.5	3587	12.07%	10.20%	3.28
2007	13785.8	4140.4	17.23%	15.43%	3.33
2008	15780.76	4760.6	14.47%	14.98%	3.31
2009	17174.65	5153.1	8.83%	8.24%	3.33
2010	19109.44	5919	11.27%	14.86%	3.23
2011	21809.78	6977.2	14.13%	17.88%	3.13
2012	24564.72	7916.5	12.63%	13.46%	3.10

年份	名义收入（元）		名义增长速度		名义比
	城镇	农村	城镇	农村	
2013	26955	8896	9.73%	12.37%	3.03
2014	29381	9892	9.00%	11.20%	2.97

数据来源：国家统计局；历年中国统计年鉴。

因此，无论用泰尔指数，还是用城乡收入比来衡量城乡收入差距，从 2007 年开始城乡收入差距都呈现出不断缩小的趋势。本章研究在这一阶段人口流动、老龄化对城乡收入差距的作用与影响，因此，确定将 2005—2014 年全国除港澳台外共计 31 个省（市、区）的面板数据作为研究的样本。

（二）我国人口流动发展现状

1. 人口流动规模及其变化趋势

由于我国人口流动的加快、户籍制度的变化与人户分离的现象导致对人口流动这一指标的精确度量较为困难，在《中国统计年鉴》与《中国人口与就业统计年鉴》中也并没有直接的指标。回顾相关文献中人口流动的测度方法，大致分为调查问卷法、人口流动观测点数据以及对统计年鉴数据进行相应的计算。由于调查问卷不具有代表性，很难反映真实情况，且人口流动观测点数据不对外公布，因此，本节测算人口流动水平时，在统计年鉴数据的基础上采用上一年年末人口数 ×（1 + 自然增长率）– 当年年末人口数作为当年农村人口流动到城市的绝对数，以 F 来表示，具体公式如下：

$$F_{i,t} = X_{i,t-1} \times (1 + R_{i,t}) - X_{i,t} \tag{9—1}$$

其中，$F_{i,t}$ 即 i 省（市、区）在 t 时期的人口流动水平；$X_{i,t}$ 即 i 省（市、区）在 t 时期的农村地区总人口；$R_{i,t}$ 为 i 省（市、区）在 t 时期的农村人口自然增长率。由此公式算出的数值来表示每年从农村地区流动到城市的人数。

图 9—9 为通过人口流动规模公式计算得出的 2005—2014 年的全国农村流动至城市的人口规模，可发现整体呈 L 型趋势，即前半段呈现出下降趋势，后半段处于一种较平稳的状态，在 2010 年有个小高峰，且这 10

年期间平均每年从农村地区转移 1300 万人口到城市地区，转移人数占总
人口的比例约 1%。

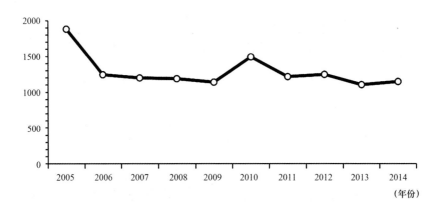

图 9—9　2005—2014 年全国农村流动至城市的
人口规模（万人/年）

这个结果也比较符合我国实情，因为统计年鉴中公布的城镇人口占
总人口的比例每年也增加 1% 左右，而这增加的一部分人口，主要是来自
农村流动至城市的人口。这 10 年间人口流动的趋势相对平稳，也表明我
国的城市化和现代化进程正在稳步有序进行，国家的政策对城乡人口再
分配起到了良好的作用。若基于经济学中理性人的假设来考虑人口流动
这个现象，即农村地区居民出于自身利益最大化的考虑，在综合考虑人
口流动的成本与人口流动的收益后，农村居民最终做出了参与人口流动
这一决策，表明人口流动确实可以为农村居民增加收入，即人口流动有
利于缩小城乡间的收入差距。

2. 人口流动规模的地区差异

由于我国各地区经济发展水平差异较大，各地区人口基数也不尽相
同，因此人口流动水平在地区间也具有较大的差异性。图 9—10 展示了我
国 2005—2014 年东、中、西及东北部地区人口流动规模，由于图中四个
地区的纵坐标相同，所以从图中可以较为直观地得出一些结论。

首先，人口流动的规模从大到小依次为中部地区、东部地区、西部
地区和东北部地区，中部地区人口流动规模相对较大的原因是一方面中

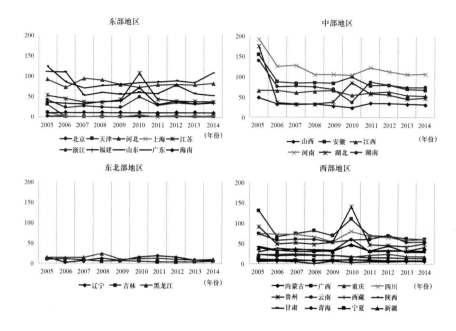

**图9—10　2005—2014年我国东、中、西及东北部地区
人口流动规模（万人/年）**

部地区位于我国中原地带，各省的农村人口数量相对较多，因此人口流动规模相应大于其他地区省份的人口流动规模，另一方面，中部地区地处平原，农村地区经济主要以农作物种植为主，而农业生产对劳动力的需求有限，因此大量剩余劳动力会选择离开农村前往城市，而东部地区乡镇产业发达，相比中部地区可以容纳更多的劳动力；其次，东部地区的人口流动水平较为平稳，而中部地区和西部地区是先递减后趋于平稳；最后，一些省市的人口流动规模依然较低，比如西部地区的西藏、宁夏和青海，这些地区的人口流动规模相较于其他省市都很小，主要因为这些地区经济发展水平较低，农村地区家庭的经济水平难以支付人口流动的成本，以及较低的文化水平也较难在城市地区找到合适的岗位，因此更多的农村人口选择留在农村，没有流动至城市。

（三）我国人口老龄化发展现状

人口老龄化是个全球性问题，人口老龄化的指标也相对较多，如65岁及以上人口占总人口的比例、老年抚养比、老少比、年龄中位数等。

国际上通常把65岁及以上人口占总人口的比重达到7%作为国家或地区进入老龄化社会的标准。2000年我国65岁及以上人口占总人口的比例达到了7%，这标志着我国进入了老龄化社会。而人口老龄化从城乡角度来看，以往人们认为城市老龄化程度要高于农村，但实际情况却相反，通过农村向城市的人口迁移，起到了"削峰填谷"的作用，在一定时期内延缓了城市人口老龄化速度，却加重了农村人口老龄化程度，并最终发展成农村老龄化水平高于城市老龄化的现状。

1. 人口老龄化的总体变化

在没有移民的前提下，一国的人口年龄结构只会受到人口出生率和死亡率的影响。新中国成立以来一共有过六次人口普查，从这六次人口普查的结果来看，我国老年人口比例呈现出先下降后上升的趋势。第一次人口普查数据显示，我国65岁及以上人口占当年总人口的比例为4.41%，1964年的"二普"数据显示，这一比例降低了0.85个百分点。由于经济与医疗水平的发展，20世纪60年代以来，出生率和死亡率同时趋于下降趋势，低的出生率与低死亡率使得人口年龄结构逐渐老化。因此，如表9—4所示，在三普、四普、五普以及六普数据中，65岁及以上人口占比也是持续上升。"六普"数据显示，65岁及以上人口占比已经达到了8.87%，这个比例相比1953年增加了101%，且大约在2000年，我国就已经步入了老龄化社会。

表9—4　　　　　　历次全国人口普查人口总数及人口年龄结构

年份	总数（万人）	各年龄段人口比重（%）			老少比（%）	年龄中位数
		0—14岁	15—64岁	65岁及以上		
1953	58260	36.28	59.31	4.41	12.16	22.74
1964	69458	40.69	55.75	3.56	8.75	20.20
1982	100818	33.59	61.50	4.91	14.62	22.91
1990	11368	27.69	66.74	5.57	20.12	25.26
2000	126583	22.89	70.15	6.96	30.41	30.00
2010	133972	16.60	74.53	8.87	53.43	39.83

数据来源：国家统计局历年人口普查数据。

1964 年第二次人口普查年龄中位数还是 20.20，属于年轻型社会，而中国人口年龄结构开始老化，最早开始于 1982 年第三次人口普查，年龄中位数开始上升到了 22.91，而到了 1990 年的第四次人口普查，0—14 岁儿童占比为 27.69%，65 岁及以上老年人口占比为 5.57%，年龄中位数为 25.26，老少比 20.12% 已经达到了老龄社会的标准。因此，自第四次人口普查后，我国人口年龄结构已经开始向老年型过渡。随后的"五普"与"六普"数据，0—14 岁人口比例持续下降，65 岁及以上老年人口比例持续上升，老少比也上升到了 2010 年的 53.43%，年龄中位数 2010 年已经增长至 39.83，相比 1964 年增长了 97.18%。可见，中国老龄化进程只用了短短 18 年，相较于其他发达国家，比如日本用了 24 年，因此，我国老龄化速度非常之快。由人口老龄化带来的问题也不容忽视，人口的不断老化会影响劳动力的年龄结构、收入分配以及就业等，从而影响国家未来的经济发展以及城乡收入差距。

2. 人口老龄化的地区差异

（1）人口老龄化水平城乡差异

在人口老龄化进程中，许多国家普遍表现出农村人口老龄化程度高于城市的特点，即"城乡倒置"现象，中国也不例外。

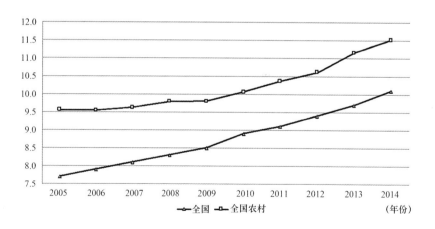

图 9—11　2005—2014 年全国及全国农村地区 65 岁及以上人口占比

如图 9—11 显示了 2005—2014 年全国老龄化与农村老龄化水平的对

比，可发现这十年间，农村人口老龄化水平一直高于全国老龄化水平，并且未见有明显缩小的趋势。一般一个地区的人口老龄化水平主要受出生率、死亡率和人口迁移这三个直接因素影响。而在没有人口迁移的情形下，人口老龄化仅受出生率和死亡率影响。假设没有人口迁移，城市地区相比农村地区会拥有更低的出生率与死亡率。所以理论上，这些因素应促使我国城市地区的老龄化水平高于农村地区，但从图9—12中的数据来看，实际情况是农村地区老龄化水平远高于城市地区。因此证明我们的假设是错的，正是由于人口迁移这一因素的存在，才导致了当前人口老龄化程度的城乡倒置，与理论部分中人口流动对农村地区人口老龄化的影响相一致，人口流动具有年龄的选择性，即年轻人相较于老年人会更偏向于流动至城市，造成大部分的年轻人从农村地区流动至城市，农村地区老年人口占比也因此上升。

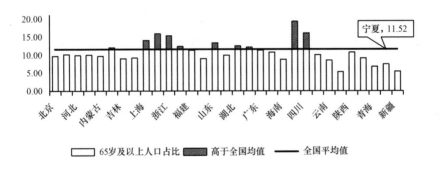

图9—12 2014年我国各地区农村老龄化水平

数据来源：国家统计局2015年中国统计年鉴。

从图9—12中的分地区农村老龄化程度可以看出，2014年农村地区65岁及以上人口占比的平均值为11.52%，要高于城市地区65岁及以上人口占比8.36%。而农村地区有10个省市的老龄化水平是高于11.52%的平均水平，中部地区最严重的两个省市分别是重庆市和四川省。农村地区的老龄化日益严重与大量年轻人口流动至城市地区是分不开的。正是由于人口流动具有年龄的选择性，使得留守在农村的都是年龄相对较大的人口。农村地区老龄人口增多对农村地区的经济与产业发展是不利的，有可能会因此拉大城乡间的收入差距。

（2）农村人口老龄化水平区域差异

我国地域辽阔，在地理区域上可大致划分为东部、中部、西部、东北部四大区域，各区域由于所处地理环境以及资源的不同，因此在经济发展水平上具有较大差异。我们已经分析了老龄化受生育、死亡和迁移影响，四大区域经济水平不同，首先经济水平可以影响生育和死亡，一般经济水平越高的地区，出生率越低，死亡率也越低，老龄化水平也就相对越严重。但经济水平又会影响人口流动，即经济水平越高的地区，越容易吸引相对年轻的人口，这在一定程度上又能缓解严重的老龄化现象。下面我们主要分析农村地区的老龄化水平，从图9—13中的地区分布来看，老龄化最为严重的地区是东部地区，10个省市在2014年平均65岁及以上老年人口占总人口比重约12%，部分地区甚至超过了15%，形势非常严峻。中部地区的老龄化程度也不可小觑，紧跟东部地区；西部地区由于经济发展水平相对较低，老龄化水平还不是很高，但斜率较大，证明其老龄化的速度很快。分省（市、区）来看，2005年我国除台湾外的31个省、区、市中，东部地区的上海、江苏和浙江3个省市的65岁及以上人口占比超过12%，属于老龄化比较严重的地区。而到了2014年，有辽宁、上海、江苏、浙江、安徽、山东、湖北、湖南、重庆和四川10个省市的65岁及以上人口占比超过12%，农村人口老龄化有从东部地区向中、西部及东北部地区蔓延的趋势。老年人口占比高的地区增多，一方面显示我国农村人口老龄化形势越发严峻，另一方面也显示出农村人口老龄化呈现地区间转移趋势。

由于图9—13中的四个地区的纵坐标相同，可以看出，首先，东部地区老龄化水平最为严重，中部地区和东北部地区次之，西部地区除重庆和四川外大多省（市、区）的老龄化水平较低；其次，除上海之外的所有省（市、区）老龄化水平都随着时间的增长而增长，呈现出逐年增长的趋势。

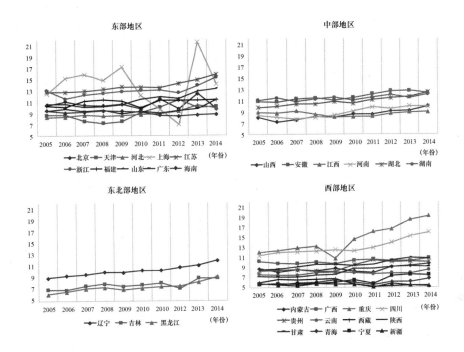

图9—13　2005—2014年东、中、西及东北地区

农村地区65岁及以上人口占比

表9—5　　2014年全国（除港澳台）各地区城、镇、乡老龄化结构　　单位：%

地区	65岁及以上				地区	65岁及以上			
	总比例	城	镇	乡		总比例	城	镇	乡
全国	10.06	8.36	8.88	11.52	河南	8.76	7.68	7.10	9.92
北京	8.55	8.01	5.23	9.74	湖北	10.25	7.87	7.59	12.48
天津	11.68	12.47	8.19	10.18	湖南	10.87	9.80	9.37	12.11
河北	9.32	8.48	8.69	9.91	广东	8.27	4.83	8.82	11.32
山西	8.52	6.41	6.88	9.98	广西	9.54	7.94	7.94	10.78
内蒙古	9.33	8.95	8.83	9.70	海南	7.66	6.08	8.46	8.79
辽宁	12.16	9.18	12.96	12.05	重庆	14.12	10.02	11.72	19.19
吉林	10.17	10.67	10.55	8.96	四川	13.99	10.28	12.39	15.98
黑龙江	9.39	10.40	8.76	9.17	贵州	9.22	10.55	8.10	10.08
上海	9.68	10.05	6.01	14.04	云南	8.72	9.06	8.44	8.48
江苏	12.06	9.83	10.57	15.82	西藏	5.49	4.24	5.08	5.24

地区	65 岁及以上				地区	65 岁及以上			
	总比例	城	镇	乡		总比例	城	镇	乡
浙江	9.62	6.14	7.92	15.29	陕西	10.61	6.93	9.21	10.74
安徽	10.42	7.88	9.80	12.30	甘肃	8.93	9.09	8.04	9.12
福建	7.59	5.95	5.37	11.36	青海	7.10	11.48	6.75	6.74
江西	9.24	11.37	7.13	8.99	宁夏	6.78	7.23	5.66	7.42
山东	11.47	8.95	10.44	13.31	新疆	6.87	7.01	9.00	5.37

数据来源：国家统计局 2015 年中国统计年鉴。

表9—5 展示了2014 年全国各地区城、镇、乡老龄化结构，若按照城市、集镇、乡村的人口老龄化水平的高低进行分类，31 个省（市、区）可大致划分为以下四类：第一种类型，老龄化水平乡村＞城市＞集镇，属于这一类型的省（市、区）包括北京、上海、天津、内蒙古、山西、河北、河南、江西、云南、贵州、甘肃、陕西和西藏等。这类地区的城市地区经济相对农村较发达，因此，一方面乡镇的年轻人愿意来城市地区务工与生活；另一方面，由于较好的经济发展水平可以让当地人口享有较高的医疗条件，城市地区的老年人口也愿意留在城市地区。第二种类型，老龄化水平乡村＞集镇＞城市，这类型的省（市、区）主要包括浙江、江苏、山东、安徽、湖北、湖南、福建、广东、广西、四川、重庆和海南等。这类地区的城镇都比较发达，因此城市地区对集镇地区居民的吸引力不大，但可以吸引乡村劳动力，从而加重乡村老龄化水平，降低城市老龄化水平。第三种类型，老龄化水平城市＞集镇＞乡村，这种地区显然是人口流动规模不大的地区，主要包括黑龙江、吉林和新疆。最后一种类型，老龄化水平城市＞乡村＞集镇，主要包括青海、辽宁和宁夏，这类地区也是经济发展水平较低的城市，从而人口流动规模不大，城市地区的老龄化水平较高。

3. 人口老龄化的发展趋势

人口老龄化的趋势，从静态角度来看，由于农村地区出生率高于城市地区出生率，因此城市地区的老龄化水平高于农村地区；从动态角度来看，随着中国各地区经济发展水平以及城市化、工业化的加快，越来越多的农村年轻人口从农村涌入城市，农村老年人口占比因此上升，城乡老龄化水平出现了"城乡倒置"的现象。而这一趋势伴随着未来几年人口流动进程的不断发展，城乡老龄化水平的差距也会持续拉大，即未来几年农村地区人口老龄化水平将持续增高。随着老龄化的加重，也必将引发一系列农村发展问题。例如，未来农村居民养老问题、农村劳动力短缺问题以及农村土地生产问题，这些问题都将制约农村经济与农村社会事业的发展，在一定程度上会拉大城乡收入差距。

二　人口流动、老龄化对城乡收入差距影响的实证分析

本章在相关文献回顾的基础上，认为农村人口流动、农村人口老龄化及其交互项，是分析城乡收入差距的突破口，并通过理论分析，阐述了农村人口流动、农村人口老龄化及其交互项对城乡收入差距的影响机理，并提出了三个假说：

假说一：人口流动对城乡收入差距的影响是缩小效应；

假说二：人口老龄化对城乡收入差距的影响是扩大效应；

假说三：人口流动与老龄化的交互影响对城乡收入差距具有扩大效应。

本节选取了2005—2014年期间31个省（市、区）的面板数据作为研究的数据基础，实证分析人口流动、老龄化及其交互项对城乡收入差距的影响与作用。

（一）模型设定与估计方法

1. 模型设定

考虑到面板数据有以下几个优点：首先，便于对不可控的个体效应进行控制；其次，面板数据包含的信息量更大，可以减少存在共线性的可能，并相应地增加自由度与提高待估系数的有效性。因此本节构建的动态面板分析模型如式（9—2）所示：

$$\ln gap_{i,t} = \alpha + \beta_1 \ln fl_{i,t} + \beta_2 \ln old_{i,t} + \beta_3 \ln fl_{i,t} \times \ln old_{i,t} +$$
$$\theta \ln X_{i,t} + \lambda_i + \eta_t + \varepsilon_{i,t} \qquad (9—2)$$

其中，i 表示省（市、区），t 表示年份；被解释变量 $gap_{i,t}$ 表示 i 省（市、区）t 年的城乡收入差距水平；α 为常数项；$fl_{i,t}$ 表示 i 省（市、区）t 年的人口流动率（由于其他变量均为相对数，因此这里使用人口流动率

替代人口流动规模）；$old_{i,t}$ 表示 i 省市的农村地区 t 年的 65 岁及以上老龄人口占总人口的比例；$\ln fl_{i,t} \times \ln old_{i,t}$ 为农村人口流动与农村人口老龄化的交互项；$X_{i,t}$ 为其他控制变量；λ_i 为地区哑变量，即固定或随机的截面效应；η_t 为时间哑变量，代表固定效应或随机效应；随个体与时间变化而变化的随机干扰项用 $\varepsilon_{i,t}$ 表示；解释变量的待估系数用 β_1、β_2 和 β_3 表示。各个控制变量的待估系数的向量用 θ 表示。为了控制异方差，本节对除哑变量的其他变量均做了取对数处理，以分析回归系数间的弹性关系。

已有的研究发现城乡收入差距的历史惯性作用相对较强，主要是因为影响城乡收入差距的制度因素以及人力资本的积累具有持续性，导致城乡收入差距出现较为强烈的自我强化功效。因此本节引入城乡收入差距的滞后一期作为解释变量，构建动态面板数据模型分析和考察人口流动、老龄化与城乡收入差距的关系，动态面板数据模型如式（9—3）：

$$\ln gap_{i,t} = \alpha + \beta_0 \ln gap_{i,t-1} + \beta_1 \ln fl_{i,t} + \beta_2 \ln old_{i,t} +$$
$$\beta_3 \ln fl_{i,t} \times \ln old_{i,t} + \theta \ln X_{i,t} + \lambda_i + \eta_t + \varepsilon_{i,t} \qquad (9—3)$$

2. 估计方法选择

引入城乡收入差距的滞后一期作为解释变量，由此可能会导致模型中出现内生性问题，混合效应回归、随机效应回归、固定效应回归都不能解决该问题，而广义矩估计方法（GMM）可以解决内生性问题。广义矩估计（GMM）模型分为两阶段差分 GMM 和系统 GMM，Arellano 和 Bond（1991）认为 GMM 面板模型进行一阶差分变换，可以排除不随时间变化的非观测变量的影响，同时所有可能变量的两阶或两阶以上的滞后变量可以作为一阶差分方程的内生变量的工具变量，但是 GMM 在差分变换时容易使一部分不随时间变化的个体效应被消除，从而导致回归结果出现偏差。系统 GMM 模型解决了差分 GMM 的不足，并且综合了差分 GMM 的优点，使模型的估计效果和一致性得到了大幅的改善（李勇刚、高波、任保全，2013）。鉴于此，本书采用系统动态面板模型。

（二）变量与数据来源

1. 被解释变量（$gap_{i,t}$）

城乡间收入差距（$gap_{i,t}$），利用泰尔指数法计算，其计算公式为：

$$gap_{i,t} = \sum_{j=1}^{2} \left(\frac{C_{ij,t}}{C_{i,t}} \right) \ln \left(\frac{C_{ij,t}}{C_{i,t}} \Big/ \frac{V_{ij,t}}{V_{i,t}} \right) \qquad (9—4)$$

其中，$gap_{i,t}$ 为 i 省（市、区）t 时期的城乡间收入差距，$j = 1$，2 分别表示城镇或者农村地区；$C_{ij,t}$ 为 i 省（市、区）t 时期的城镇地区（$j = 1$）或农村地区（$j = 2$）的总收入，而总收入等于相应地区的总人口乘以人均收入；$I_{i,t}$ 即 i 省（市、区）t 时期的收入总量（即城镇地区的总收入和农村地区的总收入之和）；$V_{ij,t}$ 表示 i 省（市、区）t 时期的城镇地区（$j = 1$）或农村地区（$j = 2$）的总人口；$V_{i,t}$ 表示 i 省（市、区）t 时期的人口总量。如此计算的泰尔指数范围在 0—1 之间，值越接近于 1，表明城乡间的收入差距越大，反之接近于 0，则城乡收入差距越小。

2. 解释变量

（1）人口流动率。由于我国人口流动的加快、户籍制度的变化与人户分离的现象导致对人口流动这一指标的精确度量较为困难，在《中国统计年鉴》与《中国人口与就业统计年鉴》中也并没有直接的指标。因此，本节采用［上一年末总人口数 ×（1 + 自然增长率）－ 当年年末总人口数］/当年末人口数，计算出的数值为人口流动率，以 fl 来表示，即：

$$fl_{i,t} = \frac{X_{i,t-1} \times (1 + R_{i,t}) - X_{i,t}}{X_{i,t}} \qquad (9—5)$$

其中，$fl_{i,t}$ 即 i 省（市、区）在 t 时期的人口流动率；$X_{i,t}$ 即 i 省（市、区）在 t 时期的农村地区总人口；$R_{i,t}$ 为 i 省（市、区）在 t 时期的农村自然增长率；因此人口流动率越高，反映了农村居民向城镇转移的人口比例越多。人口流动进程的不断推进，该变量对城乡收入差距会产生什么样的影响，将在后面的实证部分展开深入分析。

（2）老龄化水平。以各省（市、区）农村地区 65 岁及以上老龄人口占农村地区总人口的比重来表示。

3. 控制变量

由于城乡收入差距的影响因素不仅仅是人口流动与老龄化，还有政策偏向性、地区经济发展水平以及贸易开放程度等，因此需要将这些因素作为控制变量纳入到模型当中。

（1）政策城镇偏向性。在城乡收入差距的文献综述以及现状部分，我们充分了解到我国政策偏向性对城乡收入差距的影响甚大，因此本节从以下两个方面测度政策偏向性：一是政府每年支出部分中文化、卫生、科技、教育事业在该地区 GDP 的占比可以代表政府对城市地区的政策扶持度，并以 *wwkj* 来表示，若该比例越高，表明城镇地区相比农村地区可以享受更多的政府资源，政府政策偏向于城市，因此城乡收入差距会拉大。二是受教育程度，这里受教育程度主要是代表城乡间政府在教育资源投入的差距，一直以来高等教育学府都被设立在城镇地区，城镇地区享有较好的教育资源，受教育程度普遍高于农村，自然可以获得更高的收入，城乡收入差距也因此拉大。因此，我们以当地每万人口中在校大学生人数占该地区总人口的比值来衡量，用 *edu* 来表示。

（2）贸易开放程度。我国于 2001 年加入 WTO 后，贸易开放程度逐步提高，贸易产值在很多省（市、区）地区的 GDP 中占有较大比例，对外贸易主要通过就业途径影响国内城乡收入差距，其中对就业的影响主要是就业数量的扩大效应，其中就业的扩大效应有利于缩小城乡收入差距。因此，我们以贸易依存率来衡量贸易开放程度，即 *open* = 贸易总额/GDP。

（3）经济发展水平。由于收入分配受到经济发展水平的影响，如发达国家相对于发展中国家收入分配较平均，因此收入差距也相对较小。因此本书以人均 GDP 代表地区的经济发展水平，用 *pgdp* 来表示，若某一地区 *pgdp* 越大，其城乡间收入差距应相对越小。

4. 数据来源

本节实证研究的面板数据样本区间为 2005—2014 年，样本包括了全国 31 个省、自治区、直辖市，总共 310 个观测值，所有相关指标的原始数据来源于历年《中国人口与就业统计年鉴》和历年《中国统计年鉴》，部分缺失数据运用插值法补齐。各省（市、区）的 GDP 与人均 GDP 均以 2005 年为基期做了平减处理得到实际值，各年份的汇率换算均采用当期的年均汇率换算成人民币。为了控制异方差，本书对所有变量取了对数处理。

（三）变量描述性统计

为清晰地观察各变量的基本变化特征，做了以下的描述性统计分析，如表 9—6 所示。

表9—6 各变量的描述性统计

变量		平均值	标准差	最小值	最大值
lngap	整体	−2.1682	0.5782	−3.8922	−1.2677
	组间		0.5705	−3.8371	−1.4137
	组内		0.1357	−2.7592	−1.8232
lnfl	整体	−2.7679	1.5525	−9.8846	0.8213
	组间		1.4878	−6.6499	0.0022
	组内		0.5112	−6.0025	0.2322
lnold	整体	−2.3700	0.2686	−2.9916	−1.5360
	组间		0.2530	−2.9049	−1.9414
	组内		0.1001	−3.0188	−1.8972
lnfl * lnold	整体	−6.2032	3.6191	−24.2200	1.8484
	组间		3.4467	−17.2280	−0.0096
	组内		1.2504	−13.1953	0.4556
lnopen	整体	−1.6560	0.9911	−3.3321	0.5679
	组间		0.9785	−3.0547	0.3839
	组内		0.2295	−2.3712	−0.7311
lnpgdp	整体	5.4420	0.5526	3.9714	6.6545
	组间		0.4571	4.6477	6.4066
	组内		0.3203	4.7025	6.0815
lnwwkj	整体	−1.3639	0.1660	−1.7940	−1.0586
	组间		0.1301	−1.6754	−1.1316
	组内		0.1055	−1.7064	−1.1007
lnedu	整体	−4.1795	0.3745	−5.1952	−3.3341
	组间		0.3417	−4.8707	−3.4096
	组内		0.1638	−4.7640	−3.7572

　　表9—6列出了变量的整体、组间与组内的标准差、最大值与最小值。一般组内标准差大于组间标准差，说明时间变化程度要大于个体变化程度。人口流动、老龄化及城乡收入差距的组内标准差均小于组间标准差，说明人口流动、老龄化及城乡收入差距在时间上的变化程度均小于个体变化程度，说明人口流动、老龄化及城乡收入差距的地区差异性较大，这也与前文的现状分析的结果一致。就人口流动的规模而言，从

大到小依次为中部地区、东部地区、西部地区和东北部地区。人口老龄化水平东部地区最为严重，中部地区和东北部地区次之。城乡收入差距从小到大的排名为东部、东北部、中部、西部，即经济越发达的地区城乡收入差距相对越小。

（四）动态面板模型的估计

1. 回归结果

考虑到本节研究的主要目的是检验理论部分提出的三个假设，因此实证部分构建了4个模型，模型（1）只包含了城乡收入差距的一阶滞后项和4个控制变量，后面3个模型用逐步回归的方式，依次将人口流动率、老龄化水平以及人口流动率与老龄化水平的交互项加入到模型当中。采用 Stata 14.0 软件，具体回归结果如表9—7所示。

表9—7　　　　　　　　　　　动态面板模型回归结果

变量	lngap			
	模型（1）	模型（2）	模型（3）	模型（4）
解释变量				
lngap − 1	0.440 ***	0.434 ***	0.473 ***	0.476 ***
	(0.0159)	(0.0188)	(0.0153)	(0.0165)
lnfl		− 0.00806 ***	− 0.0110 ***	− 0.0753 ***
		(0.00114)	(0.00213)	(0.0141)
lnold			0.0807 ***	0.199 ***
			(0.0276)	(0.0401)
lnfl × lnold				0.0282 ***
				(0.00596)
控制变量				
lnopen	− 0.0659 ***	− 0.0739 ***	− 0.0721 ***	− 0.0737 ***
	(0.00232)	(0.00462)	(0.005)	(0.00513)
lnpgdp	− 0.381 ***	− 0.389 ***	− 0.371 ***	− 0.375 ***
	(0.00828)	(0.0119)	(0.0128)	(0.0108)
lnwwkj	0.133 ***	0.136 ***	0.133 ***	0.132 ***
	(0.0138)	(0.0135)	(0.0131)	(0.0127)

续表

变量	lngap			
	模型（1）	模型（2）	模型（3）	模型（4）
lnedu	0.181 ***	0.195 ***	0.154 ***	0.140 ***
	(0.023)	(0.0288)	(0.0317)	(0.0302)
Constant	1.695 ***	1.747 ***	1.738 ***	1.974 ***
	(0.135)	(0.172)	(0.186)	(0.156)
AR（1）	0.0115	0.0129	0.0055	0.008
AR（2）	0.3231	0.3373	0.3349	0.2961
Sargan	28.6875	27.79921	27.7346	27.49443

注：*** 、** 、* 分别表示 1%、5%、10% 显著性水平下显著，括号内的数值为 Standard errors，L. lngap $_{-1}$ 为城乡收入差距的一阶滞后项。

　　模型（1）至模型（4）均通过了 AR 检验和 Sargan 检验，说明本节的数据模型可以使用系统 GMM 进行分析，也表明本节的模型具有合理性。模型（1）中只包括了城乡收入差距的一阶滞后项以及 4 个控制变量，其中，滞后一期的城乡收入差距对当期的城乡收入差距水平具有十分显著的正向影响，说明了城乡收入差距的历史惯性作用较强，这符合以往的研究结果。4 个控制变量也都通过了显著性检验，表明控制变量的选取是有效的。

　　模型（2）、模型（3）、模型（4）逐步加入了本次实证需要研究的解释变量人口流动率、人口老龄化水平以及人口流动率与人口老龄化水平的交互项。模型（1）至模型（4）中各个变量的正负号及显著性均未发生变化，说明各个变量对城乡收入差距的影响具有稳健性。对于模型（5）中的人口流动与人口老龄化的解释变量均通过了显著性检验，人口流动水平在 1% 的置信水平下显著，其系数为负；人口老龄化也在 1% 置信水平下显著，且系数为正；人口流动与老龄化的交互项亦通过了显著性检验，验证了理论分析中提出的三个假说。我们将以模型（5）为最终模型对各个解释变量及控制变量对于被解释变量的影响做出更详细的分析和解释。

2. 结果分析

（1）城乡收入差距一阶滞后项

模型（4）回归结果显示，城乡收入差距一阶滞后项在1%的置信水平下通过了显著性检验，且该系数符号为正，即城乡收入差距的一阶滞后项与当期的城乡收入差距有较强的正相关关系。研究结果与孙永强（2012）得出的结论一致，这意味着城乡收入差距的历史惯性作用相对较强，主要是因为影响城乡收入差距的制度因素以及人力资本的积累具有持续性，导致城乡收入差距呈现较为强烈的自我强化功效。

（2）人口流动水平

对于解释变量人口流动水平，模型（4）中的人口流动水平变量通过了1%水平下的显著性检验，且其系数显著为负值，表明2005—2014期间已经进入了人口流动抑制城乡收入差距扩大的阶段。因此验证了理论部分提出的假说，人口流动对城乡收入差距的影响是抑制作用。

（3）老龄化水平

对于另外一个主要解释变量老龄化水平，模型（4）中的老龄化水平也通过了1%的显著性检验，其系数的符号为正，这说明老龄化水平对城乡收入差距的影响是显著的正相关关系。与前面理论分析的结果一致，即农村老龄化程度对城乡收入差距具有扩大的作用。

（4）人口流动水平与人口老龄化水平的交互项

人口流动与老龄化的交互作用对城乡收入差距的影响，从模型（4）中可以看到，人口流动水平与人口老龄化水平的交互项不仅通过了1%的显著性检验，且系数与老龄化水平相同为正，可见老龄化间接地削弱了人口流动对城乡收入差距的缩小效应，同时，人口流动也加强了老龄化对城乡收入差距的扩大效应。主要原因在于一方面人口流动加重了农村人口老龄化，而农村人口老龄化对城乡收入差距扩大作用；另一方面农村人口老龄化会抑制农村人口流动，而农村人口流动对老龄化起减小作用，因此这种减小作用被农村人口老龄化抑制了，因此人口流动与老龄化的联合作用对城乡收入差距是扩大效应，假说三得到了验证。

（5）对外开放程度

就对外开放程度而言，在模型（4）中其影响系数的符号为负，且通过显著性检验，说明对外开放程度对城乡收入差距是负向影响。对外开放程度具有就业效应，而这个效应在上文也提到了，可以起到缩小城乡收入差距的作用。

（6）经济发展水平

对于控制变量经济发展水平，在模型（4）中其系数亦显著为负，因此，经济发展水平对城乡收入差距有显著的抑制作用。这也与现实情况相符，发达地区的城乡收入差距相比欠发达地区要小。陈斌开、林毅夫（2013）也曾得出相同的结论，主要原因在理论部分也有分析到，当经济发展水平越高，城镇地区的产业发达，可以吸纳更多农村剩余劳动力，提高农村居民的工资性收入，而对于留守农村的居民来说，可以提高其劳动边际生产率，经营性收入得到提高，因此城乡收入差距被缩小。

（7）文卫科教

对于政府在文化、卫生、科学、教育事业的支出，模型（4）通过了显著性检验，其系数为正，意味着文卫科教发展支出对城乡收入差距有扩大效应。这说明我国文卫科教事业支出存在明显的城镇偏向性，正是这种城镇政策偏向性，提高了城镇居民的收入，从而拉大了城乡间的收入差距。此结论也与王艺明（2010）及孙宁化（2013）研究的结论一致，文卫科教事业的支出的确对城乡收入差距起到正向作用。

（8）受教育程度

从模型（4）的回归结果来看，受教育程度通过了显著性检验，其系数符号为正。这是因为教育本身就是一种政府投资，其对城乡收入差距的影响相当于政策偏向性，显然教育在城镇地区的投资是要远远大于在农村地区的投资，因此教育投资是政策偏向于城镇地区，因此，受教育程度对城乡收入差距之间有扩大的效应。

第四节　小结

当前我国正处于新常态以及人口流动与老龄化进程不断加速阶段，尽管城乡收入差距处于缩小趋势，但城乡收入差距依然较大。因此，本章首先确定研究目标为探究人口流动、老龄化对城乡收入差距的影响及关系。其次在前人研究的基础上发现现有研究的可以完善之处。再次通过相关理论建立分析框架对三者的影响机理进行梳理，并提出了本章的三个假说；在现状分析部分，本章对人口流动规模、老龄化水平以及城乡收入差距规模进行了测度，并分析其变化特征与趋势。最后，在实证部分，本章构建了动态面板数据模型，通过系统 GMM 的方法，实证分析了人口流动、老龄化及其交互项对城乡收入差距的影响，并验证了前文提出的三个假说。本章的基本结论如下：

第一，现状分析的结果显示，首先，全国城乡收入差距在 2007 年以后呈现出下降趋势，但城乡收入差距依然较大，并且区域差异较大，西部地区城乡收入差距较东部地区要大。其次，全国农村人口流动规模，呈现出 L 型趋势，后半段呈现出一种较平稳的趋势，并在地区上显现出较大差异性，中部的地区人口流动最为活跃。最后，农村人口老龄化水平一直处于不断增长趋势，农村人口老龄化水平与城乡地区老龄化水平呈现"城乡倒置"，农村的老龄化水平要高于城市，东部地区老龄化最严重，西部地区的老龄化发展速度相对较快，人口老龄化呈现出从东部地区向西部地区蔓延的趋势。

第二，实证分析结果显示，农村人口流动对城乡收入差距的影响是缩小效应，即随着农村人口流动进程的不断推进可以缩小一部分城乡收入差距；农村人口老龄化对城乡收入差距的影响是扩大效应，即随着农村人口老龄化的不断加重将扩大一部分城乡收入差距；农村人口流动与农村人口老龄化的交互项对城乡收入差距的影响是扩大效应，一方面老龄化间接地削弱了人口流动对城乡收入差距的缩小效应，另一方面人口流动也加强了老龄化对城乡收入差距的扩大效应。

第三，从实证分析的控制变量结果来看，具有城镇偏向性的政策及制度对城乡收入差距为扩大效应，这些政策主要包括政府资金的投入、教育资源的投入等；贸易依存度越高的地区城乡收入差距越小，对外贸易为农村居民提供了大量岗位，有助于农村居民收入的增长；经济发展水平对城乡收入差距有缩小效应，随着一地区经济水平的发展可以缩小城乡收入差距。

第十章

研究结论及政策建议

第一节 研究结论

区域收入差距是我国近年来经济学界研究的一个热点问题，研究文献众多，其中不乏从产业转移、劳动力流动的视角进行研究。然而现有研究在新古典经济理论框架下研究，假定劳动力要素外生化，限于探讨产业转移、劳动力流动与区域经济差距两两之间关系的研究，鲜有将劳动力流动、产业转移与区域收入差距三者之间的关系建立在同一框架内进行系统研究，对劳动力流动、产业转移和区域经济差距的传导机理的系统性分析也比较欠缺。

本书正是以此为切入点，将劳动力要素内生化，探讨劳动力流动对中国区际产业转移与地区差距的内在影响，将劳动力流动、产业空间转移纳入区域经济发展的分析框架，通过综合的理论和计量实证模型的建构，在上述方面做出新的尝试和突破。本书沿着经验总结、理论构建、实证分析、政策设计的研究思路，对我国劳动力流动、产业转移与区域协调发展进行系统性研究，在如下几个方面发现了一些有价值的结论。

一 我国劳动力流动、产业转移及区域收入差距的现状与特征

（一）我国劳动力流动特征与趋势

国内学术界对劳动力流动规模的研究比较丰富，但由于测度方法和数据源的不同，得出的结论相差甚大。本书在对国内外劳动力流动规模测度方法梳理、对比分析的基础上，选择适用、合理的测度方法，在每个地区人口总变动中剔除了相对应的自然增长因素，从而将地区人口净

变动视为劳动力跨区域净流入规模的表征变量，得到劳动力地区间流动的稳定数据。并采用该测算方法对我国 2000—2014 年劳动力跨地区流动的规模进行测度，以期发现 2000 年以来中国地区间劳动力流动的趋势和特征。

第一，我国劳动力流动方向主要由经济欠发达的中西部内陆区域流向经济发达的东部沿海区域。劳动力流入省份主要为北京、天津、上海、江苏、浙江、广东等，劳动力流出省份主要集中在河南、黑龙江、安徽、湖北、广西、四川、贵州、云南、甘肃、青海等。总体而言，使用不同的测度方法对劳动力流动的规模进行测度得出的结果虽然存在一定的差异，但是总体上的趋势是相同的，存在一致性。

第二，劳动力具有回流的趋势。2010 年以后，我国劳动力流动的速度和规模放缓，并且流动规模呈现先扩大后缩小的趋势。近几年来，一直被认为是劳动力输入大省的江苏、浙江、广东等地的流动劳动力均出现了负流入，同时，北京、上海这些传统的劳动力流入地区的流入人口也在 2010—2014 年期间出现了大幅度下降。而河南、陕西、安徽、湖北、广西、四川、贵州、甘肃、青海等地的流出劳动力出现了不同程度的减少，劳动力具有回流的趋势。

（二）我国产业转移规模测度及演进态势

产业转移的发生是产业区位和企业区位再选择的结果，对产业转移规模的测度也有广义层面和狭义层面之分。本书从广义层面，利用产业增加值的相对份额变动度量广义角度的产业转移规模，从宏观层面把握我国区际产业转移的现状及特征。具体测度时利用产业转移相对规模系数，分别从东中西部地区和八大区域两个角度，对 2000—2014 年期间我国 20 个制造业行业区际产业转移规模展开定量测度，对不同时期内我国制造业产业转移中表现出的不同方向、规模和动态演变趋势进行考量。

第一，分时段来看，2001—2006 年，我国制造业产业转移的数量和规模都较小，承接产业转移的地区多集中于西部；2006—2010 年，制造业的产业转移进入了高峰期，这个时期内从转移规模到转移数量都达到了历史最高值，但是发生明显转移的产业数量却不是很多，在产业转移的承接上表现较为良好的是中部地区，而且有了突破式的增长；2010—2014 年，基本保持了上一时期产业转移的较大范围，但是比上一期内的转移规模略有减小，在选择产业承接地区时，中部地区比较优势特别明显，而西部地区的劣势越发凸显。

第二，分区域来看，八大区域的制造业转移状况有着各自的特点。2001—2006 年，八大区域间制造业转移主要是向沿海地区集聚，而 2006 年以后，产业布局变动情况较为复杂，从整体上来看，部分劳动密集型产业开始从东部（沿海四个区域）向中西部方向扩散式转移，资源密集型产业向中西部区域扩散式转移，部分技术密集型产业优先实现了产业转移。在承接产业区域的选择方面，中部区域比东北区域、西北区域与西南区域有更多的吸引力，并且随着时间的延续，中部区域承接产业转移的优势越发明显，承接的产业数量和规模都远超其他区域。

（三）我国区域收入差距的特征及趋势

收入差距的衡量分为绝对收入差距和相对收入差距，本书分别选取了绝对收入差距的人均实际 GDP 和人均实际 GDP 增长率，以及相对收入差距的变异系数和泰尔指数来衡量我国区域收入差距。

第一，从绝对收入差距来看，八大区域间的绝对收入差距随时间呈逐渐扩大趋势。同时随着时间推移，逐步出现三大阵营分化的趋势：京津区域和东部沿海区域的高收入阵营，南部沿海区域、东北区域和东部沿海区域的中等收入阵营，以及中部区域、西北区域和西南区域的低收入阵营。不难看出，中国区域的收入呈现出由沿海区域向内陆区域递减的现象。

第二，从相对收入差距来看，八大区域间的相对收入差距也呈扩大趋势。2000 年以来，中国区域收入差距问题并未得到实质性缓解，反而有逐渐扩大的趋势，区域间收入差距的贡献率远高于区域内收入差距的贡献率，说明我国区域收入差距的变动主要由区域间收入差距的变动而引起。

二　劳动力流动、产业转移及区域收入差距的内在作用机理

运用新经济地理学的空间理论探讨劳动力流动与地区收入差距之间的内在作用机理，采用新经济地理学的核心—边缘垂直联系模型作为理论框架，引入资源禀赋系数这一新变量，并放松原模型关于劳动力不能跨区域迁移的假定条件，构建劳动力流动下的产业转移与地区收入差距

的分析框架；在此基础上通过消费者效用函数、劳动力供给函数，推导出一般均衡方程，依据新经济地理学的研究范式，沿着劳动力流动—产业转移（集聚）—地区收入差距这一主线，分别对三者之间的内生关系建立数理模型，并运用数值模拟法进行详细的分析。

第一，区域的稳定均衡状态往往取决于资源禀赋系数。资源禀赋系数通过影响对称均衡状态被打破时对应的贸易自由度水平（即突破点 φ^B），从而对稳定的均衡状态具有重要的影响作用，具体表现为，一个区域资源禀赋系数越高，那么就意味着企业的生产成本会越低，那么该区域的企业集聚力就会很高。劳动力不仅可以在同一地区的不同部门之间自由流动，也可以在不同的区域之间进行流动，在部门之间和区域之间名义工资水平差异的驱使下，其具体的流动情况可以根据处于均衡状态的区域工业产业的劳动力禀赋之比来进行判断。

第二，在迪克希特－斯蒂格利茨的垄断竞争和规模收益递增的框架下，不连续的"块状"区域经济中存在着本地市场效应、价格指数效应和市场拥挤效应。前两种效应通过需求关联（后向联系）和成本关联（前向联系）的循环累积因果链形成了集聚力，它促进劳动力和产业向某一地区集中，第三种效应则因企业之间竞争的存在形成了发散力，它使得企业为避开激烈竞争而向外迁移。集聚力与分散力的合力决定了最终的产业分布模式。当区际贸易自由度提高到某一临界值（突破点）之后，集聚力将强于分散力，产业将向某些地区集聚使其成为产业密集区，经济体中开始出现非均匀的空间产业布局模式，产业密集区成为发达地区，而周边的产业稀疏区则成为欠发达地区，从而导致了不同区域之间的经济发展差距。

第三，在本地市场效应、价格指数效应、本地竞争效应的综合作用下，所产生的会是劳动力流动、产业转移、地区收入差距之间的一个正相关的反馈机制：随着产业在发达地区得以集聚，集聚区域的形成使得该区域不断吸引劳动力的流入，欠发达地区失去人才优势，使得与发达区域的经济发展差异更加明显，进一步拉大地区间的收入差距，欠发达地区收入越低，就业越困难，那么劳动力更会加速流向发达地区。

三 劳动力流动、产业转移与区域收入差距的实证分析

（一）劳动力流动、产业转移对区域经济增长的影响

考虑到劳动力流动和区际产业转移的非完全市场性，本书采用面板数据分位数回归方法，客观考量在条件分布不同的情形下劳动力流动、产业转移对区域经济增长产生的影响。

第一，就全国层面而言，在经济发展初期产业转移对经济增长的影响效应更大，但随着经济发展水平的上升，产业转移带来的经济增长效应会逐渐减少；劳动力流动的经济增长效应在经济水平提升之后随之会降低，而且在经济发达地区这种效应的存在与否还没有确切定论。

第二，就东部地区而言，东部地区产业转移在经济增长的助推上更具效果，在经济发展的初期阶段，产业转移对于经济增长的促进作用明显，但随着经济发展水平的上升，产业转移带来的经济增长效应会逐渐降低，经济发展达到较高水平时，产业转移对于经济增长的促进作用难有定论；劳动力流动的经济增长的影响作用处于变化之中，且在每个分位点对于经济增长的影响作用显著性不强。

第三，就中西部地区而言，产业转移对于中部地区经济增长的影响作用难以确切定论，而在经济发展水平较低时，产业转移对于西部地区经济增长具有明显的促进作用，其效应比东中部地区更为显著；将东中部地区的劳动力流动的经济增长效应比对之后发现，对于中部地区来说应该加速劳动力的流出，劳动力流动对于西部地区经济增长的影响作用较小。

（二）劳动力流动、产业转移对区域产业集聚的影响

使用动态面板数据模型，采用两阶段差分 GMM 模型和两阶段系统 GMM 方法考察劳动力流动、产业转移及其他控制变量对地区产业集聚水平的影响。

第一，2000—2014 年我国制造业主要集聚在经济相对发达的省（自治区、直辖市），在此期间，我国制造业的空间布局逐渐发生变化。2000—2006 年，我国制造业主要集聚在北京、天津、辽宁、吉林、上海、江苏、湖北、湖南、广西、重庆、四川、云南等，在 2007—2014 年，北京、四川、云南制造业的集聚程度在下降，而江西、山东、海南制造业

的集聚水平在上升。

第二，劳动力流动、产业转移对区域产业集聚的影响在不同阶段的作用程度不同。整体来看，2000—2014 年，产业转移对区域产业集聚具有十分显著的正向作用，劳动力流动对区域产业集聚产生显著的负向影响，劳动力流动和产业转移的联合作用对产业集聚只是产生了较小的影响；分阶段来看，2000—2006 年，产业转移对区域产业集聚具有十分显著的影响，劳动力流动和产业转移的联合作用对产业集聚并没有明显的作用；2007—2014 年，产业转移对区域产业集聚具有十分显著的影响，劳动力流动对区域产业集聚会形成一定程度的影响，劳动力流动和产业转移的联合作用对产业集聚的影响并不显著。

（三）异质性劳动力、产业集聚对区域劳动生产率的影响

使用动态面板数据模型，采用系统 GMM 方法考察实证考察异质性劳动力、产业集聚及其他控制变量对地区劳动生产率的影响。

第一，2000—2014 年我国东部、中部、西部地区劳动生产率逐年增加，且在 2007 年劳动生产率增速达到最大，从 2007 年之后增速开始放缓。虽然我国东部、中部、西部地区劳动生产率都在增长，但是西部地区增长的最快，中部地区次之，东部地区劳动生产率增速最小。东部与中部的差距在 2011 年达到 2.6% 的最大值，东部与西部的差距在 2012 年达到 4.4% 的最大值，中部与西部的差距在 2005 年达到 3.5% 的最大值。

第二，动态面板回归模型的结果显示，前期的劳动生产率对当期具有显著正影响，前期的获利生产会对当期产生"示范效应"。在劳动力异质性的前提下，高技能劳动力基尼系数对地区劳动生产率具有显著负影响，高技能劳动力基尼系数对地区劳动生产率影响很大，对地区劳动生产率会起到阻碍作用。低技能劳动力基尼系数对地区劳动生产率也具有显著负向影响，但是低技能劳动基尼系数对地区劳动生产率的影响程度远低于高技能劳动基尼系数对地区劳动生产率的影响程度，高技能劳动力对地区劳动生产率的弹性较大。

第三，劳动力异质性对地区劳动生产率具有显著正影响。地区异质性人力资本高，说明该地区就业人员的平均人力资本存量高，也就是该地区高技能人才集聚，具有很强的创新特征，对地区劳动生产率的提升具有促进作用。产业集中度对地区劳动生产率具有负影响，产业的集中

使得更多的企业在该地入驻，并吸引生产要素向该地区集聚，但是当要素集聚数量超过最优的生产规模时就会形成要素拥挤，企业生产效率下降，进而造成地区劳动生产率的下降。因此，产业集中和要素的集聚必须在合理的范围内才能提高地区的劳动生产率，否则，反而会造成拥挤效应阻碍地区劳动生产率的提高。

（四）劳动力流动、产业转移与地区收入差距：联立方程模型的实证分析

借鉴 Waldkirch 和 Numenkamp（2009）的分析框架，采用 CES 生产函数推导出理论模型，首先求出劳动力需求的函数，然后以此模型为基础，构建联立方程模型，结合我国相关数据实证研究劳动力流动、产业转移与地区收入差距的内在关系。

第一，劳动力流动与产业转移之间存在一个循环累积的相互强化作用。一方面区域收入差距的拉大有利于劳动力的跨区域流动，而劳动力的流动会进一步促进产业转移，产业转移会缩小区域间的收入差距；另一方面产业转移有利于劳动力的迁移，劳动力的迁移又缩小了区域收入差距。就劳动力流动与产业转移之间的关系而言，由于劳动力流向某一地区而形成的集聚使得企业的要素成本降低以及劳动力的这种流动带动的资本、技术等其他生产要素的流动，这都会使得产业出现转移。而相对于第一产业，拥有较高报酬收入的第二产业对劳动力也产生了极大的吸引力。

第二，劳动力流动通过市场拥挤效应和本地市场效应的作用会缩小区域间的收入差距，而区域收入差距则会因为生活成本效应的作用使得收入高的地区较收入低的地区有更高的吸引力，促进劳动力的流动。这与本书构建的劳动力流动、产业转移与区域收入差距机理分析的结论相符。

第三，区域收入差距和产业转移规模都对劳动力的流动有着积极的正向影响，即区域收入差距的扩大和产业转移规模的增大都会加快劳动力的跨区域流动。城市化水平和地区平均工资的提高增强了沿海发达地区对剩余劳动力的吸引力，而城镇失业率的提高则会阻碍劳动力的迁移。

（五）人口流动、老龄化对城乡收入差距的影响

从人口流动以及农村人口老龄化的角度，探讨人口流动、老龄化对

我国城乡收入差距的影响机理，并通过动态面板数据模型实证分析人口流动、老龄化及其交互项对城乡收入差距的影响。

第一，2001—2014年我国农村人口流动规模呈现出L型趋势，并在地区上显现出较大差异性，中部的地区人口流动最为活跃；我国城乡收入差距在2007年以后呈现出下降趋势，但城乡收入差距依然较大，并且区域差异较大，西部地区城乡收入差距较东部地区更大；农村人口老龄化水平一直处于不断增长趋势，农村人口老龄化水平与城乡地区老龄化水平呈现"城乡倒置"，农村的老龄化水平要高于城市，东部地区老龄化最严重，西部地区的老龄化发展速度相对较快，人口老龄化呈现出从东部地区向西部地区蔓延的趋势。

第二，实证分析结果显示，农村人口流动对城乡收入差距的影响是缩小效应，即随着农村人口流动进程的不断推进可以缩小一部分城乡收入差距；农村人口老龄化对城乡收入差距的影响是扩大效应，即随着农村人口老龄化的不断加剧将扩大一部分城乡收入差距；农村人口流动与农村人口老龄化的交互项对城乡收入差距的影响是扩大效应，一方面老龄化间接地削弱了人口流动对城乡收入差距的缩小效应，另一方面人口流动也加强了老龄化对城乡收入差距的扩大效应。

第三，从实证分析的控制变量结果来看，具有城镇偏向性的政策及制度对城乡收入差距为扩大效应，这些政策主要包括政府资金的投入、教育资源的投入等；贸易依存度越高的地区城乡收入差距越小，对外贸易为农村居民提供了大量岗位，有助于农村居民收入的增长；经济发展水平对城乡收入差距有缩小效应，随着一地区经济水平的发展可以缩小一部分城乡收入差距。

第二节　对策建议

一　制定产业协调发展政策，促进区域产业有序转移

本书的实证研究结果表明现阶段我国区域产业转移对区域间收入差距的缩小作用还不明显。中央政府及各级地方政府为尽快实现产业转移对区域收入差距的缩小作用，不断出台相关产业政策以引导和鼓励地区间产业转移。因此，沿海发达地区应充分利用自身的资本、技术优势，

承接国际上更高水平的产业，而内陆地区则应结合自身的自然条件和社会条件，大力优化产业发展的软环境，以更好承接沿海区域的转移产业，吸引集群式产业转移。加快产业的大规模转移，促使产业转移尽快发挥对区域收入差距的缩小作用。同时，推进供给侧结构性改革，注重质量和效率的提高，促进产业结构的优化升级。

结合我国制造业转移的演进态势与不同区域的实际状况，为有效推进我国产业优化转型，要积极把握制造业的发展机遇，同时制定符合不同阶段的产业转移政策并认真落实，进一步推进全国范围内的产业有序转移。应加速沿海地区的产业转型，让传统制造业向外转出，促进区域协调发展的同时，也为沿海区域自身的产业创新与升级创造空间，同时中西部区域以及部分沿海欠发达区域应该根据区域自身的产业优势来合理承接产业，在承接产业过程中要提高自身的技术水平和创新力，对基础设施建设以及相应的金融扶持政策进行相应的完善，保证安全高效地承接相关产业。

第一，东部地区在合理推动本区域内产业向中西部地区转移的基础上，更要发挥自身较强的比较优势来承接更具竞争力的国际产业，让本地区参与到全球高端产业价值链分工中来，提高技术创新水平，全面增强产业的竞争优势；通过优化区域内产业的专业化分工体系，实现区域经济一体化目标。

第二，中部地区要稳固本地区在转移产业承接上的比较优势，以中部各省的经济水平为依托，尤其是那些具有产业优势的地区，要积极完成产业的转型升级，让工业化和城镇化共同前进，培育具有一定竞争优势的现代产业；另外，地方政府还要从自身优势出发，打造独具特色的产业发展软环境，紧紧抓住东部沿海承接国际产业的机遇，在本地区同发达地区的优势互补中提升自身发展的潜力。

第三，西部地区的经济发展应将重点放到基础设施的建设与投资环境的改善上，对于本地区的优势产业应当加大夯实力度，积极调整产业结构，促进本地区由资源优势向产业优势转变，同时还需注重高素质人才的培养和引进；西部地区政府部门应该基于本地区的实际情况，正确处理区域经济发展与承接产业转移之间的关系，从而促使西部地区"五位一体"发展达到更高水平。

第四，东北地区要改造传统工业并促使它们同新兴工业相结合，发展本区域具有比较优势的产业，同时还要充分挖掘工业区的产业优势，以技术来革新整个区域内的产业面貌，提升产业转移的比较优势。

二　引导劳动力合理有序流动，逐步缩小区域收入差距

从实证分析的结果我们发现，劳动力合理有序流动有助于缩小区域收入差距。但目前我国的户籍制度以及社会保障制度的不完善，在一定程度上制约了劳动力的自由流动，因此，中央政府和地方政府应顺应劳动力市场化流动的趋势，健全和完善劳动力市场体系，利用互联网＋和大数据背景下的信息优势，加快全国范围内的劳动力市场信息化建设，降低劳动力流动过程中的搜寻成本与社会成本，促进劳动力供给与产业需求间的有效对接；同时，推进户籍制度改革，进一步放宽人口流动政策，实施居住证制度，积极构建劳动力合理流动的社会制度，加快农村流动劳动力的市民化进程，进一步健全和完善社会保障体系，使流动劳动力人口能够享有与本地劳动力相同的基本公共服务、基本医疗、基本教育、基本养老服务等社会保障，为流动劳动力解除后顾之忧，更好地融入城市生活，推动经济发展；另外，针对本地实现就业和增收的人群，采取积极的就业政策和人才吸引政策，鼓励高校毕业生和高素质人才的迁入，从而带动当地经济的高素质发展。在劳动力市场建设方面，各地区应在合作的基础上建立起一套跨地区劳务用工合作机制，让劳动力的跨地区务工形成体系化，减少劳动力流动成本，促进劳动力合理有序流动。

三　加大教育投资力度，加快人力资本积累

本书的实证结果表明，平均受教育水平有助于缩小区域间收入差距的不平衡，但是该作用还未得到显现。同时，无论是产业正不断向中西部地区的转移，还是东部地区产业的转型升级，都对劳动者的技能提出了更高的要求。低技能劳动力基尼系数反映了低技能劳动力之间的组内差异，低技能劳动力基尼系数不利于提高地区劳动生产率，但劳动力异质性结构却有利于地区劳动生产率的提高。近几年来，劳动力素质与岗位技能的不匹配问题已非常突出，我国劳动力群体中低技能劳动力还是

占主要部分，并且欠发达地区就业人员受教育程度更低，要想使整体劳动力变成"优质"劳动力，必须提升低技能劳动力的受教育水平，加大对中西部地区的教育投入力度，将教育资源适当地向中西部地区倾斜。只有保证基础教育，培育优秀人才，强化技能训练，增加人力资本存量，提高生产技能，才能带动地区经济的发展，逐步缩小区域收入差距。

此外，我国教育资源在城市地区与农村地区间分配不均衡，城市地区一直享有优越的教育资源，而国家对农村地区的教育投入不足。这里的教育是指更为广泛的教育，包括九年义务教育、成人教育以及职业技术教育等。政府应从整体上为农村地区搭建起完善的教育体系，增加对农村地区教育经费及相关资源的投入。不仅要关注青少年的义务教育，也要关注成年人的职业技术教育，从青少年到成年搭建一套完备的教育体系，有助于从整体上提高农村地区人口素质，进而转化为人力资本，提高农村居民收入水平，减小城乡间的收入差距。

目前来说，我国的广大中西部地区经济落后的关键之处，除了产业层次不高以外，还缺乏对高科技产业的投入，从而人才才会出现外流的现象，所以广大中西部地区在保障财政收入平衡的条件下，就需要加大对人才的引入力度，把视角更多地放在目前新兴发展的高科技产业上，同时广大中西部地区也应该加深于东部地区的各种往来，以便于及时地吸引东部地区的优秀人才，让东部地区所储备起来的优秀人才可以发现到中西部地区的经济开拓潜力，从而被吸引过去助力中西部地区经济发展。

四 加强基础设施建设，提升产业承接能力

中西部地区是我国产业转移的主要承接地，虽然中西部地区的基础建设得到快速发展和改善，但相对于经济发展的需要还是远远不够。尤其对于西部地区而言，基础设施建设水平是远落后于东部地区的。西部需要加快基础设施建设，拓展市场范围，提升产业承接能力，在更广阔的空间内吸纳资金、技术等生产要素流入，推动产业结构调整和优化。

首先，加快推进交通、物流等基础设施建设。西部大开发以来，影响西部吸引外部投资的重要影响因素之一就是西部各省（市、区）之间的交通基础设施的建设。为加快推动西部地区内部一体化，需要加强西

部区域内高速铁路的建设，同时，逐渐完善西部地区各省（市、区）的机场、公路、铁路等交通网络的建设，也为西部大开发提供基本的交通保障。在西部进行招商引资时，西部地区优良、快速、便捷的交通网络可以吸引更多东部企业的眼球，有利于技术先进的企业快速进入西部，有利于西部地区吸引投资，为承接产业转移创造基础保障条件。其次，继续加大其他包括通信、水利、能源等基础设施的建设投入，也能吸引更多的外部投资的进入。

此外，目前全国各地的工业发展都以工业园区为载体，西部也不例外，但西部的工业化和产业承接不能是盲目地引进或"摆放"，工业园区必须发挥出其承载作用。同时，由于西部地区工业化程度不深，缺乏政府资金的支持，导致工业园区的建设还存在着许多的问题和不完善的地方，这需要西部地区加快对工业园区的规范性建设，积极改善工业园区的基础设施和服务环境，从而更好地吸引资金投入保障好产业转移的承接。工业园区作为主要承接产业转移的载体，一方面有利于招商引资时各省（市、区）围绕工业园区进行定位，有针对性地引进和承接适宜本地区的产业，从而避免盲目地引进和承接产业；另一方面，规范化的工业园区又可以为承接的产业提供良好的服务，以更好地促进所承接的产业更好地发展，有助于本地经济水平、技术水平的提升。因此，政府应该重视建设和规范工业园区，重视建设园区的基础设施和服务体系，重视建设优质的基础生产生活配套设施，建设出宜居宜业的投资环境，更好地为产业承接创造优质的着陆环境。

五　改革收入分配制度，缩小居民收入差距

为解决现阶段我国居民收入分配不公、财富差距逐渐拉大的问题，需要政府充分发挥对收入再分配的宏观调控职能，通过调整财政支出的结构，提高财政中的公共开支比重，将财政支出向社会保障、公共卫生和医疗、国民教育等关系国计民生幸福的领域倾斜。改革现行的不合理的税收政策和社会福利政策，并充分发挥这两者的收入再分配职能。其中个人所得税作为改善收入差距的重要调节手段，应加大对其的调节力度，努力推进个税制度的改革和完善，具体可以根据物价水平、居民工资收入变化、家庭的教育医疗赡养等开支因素适时进行合理的调整，为

更多的中低收入群体增加实惠。应加大税收征缴监管的力度，并逐步建立健全我国的财产税制度。调整收入分配不公还要加大对我国贫困群体的扶持力度，建立健全社会保障体系，扩大保障覆盖面，提高保障标准和保障水平，保证低收入群体的基本生活和基本权益。

六　对接"一带一路"倡议，加强地区间合作与交流

改革开放初期，东部地区借助地理优势和政策优势优先发展，中西部地区与东部地区的差距越来越大。为了支持欠发达地区的经济发展、缩小地区间发展差距，国家先后提出了"西部大开发""东北振兴"和"中部崛起"等战略。相比于这三大战略，"一带一路"倡议、京津冀协同战略以及长江经济带战略更加注重区域之间的合作，注重共同发展。积极对接"一带一路"倡议，一方面可以盘活中西部落后地区因为内需不足而过剩的能源资源，另一方面可以加快产业往中西部地区的转移，成为中西部发展的新推动力，通过创新区域合作机制，加强区域间的合作交流，促进区域协调发展，努力缩小区域差距，形成互利共赢的局面。

参考文献

安虎森、吴浩波：《我国城乡结构调整和城镇化关系研究——一种新经济地理学的视角》，《中国地质大学学报》2013 年第 7 期。

安虎森：《新经济地理学原理》，经济科学出版社 2009 年版。

毕先萍：《劳动力流动对中国地区经济增长的影响研究》，《经济评论》2009 年第 1 期。

蔡昉：《农村剩余劳动力流动的制度性障碍分析——解释流动与差距同时扩大的悖论》，《经济学动态》2005 年第 1 期。

蔡昉、都阳、王美艳：《劳动力流动的政治经济学》，上海三联书店、上海人民出版社 2003 年版。

蔡昉：《未来的人口红利——中国经济增长源泉的开拓》，《中国人口科学》2009 年第 1 期。

蔡敬梅：《产业集聚对劳动生产率的空间差异影响》，《当代经济科学》2013 年第 1 期。

蔡武、吴国兵、朱荃：《集聚空间外部性、城乡劳动力流动对收入差距的影响》，《产业经济研究》2013 年第 2 期。

钞小静、沈坤荣：《城乡收入差距、劳动力质量与中国经济增长》，《经济研究》2014 年第 6 期。

陈恩、于绯：《劳动力流动与区域收入差距：基于新古典经济学与新经济地理学范式下的研究》，《江西社会科学》2012 年第 2 期。

陈建军、杨飞：《人力资本异质性与区域产业升级：基于前沿文献的讨论》，《浙江大学学报》（人文社会科学版）2014 年第 5 期。

陈建军：《中国现阶段的产业区域转移及其动力机制》，《中国工业经济》

2002 年第 8 期。

陈军、岳意定：《中国区域产业集聚与产业转移——基于空间经济理论的分析》，《系统工程》2013 年第 12 期。

陈秀山、许瑛：《中国制造业空间结构变动及其对区域分工的影响》，《经济研究》2008 年第 10 期。

陈勇、李小平：《中国工业行业的面板数据构造及资本深化评估》，《数量经济技术经济研究》2006 年第 10 期。

崔治文、周平录、章成帅：《横向税收竞争对经济发展影响研究——基于省际间资本税、劳动税和消费税竞争视角》，《西北师大学报》（社会科学版）2015 年第 1 期。

戴宏伟、王云平：《产业转移与区域产业结构调整的关系分析》，《当代财经》2008 年第 2 期。

丁建军：《产业转移的新经济地理学解释》，《中南财经政法大学学报》2011 年第 1 期。

丁志国、赵宣凯、赵晶：《直接影响与空间溢出效应：我国城市化进程对城乡收入差距的影响路径识别》，《数量经济技术经济研究》2011 年第 9 期。

董长瑞、韩勇、梁纪尧：《农村人口流动与城乡收入差距关系研究》，《经济与管理评论》2008 年第 3 期。

段平忠：《人力资本流动对地区经济增长差距的影响》，《中国人口、资源与环境》2007 年第 4 期。

段瑞君：《集聚经济、市场拥挤效应与城市规模》，《财经科学》2014 年第 8 期。

樊士德、姜德波：《劳动力流动、产业转移与区域经济协调发展》，《产业经济研究》2014 年第 4 期。

樊士德、姜德波：《劳动力流动与地区经济增长差距研究》，《中国人口科学》2011 年第 2 期。

樊士德：《劳动力流动对欠发达地区产出效应的测算》，《中国农村经济》2011 年第 8 期。

樊士德：《劳动力流动对中国经济增长贡献显著吗？——基于区域递归视角的经验研究》，《财经科学》2014 年第 1 期。

樊士德：《中国制造业劳动力转移刚性与产业区际转移——基于核心—边缘模型拓展的数值模拟和经验研究》，《中国工业经济》2015 年第11 期。

樊秀峰、康晓琴：《陕西省制造业产业集聚度测算及其影响因素实证分析》，《经济地理》2013 年第 9 期。

范剑勇、王立军、沈林洁：《产业集聚与农村劳动力的跨区域流动》，《管理世界》2014 年第 4 期。

范剑勇、张雁：《经济地理与地区间工资差异》，《经济研究》2009 年第8 期。

范剑勇：《长三角一体化、地区专业化与制造业空间转移》，《管理世界》2004 年第 11 期。

范晓莉、王振坡：《企业异质、产业集聚与城市空间结构演变——新新经济地理学视角的理论解释与动态分析》，《西南民族大学学报》（人文社会科学版）2015 年第 1 期。

方丰、奉莹、徐冬：《人口流动对人口老龄化的影响——基于广东省的实证研究》，《西北人口》2010 年第 2 期。

冯根福、刘志勇、蒋文定：《我国东中西部地区间工业产业转移的趋势、特征及形成原因分析》，《当代经济科学》2010 年第 2 期。

付文林、耿强：《税收竞争、经济集聚与地区投资行为》，《经济学》（季刊）2011 年第 4 期。

傅允生：《产业转移、劳动力回流与区域协调发展》，《学术月刊》2013 年第 3 期。

高云虹、符迪贤：《异质劳动力与工业空间集聚——基于中心—外围模型的扩展分析》，《财经科学》2015 年第 11 期。

龚晓菊、刘祥东：《产业区域梯度转移及行业选择》，《产业经济研究》2012 年第 4 期。

辜胜阻、孙祥栋、刘江日：《推进产业和劳动力"双转移"的战略思考》，《人口研究》2013 年第 3 期。

关爱萍：《经济集聚、税收竞争与地区间产业转移》，《宏观经济研究》2018 年第 4 期。

关爱萍、胡期、牛召：《税收竞争对区域产业转移的影响研究——基于中国省际面板数据的经验分析》,《税务研究》2017 年第 9 期。

关爱萍、葛思羽:《劳动力流动对区域收入差距的影响:2000—2015 年》,《人文杂志》2017 年第 10 期。

关爱萍、冯星仑、张强:《不同要素密集型制造业集聚特征及变动趋势——来自中国 2000—2014 年的经验证据》,《华东经济管理》2016 第 10 期。

关爱萍、曹亚南:《中国制造业产业转移变动趋势:2001—2014 年》,《经济与管理》2016 年第 6 期。

关爱萍、张宇:《中国制造业产业集聚度的演进态势:1993—2012——基于修正的 E - G 指数》,《产经评论》2015 年第 4 期。

郭继强、陆利丽、姜俪:《老龄化对城镇居民收入不平等的影响》,《世界经济》2014 年第 3 期。

郭丽:《产业区域转移及其对后发区域经济发展的影响》,《产业经济研究》2015 年第 10 期。

郭矜、杨志安、龚辉:《我国地方政府间税收竞争的负效应及对策分析》,《税务研究》2016 年第 7 期。

国家信息中心:《中国区域间投入产出表》,社会科学文献出版社 2005 年版。

何雄浪、杨继瑞:《企业异质、产业集聚与区域发展差异——新新经济地理学的理论解释与拓展》,《学术月刊》2012 年第 7 期。

何雄浪:《企业异质、人力资本流动与产业空间演化》,《南开经济研究》2012 年第 4 期。

贺灿飞、朱彦刚、朱晟君:《产业特性、区域特征与中国制造业地理集聚》,《地理学报》2010 年第 10 期。

贺曲夫、刘友金:《我国东中西地区间产业转移的特征与趋势——基于 2000—2010 年统计数据的实证分析》,《经济地理》2012 年第 12 期。

胡安俊、孙久文:《中国制造业转移的机制、次序与空间模式》,《经济学》2014 年第 4 期。

胡俊文:《国际产业转移的基本规律及变化趋势》,《国际贸易问题》2004 年第 5 期。

华小全:《二元结构、人口流动对城乡收入差距的影响》,《石河子大学学报》（哲学社会科学版）2014 年第 2 期。

黄顺魁、王裕瑾、张可云：《中国制造业八大区域转移分析——基于偏离—份额分析》，《经济地理》2013 年第 12 期。

黄永兴、徐鹏：《经济地理、新经济地理、产业政策与文化产业集聚：基于省级空间面板模型的分析》，《经济经纬》2011 年第 6 期。

江静、刘志彪：《服务产业转移缩小了地区收入差距吗》，《经济理论与经济管理》2012 年第 9 期。

蒋含明：《企业空间集聚与中国地区工资水平差异——基于新经济地理学视角的实证研究》，《财经论丛》2015 年第 9 期。

金煜、陈钊、陆铭：《中国的地区工业集聚：经济地理、新经济地理与经济政策》，《经济研究》2006 年第 4 期。

柯善咨、姚德龙：《工业集聚与城市劳动生产率的因果关系和决定因素——中国城市的空间计量经济联立方程分析》，《数量经济技术经济研究》2008 年第 12 期。

蓝嘉俊、魏下海、吴超林：《人口老龄化对收入不平等的影响：拉大还是缩小？——来自跨国数据（1970—2011 年）的经验发现》，《人口研究》2014 年第 5 期。

劳昕、沈体雁：《中国地级以上城市人口流动空间模式变化——基于 2000 和 2010 年人口普查数据的分析》，《中国人口科学》2015 年第 1 期。

乐为：《税收政策对跨国公司 FDI 资本成本决策影响的比较研究》，《经济社会体制比较》2007 年第 1 期。

冷智花、付畅俭、许先普：《收入差距与人口迁移——人口学视角的城市化动因研究》，《重庆大学学报》（社会科学版）2015 年第 6 期。

李德煌、夏恩君：《人力资本对中国经济增长的影响——基于扩展 Solow 模型的研究》，《中国人口·资源与环境》2013 年第 8 期。

李强：《产业转移、人力资本积累与中部经济增长》，《数理统计与管理》2011 年第 1 期。

李涛、周业安：《中国地方政府间支出竞争研究——基于中国省级面板数据的经验证据》，《管理世界》2009 年第 2 期。

李雪峰：《人力资本与中国内生经济增长》，《中国科技论坛》2005 年第 6 期。

李雪艳、赵吟佳、钱雪亚：《人力资本异质性、结构与经济增长》，《商业经济与管理》2012 年第 5 期。

李娅、伏润民：《为什么东部产业不向西部转移：基于空间经济理论的解释》，《世界经济》2010 年第 8 期。

李永友、沈坤荣：《辖区间竞争、策略性财政政策与 FDI 增长绩效的区域特征》，《经济研究》2008 年第 5 期。

李勇刚、高波、任保全：《分税制改革、土地财政与公共品供给——来自中国 35 个大中城市的经验证据》，《山西财经大学学报》2013 年第 11 期。

李芝倩：《中国农村劳动力流动与经济增长效应的实证检验》，《统计与决策》2010 年第 7 期。

李中、周勤：《劳动地理集中与地区收入差距——基于自由企业家模型的扩展分析》，《中国经济问题》2012 年第 9 期。

梁琦：《中国工业的区位基尼系数：兼论外商直接投资对制造业集聚的影响》，《统计研究》2003 年第 9 期。

廖泉文、宋培林：《论异质型人力资本的形成机理》，《中国人才论坛》2002 年第 3 期。

廖显浪：《我国农村劳动力流动与城乡收入差距研究》，《人口与经济》2012 年第 6 期。

林理升、王晔倩：《运输成本、劳动力流动与制造业区域分布》，《经济研究》2006 年第 3 期。

林毅夫、蔡昉、李周：《中国经济转型时期的地区差距分析》，《经济研究》2008 年第 6 期。

刘安国、张越、张英奎：《新经济地理学扩展视角下的区域协调发展理论研究——综述与展望》，《经济问题探索》2014 年第 11 期。

刘冰：《我国人口与劳动力流动及其对区域经济增长影响的研究》，《科学与管理》2010 年第 3 期。

刘昌平、邓大松、殷宝明：《"乡—城"人口迁移对中国城乡人口老龄化及养老保障的影响分析》，《经济评论》2008 年第 6 期。

刘红光、刘卫东、刘志高：《区域间产业转移定量测度研究——基于区域间投入产出表分析》，《中国工业经济》2011 年第 6 期。

刘红光、王云平、季璐:《中国区域间产业转移特征、机理与模式研究》,《经济地理》2014 年第 1 期。

刘力:《珠三角企业迁移调查与区域产业转移效应分析》,《国际经贸探索》2015 第 10 期。

刘斯敖:《产业集聚测度方法的研究综述》,《商业研究》2008 年第 11 期。

刘田:《中国城乡收入差距收敛性及倒 U 形检验》,《当代经济科学》2013 年第 1 期。

刘伟、钟昌标:《人口流动对我国居民收入差距影响的回归分解研究》,《宁波大学学报》(人文科学版) 2014 年第 3 期。

刘文忻、陆云航:《要素积累、政府政策与我国城乡收入差距》,《经济理论与经济管理》2006 年第 4 期。

刘晓光、张勋、方文全:《基础设施的城乡收入分配效应:基于劳动力转移的视角》,《世界经济》2015 年第 3 期。

刘新争:《比较优势、劳动力流动与产业转移》,《经济学家》2012 年第 2 期。

刘修岩、张学良:《集聚经济与企业区位选择——基于中国地级区域企业数据的实证研究》,《财经研究》2010 年第 11 期。

刘学军、赵耀辉:《劳动力流动对城市劳动力市场的影响》,《经济学》(季刊) 2015 年第 2 期。

卢根鑫:《国际产业转移理论》,上海人民出版社 1997 年版。

陆铭、陈钊、朱希伟、徐现祥:《中国区域经济发展:回顾与展望》,格致出版社、上海人民出版社 2011 年版。

陆铭:《玻璃幕墙下的劳动力流动——制度约束、社会互动与滞后的城市化》,《南方经济》2011 年第 6 期。

路江涌、陶志刚:《我国制造业区域集聚程度决定因素的研究》,《经济学》(季刊) 2007 年第 3 期。

罗浩:《中国劳动力无限供给与产业区域粘性》,《中国工业经济》2013 年第 4 期。

罗勇、王亚、范祚军:《异质型人力资本、地区专业化与收入差距——基于新经济地理学视角》,《中国工业经济》2013 年第 2 期。

雒海潮、苗长虹、李国梁：《不同区域尺度产业转移实证研究及相关论争综述》，《人文地理》2014 年第 1 期。

马斌、张富饶：《城乡居民收入差距影响因素实证分析》，《中国农村经济》2008 年第 2 期。

梅新想、刘渝琳：《劳动力流动、农民人均工资性收入与城乡收入差距》，《重庆大学学报》（社会科学版）2016 年第 4 期。

潘越、杜小敏：《劳动力流动、工业化进程与区域经济增长》，《数量经济技术经济研究》2010 年第 5 期。

彭定赟、陈志平：《劳动力流动对我国城乡收入差距影响分析》，《武汉理工大学学报》2009 年第 19 期。

彭连清、詹向阳：《沿海地区产业转移与欠发达地区农村劳动力转移模式的演变——以珠三角为例》，《当代经济研究》2007 年第 5 期。

彭文慧：《社会资本、劳动力流动与农民收入区域差异》，《当代经济研究》2014 年第 1 期。

皮埃尔－菲利普·库姆斯：《经济地理学——区域和国家一体化》，中国人民大学出版社 2011 年版。

乔彬、庞临然、张纯：《动态比较优势与中国工业空间集聚的门槛效应研究——一个新经济地理学的拓展模型》，《当代经济研究》2015 年第 8 期。

乔晓春、黄衍华：《中国跨省流动人口状况——基于"六普"数据的分析》，《人口与发展》2013 年第 1 期。

屈小博、都阳：《中国农村地区间居民收入差距及构成变化：1995—2008 年——基于基尼系数的分解》，《经济理论与经济管理》2010 年第 7 期。

曲玥等：《人口红利：延续还是替代》，载蔡昉主编《中国人口与劳动问题报告 No. 10》，社会科学文献出版社 2009 年版。

曲兆鹏、赵忠：《老龄化对我国农村消费和收入不平等的影响》，《经济研究》2008 年第 12 期。

桑瑞聪、刘志彪：《中国产业转移趋势特征和影响因素研究》，《财贸研究》2014 年第 6 期。

山社武、刘志勇、张德生：《劳动力自由流动是阻碍传统产业区域转移的根本原因吗？——基于 27 个产业的实证分析》，《财贸研究》2010 年第5 期。

沈坤荣、付文林：《税收竞争、地区博弈及其增长绩效》，《经济研究》2006 年第 6 期。

苏华、赵梦园、万劼琨：《劳动力流动、产业转移与区域经济协调发展》，《发展研究》2013 年第 6 期。

孙自铎：《跨省劳动力流动扩大了地区差距——与缩小论者商榷》，《调研世界》2004 年第 12 期。

唐运舒、冯南平、高登榜、杨善林：《产业转移对产业集聚的影响——基于泛长三角制造业的空间面板模型分析》，《系统工程理论与实践》2014 年第 10 期。

藤田昌久、保罗·克鲁格曼、安东尼·维纳布尔斯：《空间经济学》，中国人民大学出版社 2013 年版。

万晓萌：《经济增长与税收竞争关系的实证分析》，《税务研究》2016 年第 7 期。

汪斌、赵张耀：《国际产业转移理论评述》，《浙江社会科学》2013 年第6 期。

汪进、钟笑寒：《中国的刘易斯转折点是否到来——理论辨析与国际经验》，《中国社会科学》2011 年第 5 期。

王良举、陈甬军：《集聚的生产率效应——来自中国制造业企业的经验证据》，《财经研究》2013 年第 1 期。

王文雯、金祥荣、朱希伟：《新新经济地理学视角下企业效率的影响机制》，《统计研究》2015 年第 7 期。

王小鲁、樊纲：《中国地区差距的变动趋势和影响因素》，《经济研究》2014 年第 1 期。

王瑜、汪三贵：《人口老龄化与农村老年贫困问题——兼论人口流动的影响》，《中国农业大学学报》（社会科学版）2014 年第 1 期。

王增文：《人口迁移、生育率及人口稳定状态的老龄化问题研究》，《中国人口·资源与环境》2014 年第 10 期。

王子龙、谭清美、许箫迪：《产业集聚水平测度的实证研究》，《中国软科学》2006 年第 3 期。

韦伟、傅勇：《城乡收入差距与人口流动模型》，《中国人民大学学报》2004 年第 6 期。

魏后凯：《中国区域协调发展态势与政策调整思路》，《河南社会科学》2013 年第 4 期。

魏敏、李国平、王巨贤：《我国梯度推移粘性性质及其原因的研究》，《当代财经》2014 年第 8 期。

魏玮、毕超：《区际产业转移中企业区位决策实证分析——以食品制造业为例》，《产业经济研究》2010 年第 2 期。

温娇秀、王延军：《中国农村地区收入差距与教育差距的动态研究》，《经济经纬》2010 年第 1 期。

吴安：《中国产业及劳动力逆向流动分析——以重庆与北京、广东的比较为例》，《中国工业经济》2014 年第 12 期。

吴红宇：《基于人力资本投资的劳动力迁移模型》，《南方人口》2004 年第 4 期。

吴先华：《人口流动、市民化与城乡收入差距关系的实证研究——基于山东省时间序列数据及面板数据的实证分析》，《地理科学》2011 年第 1 期。

吴要武：《产业转移的潜在收益估算——一个劳动力成本视角》，《经济学》2003 年第 1 期。

吴愈晓：《劳动力市场分割、职业流动与城市劳动者经济地位获得的二元路径模式》，《中国社会科学》2011 年第 1 期。

吴忠涛、张丹：《城乡预期收入差距对农村人口迁移的影响——基于托达罗模型》，《西北大学学报》（哲学社会科学版）2013 年第 4 期。

武小龙、刘祖云：《中国城乡收入差距影响因素研究——基于 2002—2011 年省级 Panel Data 的分析》，《当代经济科学》2014 年第 1 期。

肖耀球：《中性技术进步条件下的马克思经济增长理论与模型研究》，《系统工程》2007 年第 3 期。

肖志勇：《人力资本、空间溢出与经济增长——基于空间面板数据模型的经验分析》，《财经科学》2010 年第 3 期。

谢冬水：《农地转让权、劳动力迁移与城乡收入差距》，《中国经济问题》2014 年第 1 期。

徐杨：《产业转移背景下的区域发展差距研究——基于新经济地理学的分析》，博士学位论文，南开大学，2012 年。

许召元、李善同：《区域间劳动力迁移对地区差距的影响》，《经济学》（季刊）2008 年第 1 期。

严超、常志霄：《中国省际劳动力迁移对地区经济增长的影响研究》，《经济科学》2011 年第 6 期。

严善平：《中国省际人口流动的机制研究》，《中国人口科学》2007 年第 1 期。

杨洪焦、孙林岩、吴安波：《中国制造业集聚度的变动趋势及其影响因素研究》，《中国工业经济》2008 年第 4 期。

杨天宇、姜秀芳：《产业结构变迁、劳动力市场扭曲和中国劳动生产率增长放缓》，《经济理论与经济管理》2015 年第 4 期。

杨云彦：《中国人口迁移的规模测算与强度分析》，《中国社会科学》2003 年第 6 期。

杨云彦：《劳动力流动、人力资本转移与区域政策》，《人口研究》2009 年第 5 期。

杨子帆、王栋：《人口流动、不完全城市化与城乡收入差距》，《统计与信息论坛》2015 年第 9 期。

姚林如、李莉：《劳动力转移、产业集聚与地区差距》，《财经研究》2006 年第 8 期。

姚树洁、冯根福、韦开蕾：《外商直接投资和经济增长的关系研究》，《经济研究》2006 年第 12 期。

姚先国、张海峰：《教育、人力资本与地区经济差异》，《经济研究》2008 年第 5 期。

姚枝仲、周素芳：《劳动力流动与地区差距》，《世界经济》2013 年第 4 期。

易莹莹、凌迎兵：《劳动力流动对西部地区经济增长效应的影响》，《经济问题探索》2015 年第 8 期。

殷金朋、倪志良、邹洋：《农民收入来源结构与中国城乡收入差距——基于 PVAR 模型的经验分析》，《财经论丛》（浙江财经学院学报）2015 年第 6 期。

余吉祥、沈坤荣：《中国农村居民工资性收入的地区差距：影响因素及路径》，《世界经济》2010 年第 1 期。

余时飞：《异质性劳动力、匹配效应与产业集聚》，《经济管理研究》2014 年第 4 期。

张公嵬：《我国产业集聚的变迁与产业转移的可行性研究》，《经济地理》2010 年第 10 期。

张桂莲、王永莲：《中国人口老龄化对经济发展的影响分析》，《人口学刊》2010 年第 5 期。

张航空：《人口流动对中国不同省份人口老龄化的影响》，《人口学刊》2015 年第 1 期。

张浩然：《地理距离、集聚外部性与劳动生产率——基于城市数据的空间面板计量分析》，《南方经济》2012 年第 2 期。

张继焦：《中国东部与中西部之间的产业转移：影响因素分析》，《贵州社会科学》2011 年第 1 期。

张辽：《要素流动、产业转移与地区产业空间集聚》，《财经论丛》2016 年第 6 期。

张辽：《要素流动、产业转移与经济增长》，《当代经济科学》2013 年第 5 期。

张平：《"结构性"减速下的中国宏观政策和制度机制选择》，《经济学动态》2012 年第 10 期。

张少军、李东方：《全球价值链模式的产业转移：商务成本与学习曲线的视角》，《经济评论》2014 年第 2 期。

张文武、梁琦：《劳动地理集中、产业空间与地区收入差距》，《经济学》（季刊）2011 年第 2 期。

张艳、刘亮：《经济集聚与经济增长》，《世界经济文汇》2007 年第 1 期。

张晏：《分权体制下的财政政策与经济增长》，上海人民出版社 2005 年版。

张耀军、岑俏：《中国人口空间流动格局与省际流动影响因素研究》，《人口研究》2014 年第 5 期。

张义博、刘文忻：《人口流动、财政支出结构与城乡收入差距》，《中国农村经济》2012 年第 1 期。

张英杰：《当前我国就业存在的主要问题及应对策略》，《经济纵横》2015年第 2 期。

赵君丽：《要素结构变动、产业区域转移与产业升级》，《经济问题》2011年第 4 期。

赵楠：《劳动力流动与产业结构调整的空间效应研究》，《统计研究》2016年第 2 期。

赵伟、李芬：《异质性劳动力流动与区域收入差距：新经济地理学模型的扩展分析》，《中国人口科学》2007 年第 1 期。

郑江淮、高彦彦：《从劳动力流动到区域产业转移——江苏双二元经济结构的演变机制分析》，《审计与经济研究》2009 年第 4 期。

钟水映、赵雨、任静儒：《我国地区间"未富先老"现象研究》，《人口研究》2015 年第 1 期。

钟笑寒：《劳动力流动与工资差异》，《中国社会科学》2006 年第 1 期。

周皓：《人口流动对生育水平的影响：基于选择性的分析》，《人口研究》2015 年第 1 期。

周黎安：《晋升博弈中政府官员的激励与合作——兼论我国地方保护主义和重复建设问题长期存在的原因》，《经济研究》2004 年第 6 期。

周黎安：《中国地方官员的晋升锦标赛模式研究》，《经济研究》2007 年第 7 期。

周勤、杜凯、蔡银寅：《制度变迁、劳动力流动和经济绩效》，《制度经济学研究》2009 年第 1 期。

周阳：《我国出口贸易与经济增长的实证研究》，《经济学研究》2006 年第 5 期。

邹薇、代谦：《技术模仿、人力资本积累与经济赶超》，《中国社会科学》2003 年第 5 期。

邹湘江、吴丹：《人口流动对农村人口老龄化的影响研究——基于"五普"和"六普"数据分析》，《人口学刊》2013 年第 4 期。

邹璇：《要素流动、产业转移与经济增长》，博士学位论文，南开大学，2009 年。

Adelman I. , Morris C. T. , "Economic Growth and Social Equity in Developing Countries", *American Political Science Association*, Vol. 70, No. 1, 1973.

Akamatsu K. , "A Historical Pattern of Economic Growth in Developing Countries", *The Developing Economies*, No. 1, 1962.

Almieda P. and Kogut B. , "Localization of Knowledge and the Mobility of Engineers in Regional Networks", *Management Science*, Vol. 45, 1999.

Baldwin J. , Brown W. , Rigby D. , "Agglomeration Economies: Microdata Panel Estimates from Canadian Manufacturing", *Journal of Regional Science*, Vol. 50, No. 5, 2010.

Barro Robert, J. and Xavier Sala-i-Martin, "Convergence across States and Regions", *Brookings Papers on Economic Activity*, Vol. 1, 1991.

Brueckner J. K. , "Strategic Interaction Among Governments: An Overview of Empirical Studies", *International Regional Science Review*, Vol. 26, No. 2, 2003.

Biwei Su, Almas Heshmati, "Analysis of the Determinants of Income and Income GAP between Urban and Rural China", *China Economic Policy Review*, Vol. 2, No. 1, 2014.

Brakman S. , Garretsen H. and Marrewijk C. , *An Introduction to Geographical Economics*, Cambridge University Press, 2001.

Braunerhjelm and Borgman, "Agglomeration and Endogenous Capital", *European Economic Review*, Vol. 3, 2006.

Brueckner J. K. , "Strategic Interaction Among Governments: An Overview of Empirical Studies", *International Regional Science Review*, Vol. 26, No. 2, 2003.

Brulhart M. and Mathys N. A. , "Sectoral Agglomeration Economics in A Panel of European Regions", *Regional Science and Urban Economics*, Vol. 38, No. 4, 2008.

Ciccone A. and R. Hall, "Productivity and the Density of Economic Activity", *American Economic Review*, Vol. 86, 1996.

Crozet M. , "Do Migrants Follow Market Potentials? An Estimation of a Mew Economic Model", *Journal of Economic Geography*, Vol. 4, 2004.

Devereux M. P. , Freeman H. , "The Impact of Tax on Foreign Direct Investment: Empirical Evidence and the Implications for Tax Integration

Schemes", *International Tax and Public Finance*, Vol. 2, No. 1, 1995.

Dixit A. K., Stiglitz J. E., "Monopolistic Competition and Optimum Product Diversity", *American Economic Review*, Vol. 67, No. 3, 1977.

Ellison G., Glaeser E. L., "Geographic Concentration in U. S. Manufacturing Industries: A Dartboard Approach", *Journal of Political Economy*, Vol. 105, No. 5, 1997.

Fujita M., Krugman P. and J. Venables, *The Spatial Economy: Cities, Regions, And International Trade*, Cambridge Massachusetts: MIT press, 1999.

Fujita M., Henderson Y., Mori T., "Spatial Distribution of Economic Activities in Japan and China", *Handbook of Urban and Regional Economics*, Vol. 13, 2003.

Geppert K., "Economic Growth of Agglomeration and Geographic Concentration of Industrial-Evidence from Germany", *Discussion Paper*, Vol. 1, 2006.

Giuliani E., "Upgrading in Global Value Chains: Lessons from Latin American Clusters", *World Development*, Vol. 33, No. 4, 2005.

Jimmy Ran, Jan P. Voon, Guangzhong Li, "How does FDI affect China? Evidence from industries and provinces", *Journal of Comparative Economics*, Vol. 35, 2007.

Krugman P., Venables A., "Globalization and the Inequality of Nations", *Quarterly Journal of Economics*, Vol. 110, 1995.

Krugrman P., "What's New about the New Economic Geography", *Oxford Review of Economic Policy*, Vol. 2, 1998.

Kuznets S., "Economic Growth and Income Equality", *American Economic Review*, Vol. 45, No. 1, 1955.

Lewis W. A., "Economic Development with Unlimited Supply of Labor", *Manchester School of Economic and Social Studies*, Vol. 22, No. 2, 1954.

Lucas, Robert E., "On the Mechanics of Economics Development", *Journal of Monetary Economics*, Vol. 2, 1988.

Markusen J. R. and Vnables A. J., "The Theory of Endowment, Intra-Industry and Multinational Trade", *Journal of International Economics*, Vol. 52,

No. 2, 2000.

Mathys N. A. , *A Dynamic Model of Sectoral Agglomeration Effects*, Mimeo, University of Lausanne, 2007.

Michael P. , Todaro, "A Model of Labor Migration and Urban Unemployment in LDCS", *American Economic Review*, Vol. 59, No. 1, 1969.

Mitra K. , Sato H. , "Agglomeration Economies in Japan: Technic al Efficiency, Growth and Unemployment", *Review of Urban and Regional Development Studies*, Vol. 19, No. 3, 2007.

Ottaviano G. , Tabuchi T. , Thisse J. F. , "Agglomeration and Trade Revisited", *International Economic Review*, Vol. 43, 2002.

Paci R. , Pigliaru F. , "European Regional Growth: Do Sectors Matter?", *CRENOS Working Paper*, Vol. 99, No. 3, 1997.

Pitelis C. , Verbeke A. , "Edith Penrose and the Future of the Multinational Enterprise: New Research Directions", *Management International Review*, Vol. 47, No. 2, 2007.

Puga D. , "The Rise and Fall of Regional Inequality", *European Economics Review*, Vol. 43, 1999.

Romer P. , "Increasing Return and Long-run Growth", *Journal of Political Economy*, Vol. 94, 1986.

Ridhard Baidwin, Rikard Forslid, Philippe Martin, Gianmarco Ottavino and Frederic Robert-Nicoud, *Economic Geography and Public Policy*, Princeton University Press, 2003.

Sicular T. , Yue X. , Gustafsson B. , et al. , "The Urban – rural Income Gap and Inequality in China", *Review of Income and Wealth*, Vol. 53, No. 1, 2007.

Stephan R. , "Differential Labor Mobility and Agglomeration", *Papers in Regional Science*, Vol. 89, 2010.

Thomas V. , Yan Wang and Xibo Fan, "Measuring Education Inequality: Gini Coefficients of Education for 140 Countries, 1960 – 2000", *Journal of Education Planning and Administration*, Vol. 17, No. 1, 2003.

Tiebout C. M. , "A Pure Theory of Local Expenditures", *Journal of Political*

Economy, Vol. 64, No. 5, 1956.

Todaro, "A Model of Labor Migration and Urban Unemployment in Less Developed Countries", *The American Economic Review*, Vol. 59, No. 1, 1969.

Vernon R., "International Investment and International Trade in the Product cycle", *The Quarterly Journal of Economics*, Vol. 80, No. 1, 1966.

Vijverber W. P., "Labour Market Performance as a Determinant of Migration", *Economic*, Vol. 60, No. 238, 1993.

Waldkirch A. and P. Nunnenkamp, "Employment Effects of FDI in Mexico non-maquiladora Manufacturing", *Journal of Development Studies*, Vol. 45, No. 7, 2009.

Wei K. S. Yao and A. Liu, "Foreign Direct Investment and Regional Inequality in China", *Review of Development Economics*, Vol. 13, 2009.

Whalley J. and Shuming Zhang, "Inequality Change in China and (Hu kou) labor Mobility Restrictions", *NBER Working Paper*, No. 10683, 2004.

Wilson J. D., "Tax Competition with Interregional Differences in Factor Endowments", *Regional Science & Urban Economics*, Vol. 21, No. 3, 1990.

Winner H., "Has Tax Competition Emerged in OECD Countries? Evidence from Panel Data", *International Tax and Public Finance*, Vol. 12, No. 5, 2005.

Zhang K. H., Song S., "Rural-urban Migration and Urbanization in China: Evidence from Time-series and Cross-section Analyses", *China Economic Review*, Vol. 14, No. 4, 2003.

后　　记

　　本书是我主持的国家自然科学基金项目"劳动力流动、产业转移与区域发展差距——基于新经济地理学视角"（项目批准号：71563043）的最终成果，同时也是西北师范大学青年教师科研能力提升计划重大培育项目（项目批准号：SKZD15006）研究成果的重要组成部分。该项研究始于 2016 年 1 月，课题组成员在研究期间进行了多次学术探讨，调查、搜集、整理了大量数据，撰写并发表了数篇学术论文。硕士研究生曹亚南、冯星仑、牛召、李平平、张一国、葛思羽、李静宜、胡期结合毕业论文做了相关研究工作，他们的成果在本书中都有所反映。

　　本书的出版同时得到了西北师范大学《西部地区"一带一路"建设与创新发展系列丛书》编委会的支持和资助，在此表示感谢！

关爱萍

2019 年 3 月